KB106148

투스쿨룸 대화

정암고전총서 키케로 전집

투스쿨룸 대화

키케로

김남우 옮김

아카넷

'정암고전총서'를 펴내며

그리스·로마 고전은 서양 지성사의 뿌리이며 지혜의 보고이다. 그러나 이를 한국어로 직접 읽고 검토할 수 있는 원전 번역은 여전히 드물다. 이런 탓에 우리는 서양 사람들의 해석을 수동적으로 수용하는 처지를 완전히 극복하지 못하고 있다. 사상의 수입은 있지만 우리 자신의 사유는 결여된 불균형의 문제를 안고 있는 것이다. 이런 상황은 우리의 삶과 현실을 서양의 문화유산과 연관 지어 사색하고자 할 때 특히 심각한 문제를 야기한다. 우리 자신이 부닥친 문제를 자기 사유 없이 남의 사유를 통해 이해하거나 해결하는 것은 거의 불가능하기 때문이다. 우리의 문제에 대한 인문학적 대안들이 때로는 현실을 적확하게 꼬집지 못하는 공허한 메아리로 들리는 것도 그런 이유 때문일 것이다.

한 공동체에서 살아가는 사람들이 자신들의 생각과 말을 나누며 함께 고민하는 문제와 만날 때 인문학은 진정한 울림이 있는 메아리가 될 수 있다. 이것은 우리가 우리의 현실을 함께 고민하는 문제의식을 공유함으로써 가능하겠지만, 그조차도 함께 사유할 수 있는 텍스트가 없다면 요원한 일일 것이다. 사유를 공유할 텍스트가 없을 때는 앎과 말과 함이 분열될 위험에 노출될 수 있기 때문이다. 이런 점에서 진정한 인문학적 탐색은 삶의 현실이라는 텍스트, 그리고 생각을 나눌 수 있는 문헌 텍스트와 만나는 이중의 노력에 의해 가능할 것이다.

현재 한국의 인문학적 상황은 기묘한 이중성을 보이고 있다. 대학 강단의 인문학은 시들어 가고 있는 반면 대중 사회의 인문학은 뜨거운 열풍이 불어 마치 중흥기를 맞이한 듯하다. 그러나 현재의 대중 인문학은 비판적으로 사유하는 인문학이 되지 못하고 자신의 삶을 합리화하는 도구로 전락하는 경향이 없지 않다. 사유 없는 인문학은 대중의 욕망을 충족시키기 위해 소비되는 상품에 지나지 않는다. '정암고전총서' 기획은 이와 같은 한계상황을 극복할 수 있는 기본적인 토대를 마련하고자 하는 절실한 문제의식에서 시작되었다.

정암학당은 철학과 문학을 아우르는 서양 고전 문헌의 연구와 번역을 목표로 2000년 임의 학술 단체로 출범하였다. 그리고 그 첫 열매로 서양 고전 철학의 시원이라 할 『소크라테스 이전 철학자들의 단편 선집』을 2005년도에 펴냈다. 2008년에는 비영리 공익법인의 자격을 갖는 공적인 학술 단체의 면모를 갖추고 플라톤 원전 번역을 완결할 목표 아래 지금까지 20여 종에 이르는 플라톤 번역서를 내놓고 있다. 이제 '플라톤 전집' 완간을 눈앞에 두고 있는 시점에 정암학당은 지금까지의 시행착오를 밑거름 삼아 그리스·로마의 문사철 고전 문헌을 한국어로 옮기는 고전 번역 운동을 본격적으로 펼치려 한다.

정암학당의 번역 작업은 철저한 연구에 기반한 번역이 되도록 하기 위해 처음부터 공동 독회와 토론을 통해 이루어진다. 번역 초고를 여러 번에 걸쳐 교열·비평하는 공동 독회 세미나를 수행하여 이를 기초로 옮긴이가 최종 수정하는 방식으로 진행된다. 이같이 공동 독회를 통해 번역서를 출간하는 방식은 서양에서도 유래를 찾기 어려운 번역 시스템이다. 공동 독회를 통한 번역은 매우 더디고 고통스러운 작업이지만, 우리는 이 같은 체계적인 비평의 과정을 거칠 때 믿고 읽을 수 있는 텍스트가 탄생할 수 있다고 확신한다. 이런 번역 시스템 때문에 모든 '정암고전총서'에는 공동 윤독자를 병기하기로 한다. 그러나 윤독자들의 비판을 수용할지 여부는 결국 옮긴이가 결정한다는 점에서 번역의 최종 책임은 어디까지나 옮긴이에게 있다. 따라서 공동 윤독에 의한 비판의 과정을 거치되 옮긴이들의 창조적 연구 역량이 자유롭게 발휘될 수 있도록 노력하였다.

정암학당은 앞으로 세부 전공 연구자들이 각각의 연구팀을 이루어 연구와 번역을 병행함으로써 아리스토텔레스 철학 원전, 키케로 전집, 헬레니즘 선집 등의 번역본을 출간할 계획이다. 그리고 이렇게 출간될 번역본에 대한 대중 강연을 마련하여 시민들과 함께 호흡할 수 있는 장을 열어 나갈 것이다. 공익법인인 정암학당은 전적으로 회원들의 후원으로 유지된다는 점에서 '정암고전총서'는 연구자들의 의지뿐만 아니라 시민들의 소중한 뜻이 모여 세상 밖에 나올 수 있는 셈이다. 이런 점에서 '정암고전총서'가 일종의 고전 번역 운동으로 자리매김되길 기대한다.

'정암고전총서'를 시작하는 이 시점에 두려운 마음이 없지 않으나, 이런 노력이 서양 고전 연구의 디딤돌이 될 것이라는 희망, 그리고 새로운 독자들과 만나 새로운 사유의 향연이 펼쳐질 수 있으리라는 기대감 또한 적지 않다. 어려운 출판 여건에도 '정암고전총서' 출간의 큰 결단을 내린 아카넷 김정호 대표에게 경의와 감사의 뜻을 전한다. 끝으로 정암학당의 기틀을 마련했을 뿐만 아니라 앎과 실천이 일치된 삶의 본을 보여 주신 이정호 선생님께 존경의 마음을 표한다. 그 큰 뜻이 이어질 수 있도록 앞으로도 치열한 연구와 좋은 번역을 내놓는 노력을 다할 것이다.

2018년 11월
정암학당 연구자 일동

'정암고전총서 키케로 전집'을 펴내며

"철학 없이는 우리가 찾는 연설가를 키워낼 수 없다(Sine philosophia non posse effici quem quaerimus eloquentem)."(『연설가』 4.14)

키케로가 생각한 이상적 연설가는 철학적 사유가 뒷받침된 연설가이다. 정암학당 키케로 연구 번역팀의 문제의식 역시 여기서 출발한다. 당파를 지키고 정적을 공격하는 수많은 연설문, 연설문 작성의 방법론을 논하는 수사학적 저술, 개인적 시각에서 당대 로마 사회를 증언하는 사적인 편지 등 로마 공화정 말기를 기록한 가장 풍부한 문헌 자료들을 남긴 키케로를 전체적으로 이해하는 토대는 그의 철학 저술이다.

키케로의 철학 저술은 그의 모든 저술을 이해하는 벼리가 될 뿐만 아니라, 로마 문명이 희랍 철학을 주체적으로 수용하게 되는 계기를 제공했다는 점에서 중요한 철학사적 의의를 지닌다.

기원전 1세기 전후로 본격화된 희랍 철학자들과의 교류를 통해 회의주의 아카데미아 학파, 소요 학파, 스토아 학파, 에피쿠로스 학파, 견유 학파 등의 학설이 로마에 소개되고 정착되었으며, 그 과정에서 키케로는 당시 로마 사회의 지적인 요구와 실천적 관심을 반영한 철학책들을 라티움어로 저술했다. 그의 철학 저술은 희랍 철학이 로마라는 새로운 용광로에서 뒤섞이고 번역되어 재창조되는 과정을 생생하게 보여준다.

키케로의 철학 저술에 담긴 내용은 비단 철학에 국한되지 않는다. 정치가로서 탁월한 그의 역할에 비례하여 로마법에 대한 해박한 지식이, 로마 전통에 대한 자긍심과 희랍 문물을 로마에 소개하려는 열정에 의해 희랍과 로마 문학 작품의 주옥같은 구절들이 그의 저술 곳곳에 박혀 있다. 이에 정암학당 키케로 연구 번역팀은 고대 철학, 법학, 문학, 역사 전공자들이 한자리에 모여 함께 그의 작품을 연구하기 시작하였고, 이는 이미 10년을 훌쩍 넘겼다. 서로 다른 전공 분야의 이해와 어휘를 조율하는 어려움 속에서도 키케로 강독은 해를 거듭하면서 점차 규모와 체계를 갖추게 되었다. 번역어 색인과 인명 색인이 쌓였고, 미술사를 포함한 인접 학문과의 연계와 접점도 확대되었으며, 이제 키케로의 철학 저술을 출발점으로 삼아, 정암고전총서 키케로 전집을 선보인다.

키케로 전집 출간이라는 이 과감한 도전은 2019년 한국연구재단의 연구소 지원사업을 통해 획기적으로 진척되었으며, 2020년 이탈리아 토리노 대학 인문학부와의 협약으로 키케로 저술과 관련된 문헌 자료 지원을 받게 되었다. 이 두 기관은 정암고전총서 키케로 번역 전집을 출간하는 데 큰 도움을 주었다. 그러나 이 도전과 성과는 희랍 로마 고전 번역의 토대가 되도록 정암학당의 터를 닦은 이정호 선생님, 이 토대를 같이 다져주신 원로 선생님들, 20년에 걸친 플라톤 번역의 고된 여정을 마다하지 않은 정암학당 선배 연구원들, 그리고 서양 고대 철학에 대한 애정과 연구자들에 대한 호의로 정암학당을 아껴주신 후원자들, 흔쾌히 학술출판을 맡아준 아카넷 출판사가 없었다면 불가능했을 것이다. 학문 공동체의 면모가 더욱 단단해지는 가운데 우리는 내일 더 큰 파도를 타리라.

2021년 9월
정암고전총서 키케로 전집 번역자 일동

차례

각 권 차례

제1권 죽음은 악이 아니다

제2권 고통의 극복

제3권 상심은 억견에 기인한다

일러두기

1. 이 책의 번역은 M. Pohlenz(1918), *M. Tulli Ciceronis Tusculanae Disputationes*, Berlin 편집본을 기준으로 삼았다.

2. 본문에 달린 소제목은 번역자가 붙인 것이다.

3. 국립국어원의 맞춤법 규정을 따르지 않은 단어가 있다. 예를 들어 '희랍'은 '고대 그리스'를 가리키며 '라티움어'는 '라틴어'를 가리킨다.

4. 각주에 사용된 약어 '정암'은 『소크라테스 이전 철학자들의 단편 선집』(김인곤 외 번역, 아카넷, 2005)을 가리킨다.

5. 『투스쿨룸 대화』는 각 권마다 이중 문단 번호를 가지는데, 하나는 로마 숫자이며, 다른 하나는 아라비아 숫자다. 이를 각주에서 언급할 때, 편의상 둘 다 아라비아 숫자로 표시하였다. 예를 들어 '앞의 3, 9'는 문단 번호 'III, 9'를 가리킨다.

투스쿨룸 대화

제1권

죽음은 악이 아니다

로마인들의 탁월함과 철학에의 관심

1 브루투스여,[1] 변호 업무와 원로원 의원 임무에서 이제 완전히 혹은 상당히 벗어날 수 있게 되어, 나는 당신의 조언에 따라 무엇보다 늘 마음에 두고는 있었으나 시간이 없어 소홀히 하였던, 오랜 시간 놓아두었던 저술 작업에 다시 손을 대게 되었다.[2]

---

1 키케로는 마르쿠스 브루투스(기원전 85~42년)에게 이 책을 헌정하였다.
2 기원전 45년 키케로가 딸 툴리아를 잃고 난 후 모든 일을 접고 은거생활을 하게 되었다는 점도 언급할 필요가 있다. 특히 "우리 로마인들"에 관한 내용이 등장하는 것으로 보아, 이 책이 딸의 죽음이라는 개인적 고통과 더불어 공화정의 파괴라는 국가적 고통을 배경으로 하고 있음을 알 수 있다.

그리하여 '올바르게 사는 방법'[3]에 관련된 모든 학문의 내용과 가르침을 소위 철학이라 불리는 지혜의 탐구가 포괄한다고 할 때, 이를 우리 라티움어로 설명하여야 한다고 나는 생각하였다. 이는 우리가 철학을 희랍 학자들과 그들의 희랍어를 통해 이해할 수 없기 때문이 아니다. 우리 로마인들은 스스로 개척한 것에 있어 희랍인들을 능가하는 능력이 있었고, 희랍인들로부터 배운 것일지라도 발전시킬 여지가 있다면 이를 나름대로 더욱 발전시킬 역량이 있다고 내가 늘 확신하고 있었기 때문이다.[4] **2** 다시 말해 우리는 관습, 생활양식, 가내법도 등을 확실히 희랍인들보다 말끔하고 훌륭하게 이끌어 왔으며, 또한 국사(國事)에서도 우리 선조들은 그들보다 뛰어난 제도와 법률을 세워 다스려 왔다. 군사(軍事)에서는 어떠한가? 우리 선조들은 군사에서 탁월한 용맹을 떨쳤으며 군율에서 더욱 훌륭하였다. 우리 선조들은 이것들을 배워 익혔다기보다 천성적으로 그렇게 타고났으니, 희랍

---

3 키케로는 여기서 철학(*studium sapientiae / philosophia*)을 실천적인 측면을 강조하여 "*ars recte vivendi*"라고 부르고 있다. 기원전 45년 키케로가 작성한 또 다른 글 『최고선악론 *de finibus bonorum et malorum*』에서와 마찬가지로 이 글의 주제 또한 '행복한 삶'이기 때문이다.

4 키케로는 여기서 로마인들이 철학에 있어 희랍인들보다 뒤떨어지는 이유를 철학적 능력에 기인한 것이 아니라 철학적 활동에 관심이 부족하였기 때문이라고 지적한다. 하지만 로마인들은 관심을 갖는다면 모든 일에 있어 희랍인들을 능가했으며, 이제 키케로 자신이 라티움어로 철학을 논의함에서도 마찬가지의 성과를 보여줄 수 있다고 믿고 있다.

인들 및 여타의 민족과 비교할 수 없을 정도다. 어느 민족이 신중함, 굳건함, 긍지, 정직, 신의 등 모든 면에서 위대한 탁월함을 갖추고서 우리 선조들과 어깨를 나란히 할 수 있겠는가? **3** 교육 및 문학의 모든 분야에서 희랍은 우리 로마를 앞서고 있었으나, 아무도 도전하지 않는 상황에서 그것은 쉬운 일이었다. 희랍인들에게서 가장 먼저 현자라고 불렸던 사람들은 시인들이었으니,[5] 호메로스와 헤시오도스가 로마 건립 이전에 살았고, 아르킬로코스[6]가 로물루스 통치 시절에 살았으며, 우리 로마는 나중에서야 시를 받아들였다. 로마건국 510년 즈음 카이쿠스의 아들인 가이우스 클라우디우스와 마르쿠스 투디타누스가 집정관이었을 때 리비우스[7]는 극을 상연하였다. 이때는 엔니우스가 태어나기

---

5 플라톤의 『국가』 제3권, 제10권 등에 나오는 플라톤의 평가로부터 희랍인들의 교육에 미친 호메로스의 영향을 짐작할 수 있다. 희랍인들의 세계관 형성에 있어 시인 오르페우스, 무사이오스, 호메로스, 헤시오도스의 영향을 증명할 문헌적 증거로는 『소크라테스 이전 철학자들의 단편 선집』(이하 '정암'으로 표기)이 있다.

6 아르킬로코스(기원전 714~676년)는 최초의 희랍 서정 시인으로 알려져 있다. 아르킬로코스는 '얌보스'라는 장르의 서정시를 창시한 사람으로 얌보스는 내용적인 측면에서 비방과 욕설을 다루고 있다.

7 여기서 리비우스는 리비우스 안드로니쿠스를 가리킨다. 그는 타렌툼 시민으로서 전쟁포로로 로마에 잡혀왔다. 여러 희곡작품을 썼다고 전하며, 『오뒷세이아』를 라티움어로 번안한 『오두시아』를 지었다. 리비우스 안드로니쿠스가 처음 극을 상연한 해를 기점으로 로마문학이 시작되었다고 보는데, 기원전 240년경이라고 추정된다.

한 해 전이었다.[8] 리비우스는 플라우투스[9]와 나이비우스[10] 이전 사람이었다.

Ⅱ 그런즉 우리 로마인은 늦게야 시인들을 인정하고 받아들였다. 물론 카토는 『오리기네스 *Origines*』[11]에서, 먼 옛날 로마인들이 잔치에 모여 피리연주에 맞추어 훌륭한 사람들의 덕을 노래 불렀다고 전하기는 하지만, 다른 연설에서는 이런 종류의 일에 로마인들은 명예를 부여하지 않았으며, 마르쿠스 노빌리오르가 시인들을 속주로 데려간 일은 매우 잘못된 일이었다고 비난하였다. 실로 마르쿠스 노빌리오르는 집정관 직에 있으면서, 우리가 알다시피 아이톨리아로 엔니우스를 데리고 갔다고 한다. 그리하여 시인들에게 명예를 부여하지 않은 만큼 문학적 열정도 사그라졌다. 그렇지만 문학에 대단한 재능을 보여주었던 앞선 인물들은 희랍인들이 문학에서 거둔 명예에 충분히 견줄만하다. **4** 혹

---

8 엔니우스(기원전 239~169년)는 로마 최초의 시인들 가운데 한 명으로, 아이네아스의 건국신화로부터 제2차 카르타고 전쟁까지를 다루는 서사시 『연대기 *Annales*』를 남겼다. 그는 로마의 호메로스로 불리며 서사 문학적 문제의 기초를 놓았다고 할 수 있다.

9 플라우투스(기원전 254~184년)는 로마의 극작가다.

10 나이비우스(기원전 285~190년)는 다수의 희곡을 지었다고 알려져 있으며, 제1차 카르타고 전쟁을 다룬 서사시도 지었다.

11 마르쿠스 포르키우스 카토(기원전 234~149년)는 감찰관으로 유명하며 로마에 희랍풍물이 유행하는 것을 금지하였다. 카토가 남긴 글로는 『오리기네스 *origines*』와 『영농 *de agri cultura*』이 있으나, 전자는 현재 전해지고 있지 않다.

최고 명문 귀족 파비우스가 그림을 그린다는 이유로 칭찬을 들었더라면, 우리 로마에 폴뤼클레이토스와 파라시오스와 같은 인물이 많았을 것으로 생각하지 않는가?[12] 칭송은 예술을 양육하며 명성은 모든 이의 열정에 불을 붙여주지만, 예술이 비난받는 곳에서 예술은 변변히 성장하지 못한다. 희랍인들은 현악기에 맞춘 노래에 최고의 교육 목표를 두었다. 그리하여 내 생각에 희랍 최고의 지도자라 할 만한 에파메이논다스도 현악에 맞추어 훌륭하게 노래하였다고 전한다. 이에 앞서 몇 년 전 테미스토클레스가 잔치에서 뤼라를 연주할 수 없다고 말하였을 때, 사람들은 이를 교양의 부족이라고 여겼다. 이런 이유로 희랍에서 음악가들이 번창하였고, 모두가 이를 배우고자 하였으며, 이를 모르는 사람은 교양 교육을 충분히 받지 못한 사람으로 여겨졌다. **5** 희랍인들에게 기하학은 더없이 존중받았으며, 따라서 수학자만큼 존경받던 사람도 없었다. 그러나 우리 로마는 측량과 계산의 유용성으로 기하학의 범위를 제한하였다.

III 이와 달리 연설가를 우리 로마도 일찍 포용하였으되, 초창

---

12 파비우스는 소위 파비우스 픽토르(Pictor 화가)라고 불리는 사람으로 기원전 302년 살루스 신전에 벽화를 그렸던 것으로 유명하다. 폴뤼클레이토스는 아르고스 출신으로 기원전 450년에서 410년 사이에 활동한 희랍의 조각가다. 파라시오스는 에페소스 출신으로 아테나이에서 기원전 5세기 말에 활동한 희랍의 화가다.

기 연설가는 연설술을 배운 사람이 아니라 다만 말솜씨를 타고 난 사람이었으며, 나중에 이르러서야 연설술을 배웠다. 전해지는바 갈바,[13] 아프리카누스,[14] 라일리우스[15]는 연설술을 배운 자들이었고, 이들보다 앞선 세대의 카토 또한 이에 열심이었으며,[16] 이후 레피두스,[17] 카르보,[18] 그락쿠스 형제,[19] 그 이후 우리 시대

---

13 세르비우스 술피키우스 갈바는 기원전 144년에 집정관을 지냈다. 기원전 151년에 카토에 의해 기소되었으나, 연설을 통해 청중의 동정심을 자극함으로써 무죄석방을 얻어냈다.

14 스키피오 아이밀리아누스 아프리카누스는 기원전 185/4년에 루키우스 아이밀리우스 파울루스의 아들로 태어나 스키피오 아프리카누스의 아들에게 입양되었다. 기원전 149년과 148년에 제3차 카르타고 전쟁에 참가하였으며 이 전쟁에서 탁월한 능력을 발휘하여 147년에는 집정관으로 선출되었다. 그후 146년에 이르러 카르타고를 쓰러뜨리고 도시를 초토화시킨다. 142년에는 재무관으로 선출되었으며, 140년에는 역사가 폴뤼비오스와 스토아철학자 파나이티오스와 함께 동방으로 여행하였다. 134년에 집정관으로 다시 선출되었으며, 129년 사망하였다.

15 가이우스 라일리우스는 스키피오 아이밀리아누스 아프리카누스의 친구이며 '현자'라는 별명을 갖고 있다. 기원전 140년에 집정관을 지냈다.

16 키케로는 카토로부터 로마의 연설술/수사학이 시작되었다고 보고 있다. 이에 관해서는 키케로의 작품 『브루투스』 참조하라.

17 마르쿠스 아이밀리우스 레피두스는 기원전 187년과 175년에 집정관을 지냈다.

18 가이우스 파피리우스 카르보는 기원전 120년에 집정관을 지냈으며, 그락쿠스 형제의 지지자였다. 119년 크라수스에게 고발당하자 자살하였다.

19 티베리우스 셈프로니우스 그락쿠스가 형이며, 동생은 가이우스 셈프로니우스 그락쿠스다. 두 형제는 각각 호민관을 지내며 농지개혁을 주도하였다. 형은 기원전 133년 호민관을 지내며 농지법을 통과시켰으나 기원전 133년 반대파에 의해 살해된다. 동생은 123/122에 호민관으로 선출되어 형의 농지법을 다듬어 농지개혁을 추진하지만, 121년 호민관으로 선출되지 못하

까지의 위대한 연설가들은 거의 혹은 전혀 희랍인들에 뒤지지 않았다. 그러나 철학은 우리 시대까지 그리 관심을 받지 못하였으며 로마 문헌의 조명을 전혀 받지 못하였다. 나는 철학을 널리 알리고 진작시켜야 하는데, 관직에 있었을 때 내가 로마 시민들을 위해 유익을 도모했던 것처럼 관직에서 물러난 지금도 가능하다면 그들에게 유익을 주기 위함이다. **6** 로마의 철학 문헌들이 대단히 훌륭한 사람들에 의해서 쓰였으되, 그들이 충분히 배운 사람들이 아니었기에 숙고하지 않고 많은 부분 소홀히 저술되었다고 말해지므로, 우리는 그만큼 더 저술 작업에 노고를 들여야 할 것이다. 하지만 생각이 정연하되, 생각한 것을 조리 있게 말로 표현하지 못하는 사람이 있을 수 있다. 자기 생각을 글로 옮겨놓았으되, 이를 짜임새 있도록 구성하여 뜻을 분명하게 하지 못하거나 독자에게 재미를 주면서 독서를 유도하지 못하는 사람은 자신의 여가와 언어를 함부로 남용하는 사람이다. 이런 사람의 책은 그저 자기 자신이나 혹은 친구들에 의해 읽힐 뿐 누구도 이런 사람의 책을 손에 쥐려 하지 않을 것이니, 허술한 글쓰기를 자기 스스로 용인하는 사람이 아니라면 누구도 읽지 않는다. 내가 앞서 보여준 노력으로 연설술을 칭송받게 했다면, 이제 나는 연설술의 성과가 기원한 철학이라는 원천을 훨씬 더 부지런히

고 정적에게 밀려 자살한다.

발굴할 것이다.

IV 7 그러나 탁월한 재능과 학식과 풍부한 언어를 갖춘 아리스토텔레스가 수사학 선생 이소크라테스의 명성에 이끌려 젊은 이들에게 말하기를 가르치고 현명함과 말 잘함을 연결하기 시작하였을 때처럼, 나도 예전부터 행하던 연설술 공부를 진행하면서 동시에 좀 더 크고 좀 더 풍부한 학문인 철학에 천착하고자 한다. 가장 중요한 문제를 풍부하고 아름답게 언어로 표현할 줄 아는 것이야말로 진정한 철학이라고 나는 늘 생각하였기 때문이다. 이러한 연습에 나는 열심히 공력을 들였는바 희랍인들처럼 '학문적 여가 *schola*'를 갖기도 하였다. 예를 들어 최근 네가 떠나고 나서 나는 투스쿨룸 별장에서 몇몇 친구들과 어울려 그런 종류의 여가를 통해 무얼 할 수 있을지 시도해보았다. 예전 어릴 적에 누구도 따라올 수 없을 만큼 오랫동안 연설연습을 했던 것처럼, 이것은 내가 다시 시작한 노년의 연설연습이었다.[20] 나는 친구들에게 각자 듣고 싶은 주제를 선정하라고 하였고, 앉거나 산책하면서 그 주제를 논하였다. **8** 이렇게 5일 동안의, 희랍인들이 흔히 말하는 '학문적 여가'를 기록하여 다섯 권으로 묶어냈다. 듣고자 하는 이가 제 생각을 말하고, 내가 거기에 답하는 식으로

---

20 '연설 연습'은 전문용어로 '*declamatio*'라고 하는데, 학생들은 수사학 학교에서 연설 연습을 위해 주어진 가상 주제에 대하여 옹호 혹은 반박 연설을 행하곤 했다.

제1권 죽음은 악이 아니다

토론은 진행되었다. 이것은 네가 알다시피, 예전 소크라테스가 다른 사람의 견해를 논의하던 방식이다. 소크라테스는 이런 방식을 무엇이 제일 개연적인지[21] 발견하기에 가장 손쉬운 방법이라고 생각했던 것이다. 우리의 토론을 좀 더 편리하게 설명하기 위해, 나는 우리의 토론을 길게 설명하는 것이 아니라, 실제 대화가 행해지는 것처럼 구성하고자 한다. 그리하여 시작은 이러하다.

죽음은 악일 수 없다

학생[22] 제가 보기에 죽음은 악입니다.

V 9 선생[23] 그렇다면 죽은 사람에게 악입니까, 아니면 죽게 될 사람에게 악입니까?

학생 양쪽 모두에게 그러합니다.

선생 그것이 악이기에 불행입니까?

---

21 키케로 자신이 속한 아카데미아 학파는, 사람은 진리를 포착할 수 없으며 다만 개연적인 것만을 알 수 있다는 입장을 취하고 있었다.

22 원문에서는 "A"로 표시되어 있다. 흔히 *adulescens*, 혹은 *auditor*의 줄임말이라고 한다. 여기서는 학생 *auditor*을 선택하기로 한다.

23 원문에서는 "M"로 표시되어 있다. 흔히 *magister*의 줄임말이라고 한다. 여기서는 선생 *magister*을 선택하기로 한다.

학생 그렇습니다.

선생 그럼 이미 죽음을 당한 사람들도, 죽음을 맞이할 사람들도 불행합니다.

학생 제가 생각하기에는 그렇습니다.

선생 불행하지 않은 사람은 없습니다.

학생 그렇습니다. 누구나 불행합니다.

선생 그럼 나아가, 당신의 주장을 이어가 본다면, 태어난 사람들이든 앞으로 태어날 사람들이든 인간은 불행하며, 심지어 영원히 불행할 겁니다. 만약 죽음을 장차 겪게 될 인간만이 불행하다고 당신이 주장하였다면, 모름지기 모두 죽게 마련이므로 살아있는 누구도 예외 없이 불행하다 할 것이나, 이 경우 죽음과 함께 불행은 끝난다고 볼 수도 있었습니다. 그런데 이미 죽은 사람들도 여전히 불행하다면, 우리는 영원한 불행 가운데 태어난 겁니다. 십만 년 전에 죽은 사람이나 혹은 태어난 사람 모두가 필연적으로 불행한 겁니다.

10 학생 실로 저는 그렇게 생각하고 있습니다.

선생 말해 보시오. 내 묻노니, 혹 당신은 이런 것들을 두려워합니까? 이를테면 하계에 있는 머리 셋 달린 케르베로스, 코퀴토스 강의 세찬 물소리, 아케론강을 건너가는 일, "턱까지 물에 잠겼어도 갈증에 고통 받는 탄탈로스" 말입니다. 혹은 "땀을 흘리며 갖은 고생을 하면서 바위를 굴리지만, 눈곱만치도 보람을 얻지 못하는 시쉬포스"는 어떻습니까? 또한, 결코 간청에 굴하지 않는 재판관들, 미노스와 라다만토스는 어떻습니까? 이들 저승의 재판관들 앞에 가면 루키우스 크라수스도 당신을 변호하지 않을 것이며, 마르쿠스 안토니우스도 마찬가지요, 희랍 심판관들 앞에서 심판을 받게 될 것이니 말이지만, 데모스테네스에게서도 도움을 받을 수 없을 겁니다.[24] 그러므로 당신은 당신 자신을 수많은 청중이 보는 가운데 변호해야 할 겁니다. 당신은 아마도 이런 것들을 두려워하며, 그런 이유에서 죽음이 영원한 불행이라고 생각하나 봅니다.

VI 학생 제가 그런 것들을 믿을 만큼 미쳤다고 생각하십니까?

선생 그럼 당신은 믿지 않는다는 겁니까?

학생 전혀 믿지 않습니다.

선생 이런 이럴 수가! 아쉽습니다.

학생 왜 그러십니까?

선생 당신의 그런 생각에 내가 반론할 수 있었다면, 내 말솜씨를 과시할 수도 있었을 텐데 말입니다.

11 학생 그런 주장을 할 때 누군들 그렇게 하지 못하겠습니

---

24 키케로는 앞 세대 최고의 연설가들로 루키우스 크라수스와 마르쿠스 안토니우스를 들고 있다. 키케로는 『연설가론 *de oratore*』에서 이들을 대화의 주인공으로 등장시켰다. 한편, 그는 희랍 최고의 연설가로 데모스테네스를 거명하고 있다.

까? 시인들과 화가들이 만들어낸 이런 괴이한 이야기들을 반박하는 것은 일도 아니지 않습니까?

선생 그렇지만 이런 이야기들을 반박하는 철학자들의 책이 가득합니다.

학생 그것은 참으로 어리석은 일입니다. 도대체 그런 것들에 놀랄 만큼 어리석은 사람이 있겠습니까?

선생 따라서 만약 하계에 누구도 불행하지 않다고 하면, 불행한 사람들은 적어도 하계에는 없습니다.

학생 그렇게 생각합니다.

선생 그럼 당신이 불행하다고 말하는 사람들은 어디에 있습니까? 바꾸어 말하자면 어느 장소에 기거합니까? 만일 '있다'면, 어디엔가 '있지' 않을 수는 없기 때문입니다.

학생 실로 불행에 처해 있는 사람들은 어디에도 거처하지 않습니다.

선생 그렇다면 불행에 처해 있는 사람들은 아예 '있지' 않다는 겁니까?

학생 바로 그렇게 생각합니다. 하지만 '있지' 않다는 바로 그 이유에서 이들은 불행하다고 하겠습니다.

12 선생 그토록 생각 없이 이야기하느니 차라리 케르베로스를 두려워한다고 말하십시오.

학생 어찌 그러십니까?

선생 당신은 같은 사람이 '있지' 않다고 말하면서 동시에 '있다'고 말하고 있습니다. 당신의 판단력은 어디로 갔습니까? 당신이 불행에 처해 '있다'고 말할 때, 당신은 있지 않은 사람이 존재한다고 말한 겁니다.

학생 제가 그렇게 말할 만큼 어리석지는 않습니다.

선생 그럼 도대체 무얼 말하는 겁니까?

학생 예를 들어 마르쿠스 크라수스는 불행합니다. 왜냐하면, 그는 죽음으로 인해 모든 재산을 상실했기 때문입니다. 그나이우스 폼페이우스도 불행합니다. 왜냐하면, 그는 온갖 명성을 잃었기 때문입니다. 세상의 밝은 빛을 더 볼 수 없게 된 사람들은 말하자면 모두 불행합니다.

선생 당신은 또 같은 모순을 범했습니다. 만약 어떤 사람이 불행에 빠져 '있다'면, 그가 있어야 마땅하기 때문입니다. 하지만 방금 당신은 죽은 사람들이 있지 않다고 주장했습니다. 그런데 만약 죽은 사람들이 '있지' 않다면, 그들은 어떤 무엇으로도 '있을' 수 없습니다. 따라서 그들은 절대 불행하지도 않습니다.

학생 아마도 제가 의도한 것을 제대로 말하지 못했나 봅니다. 저는 과거에 있었으나 지금은 있지 않은 것이 가장 불행한 것이라고 말하고자 했습니다.

13 선생 어떻습니까? 전혀 있었던 적이 없는 경우보다 더욱 불행하다 하겠습니까? 그 경우, 아직 태어나지도 않은 사람들조

차 이미 불행합니다. 아무튼, 있지 않으니 말입니다. 따라서 죽고 나서 불행하게 될 우리는 태어나기도 전에 벌써 불행했습니다. 하지만 나는 내가 태어나기 이전의 불행했던 기억이 전혀 없습니다. 당신의 기억력이 나보다 좋을 테니, 당신이 도대체 당신 생전에 관해 무얼 기억하는지 알고 싶습니다.

VII 학생 저를 놀리시는군요. 이미 죽어 '있는' 사람들이 아니라, 아직 태어나 '있지도' 않은 사람들이 불행하다고 제가 주장한 것처럼 말입니다.

선생 그러니까 당신은 그들이 '있다'고 말하고 있습니다.

학생 아닙니다. 저는 그들이 있었으나 이제 있지 않기 때문에 그들이 불행에 처해 '있다'고 말하는 겁니다.

선생 당신은 자신이 스스로 모순되는 것을 말하고 있음을 깨닫지 못합니까? 있지 않기 때문에 불행에 처해 '있을' 뿐만 아니라, 그렇게 '있다'고 말하는 것만큼 모순된 것이 있겠습니까? 혹은 당신이 카페나 성문 밖으로 나가, 칼라티누스의 무덤, 스키피오 집안, 세르빌리우스 집안, 메텔루스 집안의 묘지들을 본다면 당신은 이들을 불행하다 하겠습니까?

학생 선생님께서 자꾸 말꼬리를 잡으시니, 이후로 저는 그들이 불행한 처지에 '있다'라고 말하지 않고, 더 있지 않기에 다만 '불행한 그들'이라고만 말하겠습니다.

선생 그러니까 당신은 '마르쿠스 크라수스가 불행하게 있다'라고 말하지 않고 '불행한 마르쿠스 크라수스'라고만 말한다는 겁니까?

학생 정확히 그렇습니다.

14 선생 당신이 그런 식으로 무얼 진술하든 간에 그것은 있든지 아니면 있지 않든지 필연적으로 둘 중 하나일 수밖에 없음을 당신은 모른단 말입니까? 혹시 당신은 논리학을 아직 배우지 못했습니까? 다음은 논리학의 기본입니다. 모든 명제 — 지금 당장은 '악시오마 $\dot{\alpha}\xi\acute{\iota}\omega\mu\alpha$'에 대한 제일 좋은 번역어입니다.[25] 나중에 더 좋은 번역어가 있으면 그걸로 바꾸기로 하지요 — 는 참이거나 거짓인 진술입니다. 따라서 당신이 '불행한 마르쿠스 크라수스'라고 말한다면, 그것은 참인지 거짓인지를 판단할 수 있도록 당신이 '마르쿠스 크라수스는 불행하게 있다'라고 진술한 것이고, 만약 그것이 아니라면 당신은 전혀 아무것도 말하지 않은 겁니다.[26]

학생 좋습니다. 그럼 선생님께서 '전혀 있지 않은' 사람은 불행에 처해 있을 수도 없다고 인정하도록 강요하시니, 죽은 사람은 불행하지 않다고 인정하겠습니다. 그럼 이건 어떻습니까? 우리

---

25 키케로는 '$\dot{\alpha}\xi\acute{\iota}\omega\mu\alpha$'의 번역어로 일단 '*pronuntiatum*'을 채택하고 나중에 '*enuntiatio*'로 바꾼다. 우리말로 모두 '명제'라고 번역하였다.

26 논리적인 추론을 위해 명제는 주어, 술어와 보어 등의 세 부분으로 구성되어야 한다는 주장이다.

는 지금은 살아 있지만, 장차 죽을 운명이므로 불행하지 않습니까? 밤낮으로 이제 곧 죽을 운명임을 생각한다면 삶에 즐거움이 있을 수 있습니까?

VIII 15 선생 그 정도만 해도 인간이 처한 조건에서 이미 엄청난 악을 덜어낸 것이라는 점을 당신은 알겠습니까?

학생 어떻게 그렇다는 말씀입니까?

선생 왜냐하면 죽음이 죽은 사람들에게마저 불행이라면, 우리는 삶에서 영원하고 무궁한 악을 가지게 되었을지도 모르기 때문입니다. 그런데 거기에 다다르고 나면 더 걱정할 것이 전혀 없게 되는 종착점을 나는 보고 있습니다. 하지만 내가 보기에 당신은 예리하고 영리한 시킬리아 사람다운 면모를 갖춘 에피카르모스[27]의 생각을 추종하는 것 같습니다.

학생 어떤 생각을 말씀하시는 겁니까? 저는 알 수가 없습니다.

선생 되도록 라티움어로 옮겨 말해 보겠습니다. 왜냐하면, 당신도 알다시피 나는 라티움어를 말하는 중에 희랍어를 쓰거나, 희랍어로 말하는 중에 라티움어를 쓰거나 하지 않기 때문입니다.

학생 지당한 말씀입니다. 아무튼, 에피카르모스의 생각이란 무엇입니까?

선생 "죽고 싶지는 않다. 물론 나는 내가 죽는 걸 아무것도 아

---

27 에피카르모스는 기원전 5세기 초반에 활동한 시킬리아 출신의 희극작가다.

니라고 생각합니다만."

학생 희랍어 원문이 머릿속에 떠오릅니다. 죽은 사람들은 불행하지 않다는 생각을 인정하도록 저를 강요하셨으니, 할 수 있으시다면 죽어야 함은 결코 불행이 아니라고 생각하도록 만들어 보십시오.

16 선생 그것은 일도 아닙니다. 나는 더 큰 것을 준비하고 있습니다.

학생 어찌하여 일도 아니라고 하십니까? 도대체 더 큰 것은 무엇입니까?

선생 왜냐하면, 죽음 이후에 악이 없기에, 죽음 이후에 어떤 악도 없음에 당신이 동의하는바, '죽음 이후' 직전의 제일 가까운 시점(時點)에 있는 죽음은 결코 악이 아니기 때문입니다. 따라서 죽어야 함은 결코 악이 아닙니다. 이는 우리가 인정한바 악이 아닌 것에 도달해야 함에 지나지 않습니다.

학생 좀 더 자세히 설명해주시기 바랍니다. 너무나 어려워서 동의하기보다는 인정하지 않을 수 없게 만들고 계십니다. 선생님께서 더 큰 것을 준비하고 있다고 말씀하신 그것은 무엇입니까?

선생 할 수 있다면, 죽음은 악이 아니며 오히려 선이라는 것을 설파하려는 겁니다.

학생 제가 요청하는 바는 아니지만, 듣고는 싶습니다. 선생님께서 원하시는 것은 아니더라도, 최소한 죽음이 악이 아님은 증명하실 수 있을 것 같습니다. 저는 더 선생님 말씀에 끼어들지 않겠습니다. 길게 이어서 말해주시길 바랍니다.

17 선생 내가 당신에게 무언가를 물으면 어떻게 할 겁니까? 그때도 대답하지 않을 겁니까?

학생 물론 그렇게 하는 것은 무례한 일입니다. 하지만 반드시 물어야 할 경우가 아니라면 저에게 묻지 않으시길 바랍니다.

IX 선생 당신이 원하는 대로 하겠습니다. 그리고 가능한 한 당신이 듣기 원하는 것을 설명하도록 하겠습니다. 하지만 내가 퓌티아의 아폴론처럼 그렇게 분명하고 확고한 것을 주장하지 않는다는 점을 알아주기 바랍니다. 많은 사람 가운데 그저 작은 인간으로서 나는 추정에 따른 개연적인 것을 따를 뿐입니다. 진실에 가깝다고 내게 생각되는 것 이상으로 나아갈 방법을 알지 못합니다. 사태의 진실을 파악할 수 있다고 말하며 현자를 자처하는 자들은 분명한 것을 말할 테지만 말입니다.[28]

---

28 키케로는 여기서 신(新)아카데미아학파를 따르고 있음을 분명히 하고 있다. 신(新)아카데미아는 카르네아데스(기원전 214~129년)에 의해 대표되는 철학적 경향으로서 그는 스토아철학의 독단론적 인식론에 대항하여 '개연성'에 따르는 인식론을 발전시켰다. 기원전 156/5년에 스토아철학자 디오게네스, 소요학파 크리톨라오스와 함께 아테나이의 사절로서 로마를 방문하였을 때, 그는 로마의 젊은이들에게 강한 인상을 남겼으며 이후 로마에 희랍철학이 뿌리내리는 계기를 마련하게 된다.

학생 뜻대로 하십시오. 저희는 선생님의 말씀을 들을 준비가 되어 있습니다.

죽음은 무엇인가?

18 선생 죽음 자체가 널리 잘 알려진 것처럼 보이지만, 그럼에도 그것이 우선 무엇인지를 알아야 합니다. 영혼이 육체로부터 분리되는 것을 죽음이라고 생각하는 사람들이 있습니다. 반면 그러한 분리는 전혀 일어나지 않으며 영혼과 육체가 동시에 소멸한다고, 그러니까 육체 안에서 영혼도 함께 소멸한다고 생각하는 사람들도 있습니다. 한편 영혼이 육체를 떠난다고 생각하는 사람들 가운데 일부는 분리되는 즉시 영혼이 흩어져 없어진다고 생각하며, 일부는 상당 기간 남아 있다고 생각하고, 일부는 영원히 남아 있다고 생각합니다.

영혼은 무엇인가?

나아가 영혼 자체가 무엇이고, 어디에 있으며, 어디에서 왔는지 등에 관한 엄청난 이견들이 존재합니다. 어떤 사람들은 심장 자체를 영혼으로 생각하며, 이에 '얼빠진 *ex–cors*', '정신 나간 *ver–cor*', '한마음의 *con–cors*' 등이, 또 두 번이나 집정관을 역임한 현명한 나시카[29]의 별명이었던 '영리한 심장 Cor–*culum*'과 '매우 신중한 심장 cor–*datus* 아일리우스 섹스투스'[30]가 말해집니다.

19 엠페도클레스는 영혼이 심장에 쏟아 부어진 혈액이라고 생각합니다.[31] 어떤 사람들은 뇌의 일부가 영혼의 주도권을 갖고 있다고 봅니다. 또 어떤 사람들은 심장 혹은 뇌의 일부가 영혼이 아니라고 생각하며, 다만 영혼이 머무는 자리나 거처가 일부는 심장에, 일부는 뇌에 있다고 말합니다. 또 어떤 사람들은 영혼이 다만 '숨 *anima*'이라고 생각합니다. 우리의 단어가 이를 잘 보여줍니다. '숨을 거두다 *animam agere*' 혹은 '숨이 넘어가다 *animam efflare*' 혹은 '영혼이 철석같은 *animosus*' 혹은 '숨을 잘 쉬는 *animatus*' 혹은 '영혼의 판단에 따라 *ex animi sententia*' 등을 우리가 말합니다. 그런데 '영혼 *animus*' 자체는 '숨 *anima*'에서 파생되었습니다.[32] 스토아학파의 제논은 영혼이 불이라고 생각합

---

29 푸블리우스 코르넬리우스 스키피오 나시카 코르쿨룸 *Publius Cornelius Scipio Nasica Corculum*은 기원전 162년과 155년에 집정관을 지냈다.

30 엔니우스의 구절을 인용하고 있다. 아일리우스 섹스투스는 기원전 198년에 집정관을 지냈다.

31 엠페도클레스 단편 DK31B105=131정암.

32 여기서 키케로는 '영혼 *animus*'과 '숨 *anima*'이 라티움어에서 서로 혼용되고 있으며 거의 같은 뜻으로 쓰이고 있다는 점을 지적하고 있다.

니다.

X 아무튼 내가 언급한 심장, 뇌, 숨, 불 등은 이미 널리 받아들여지는 견해입니다. 다른 견해들은 거의 유일한 것들입니다. 예를 들어 아주 오래 전 철학자들[33]은, 그리고 최근에 음악가이자 철학자였던 아리스토크세노스[34]는 음악과 칠현금이 가진 긴장을 화음이라고 하듯이 신체 전체의 긴장을 영혼이라고 생각하였습니다. 노래에서 다양한 소리가 만들어지듯, 육체는 그 성질과 생김에 따라 다양한 동작을 만들어낸다고 생각합니다. **20** 이렇게 아리스토크세노스는 그의 음악적 틀에서 벗어나지 않았는데, 이것은 이미 오래전 플라톤에 의해 제기되고 설명된 것입니다. 크세노크라테스[35]는 영혼을 물체와 흡사한 형상으로 간주하는 데 반대하여 영혼을 수(數)라고 주장하였습니다. 수는 앞서 피타고라스가 생각하였던 것처럼 자연에서 가장 중요한 힘이기 때문이라고 설명합니다. 이 사람의 스승 플라톤은 영혼 삼분을 생각해내어, 영혼의 중심부라 할 이성은 아크로폴리스와 같은 머리에 위치시켰으며, 분노와 욕망 등 다른 두 영역은 각각 다른 신체

---

33   소크라테스 이전의 철학자들을 의미한다.
34   아리스토크세노스(4세기 초반)는 이탈리아 남부 타렌툼 출신으로 처음엔 피타고라스의 철학을 공부하였으나 나중에는 아리스토텔레스의 제자가 된다.
35   칼케돈의 크세노크라테스는 플라톤의 제자이며 기원전 339~315년까지 아카데미아를 이끌었다.

부분에 분배하여 이성에 복종한다고 주장하였습니다. 그는 분노를 가슴에, 욕망을 횡격막 아래 위치시켰습니다. **21** 디카이아르코스[36]는, 그가 코린토스에서 있었던 대화를 정리한 3권의 책 가운데 제1권에서 많은 학자들이 대단한 논쟁을 펼치도록 만들었습니다. 나머지 두 권은 프티아 사람 페레크라테스라는 노인의 이야기를 담고 있습니다. 그는 노인이 데우칼리온의 혈통을 물려받은 사람이라고 소개하고서 영혼에 관한 노인의 논증을 전하는데, 영혼은 존재하지 않고 그저 공허한 이름이며, '동물'과 '영혼을 가진 존재'라는 명칭도 헛된 이름이고, 영혼이든 숨이든 그런 것은 인간에게나 혹은 동물에게나 전혀 존재하지 않는다고 노인은 주장하였습니다. 우리가 활동하거나 지각하는 데 발휘되는 모든 힘은 살아있는 육체에 골고루 퍼져 있고 육체와 구분되지 않는데, 왜냐하면 구분되는 힘은 존재하지 않으며, 자연의 혼합에 따라 움직이고 지각하도록 만들어진 단일한 육체 이외에 어떤 것도 존재하지 않기 때문이라 합니다. **22** 재능이나 면밀함에 있어 ─ 나는 플라톤을 늘 예외로 하는데 ─ 모든 사람을 능가하는 철학자 아리스토텔레스는 세상 만물을 구성하는, 널리 알려진 4원소를 받아들이고, 그 외에 '정신'을 구성하는 제5원소

---

36 디카이아르코스는 아리스토텔레스의 제자이며, 아리스토크세노스와 같은 시기에 살았다.

가 있다고 주장하였습니다. 어떤 것을 생각하고 예측하고, 가르치고 배우고, 발견하고, 또한 기억하고 사랑하고 증오하고, 원하고 두려워하고, 괴로워하고 즐거워하는 등 이와 유사한 많은 것들은 4원소에서 발견되는 것들이 전혀 아니라고 생각한 겁니다. 그는 제 5원소를 제시하였으며 그래서 마땅한 명칭이 없었기에 영혼에 '엔델레케이아 ἐνδελέχεια'라는 새로운 이름을 붙였습니다. [37] 이는 그것이 영속적으로 무한히 움직이기 때문에 붙여진 이름입니다.

영혼이 무엇이든 죽음은 악이 아니다

XI 내가 뭔가를 빠뜨리지 않았다면, 이상이 대개 영혼에 관한 의견들입니다. 데모크리토스는 가볍고 둥근 작은 물체들이 우연히 서로 충돌함으로써 영혼이 만들어진다고 보았는데, 그가 위대한 철학자이긴 하지만 그의 견해는 빼놓도록 합시다. 왜냐하면, 데모크리토스 학파에 따르면 원자들의 운집에 의해 만들어

---

37 전승 사본 'ἐνδελέχεια'는 '영속적인 것'을 뜻한다. 키케로는 아리스토텔레스가 영혼에 'ἐνδελέχεια'를 적용한 것처럼 말하고 있는데, 실상 아리스토텔레스가 영혼에 적용한 용어는 'ἐντελέχεια'다. 키케로는 'ἐνδελέχεια'를 'ἐντελέχεια'와 같은 뜻으로 이해한 것으로 보인다.

지지 않는 것은 없기 때문입니다. **23** 이런 의견들 가운데 어느 것이 옳은 것인지는 신만이 알 일이며, 어느 것이 가장 진실에 가까운가를 묻는 것도 큰 물음입니다. 그럼 이런 의견들을 검토하여 판결을 내려 보는 것이 좋겠습니까? 아니면 애초의 문제로 돌아가는 것이 좋겠습니까?

학생 가능하다면 둘 다를 원하지만 두 문제를 하나로 병합하는 것은 힘든 일입니다. 이런 문제들을 다루지 않고 죽음의 공포에서 벗어날 수 있다면, 그렇게 해도 좋을 겁니다. 하지만 영혼 문제를 설명하지 않고서는 죽음의 공포에서 자유로울 수 없다면, 지금은 괜찮으시다면, 영혼의 문제를 다루고 나서 이후 죽음의 문제를 다룰 수도 있을 겁니다.

선생 당신이 선호하는 바가 나도 좀 더 편리하리라 생각합니다. 논의는 열거한 영혼론 가운데 어느 것이 올바른가 하는 문제와는 별개로, 죽음은 악이 아니거나 혹은 오히려 선이라는 결론에 이를 겁니다. **24** 그러니까 영혼이 심장이나 혈액 혹은 뇌라고 한다면, 결국 영혼도 육체이니 여타의 신체 부위와 함께 소멸할 겁니다. 영혼이 숨이라고 한다면, 아마도 흩어져 버릴 겁니다. 만약 불이라면, 꺼질 겁니다. 아리스토크세노스의 의견대로 조화였다면, 와해될 겁니다. 디카이아르코스는 영혼이 아무것도 아니라고 하였으니, 그에 대해서는 말해 뭣하겠습니까? 이 모든 의견에 따르면, 누구에게도 '죽음 이후'는 아무것도 아닌 것이, 삶과 함께 감각이 사라지면, 아무것도 느끼지 못하는 사람에게 어떤 쪽으로든 차이가 없기 때문입니다. 이와 달리 나머지 의견들은, 당신이 기뻐하겠는바, 영혼이 육체를 떠나면, 마치 자신의 거처인 양 하늘에 이른다는 희망을 제시합니다.

학생 당연히 기쁩니다. 참으로 저는 기꺼이 그러하길 바랍니다. 설사 그렇지 않더라도 저는 다만 그렇게 믿는 것만으로도 즐겁습니다.

선생 그렇다면 우리가 애쓸 이유가 무엇입니까? 어찌 내가 언변에 있어 플라톤을 능가할 수 있겠습니까? 플라톤이 영혼에 관하여 기술한 책[38]을 세심하게 읽어보기 바랍니다. 당신이 원하는 모든 것을 그 책에서 발견할 겁니다.

학생 참으로 저는 그리하였으며 그것도 자주 그리하였습니다. 그러나 읽는 동안은 저도 책에 동의하지만, 책을 내려놓고 혼자 곰곰이 영혼의 불멸을 생각하기 시작하면 동의가 모두 철회됩니다.

25 선생 어떻습니까? 당신은 영혼이 죽음 이후 남아 있든지 아니면 죽음과 함께 바로 소멸하든지 둘 중의 하나라고 생각합니까?

학생 그렇습니다.

---

38 플라톤의 『파이돈』을 가리킨다.

선생 그럼 남아 있는 경우에는 어떻습니까?

학생 영혼이 행복하다는 것에 저는 동의합니다.

선생 그럼 소멸하는 경우에는 어떻습니까?

학생 영혼은 더는 존재하지 않기 때문에 우리는 불행하지 않습니다. 방금 제가 선생님의 견해를 어쩔 수 없이 인정하였던 바입니다.

선생 그런데 어찌 또는 왜 당신은 죽음이 악으로 보인다고 말합니까? 영혼이 남아 있을 경우 죽음은 우리를 행복하게 하거나, 혹은 감각이 결여된 우리를 불행하게 만들지 못할 것인데 말입니다.

영혼은 죽음을 극복한다

XII 26 학생 만약 성가시지 않다면, 그리고 가능하다면 먼저 죽음 이후 영혼이 남아 있음을 말씀해주시기 바랍니다. 다음으로 이것이 어려운 문제라 말해주실 수 없다면, 죽음이 악을 완전히 결여함을 보여주시기 바랍니다. 감각을 결여함이 아니라, 감각을 결여해야 함을 말씀드리는 것인데, 이것이 악이 아닐까 두렵기 때문입니다.

선생 당신이 주장하고자 하는 것에 대하여 어느 경우이든 커다란 설득력이 있어야 하며, 늘 가지고 있는 높은 권위에 우리는 기댈 수 있습니다. 먼저 모든 과거의 권위에 기댈 수 있는바, 옛사람들은 시원(始原)이나 신적인 조상들에 가깝기에 진리를 좀 더 잘 파악할 수 있었던 겁니다. **27** 엔니우스가 '상고인들'이라고 한 옛사람들에게는 이런 확신 하나만이 심겨 있었습니다. 죽음 이후에도 사람에게는 감각이 있으며, 생명이 끝난 이후에도 사람은 없어져서 완전히 소멸하지 않는다고 믿었습니다. 이를 다른 많은 것들에서는 물론이려니와 특히 장례식 절차와 제사장 법률에서 확인할 수 있습니다. 매우 현명했던 옛사람들이 죽음을 모든 것의 파괴와 소멸에 따른 멸망이 아니라 다만 마치 삶의 이동과 변화로 생각하였는데, 그들은 삶이 탁월한 사내와 여인들을 하늘로 인도하며 여타 인물들은 땅 위에 붙잡아둔다고 믿었습니다. 만일 그렇게 생각하지 않았다면 그들이 장례식 절차를 그렇게까지 엄중하게 돌보며, 침해의 경우 신성모독의 죄로 처벌하지는 않았을 겁니다. **28** 그리하여 우리 로마인들의 견해를 보면 엔니우스는 '로물루스는 하늘에 올라 신들과 살아간다'라고 전승에 따라 노래하였습니다. 또한, 희랍인들에게서 그리고 희랍인들로부터 전해져 우리에게서, 그리고 이후 오케아노스에 이르기까지 헤라클레스는 구원의 위대한 신으로 받아들여집니다. 더불어 세멜레에게서 태어난 디오뉘소스와, 마찬가지로 널리 유명한 튄다레우스가 낳은 형제들도 그러합니다. 이들은 전쟁터에서 로마인들의 승리를 도왔으며 승리의 전령이기도 했다고 전해집니다.[39] 어떻습니까? 또한, 카드모스의 딸 이노는 희랍인들 사이에서는 '레우코테아'라는 이름으로, 우리 로마에서는 '마투타'라는 이름으로 불리지 않습니까? 어떻습니까? 또한, 더 이상 열거할 필요 없이 하늘은 거의 전체가 인간 종족으로 가득하지 않습니까? **XIII 29** 우리 옛 기록을 검토하고 희랍의 역사가들이 전해준 것들로부터 이를 살펴보려고 한다면, 최고의 신들[40]조차도 우리로부터 하늘로 떠났다는 것이 밝혀질 겁니다. 희랍 땅에서 어떤 신들의 무덤이 입증되었는지 찾아보십시오. 그리고 당신도 비교에 입문하였으니 비교에 전승되는 것을 상기해 보십시오. 그러면 당신이 이런 일이 얼마나 넓게 퍼져 있는지를 알게 될 겁니다. 자연학은 아주 뒤에야 비로소 시작되었으며 자연학을 아직 모르던 옛사람들은 자연이 알려주는 만큼은 자연현상을 확신하였습니다. 물론 그 원리나 원인에 대해서는 알지 못했지만, 이들은 종종 환영을 접하여 놀랐으며, 특히 어두운 밤의 환영들에 그러하였는데, 이들은 세상을 떠난 자들이 아직도 살아 있다고 생각하였습니다.

---

39 폴룩스와 카스토르 쌍둥이를 가리키며 레길루스 호수에서의 전투 이후 로마에 소개되었다.

40 '*maiorum gentium*'은 로물루스가 뽑은 100명의 원로원 의원들을 가리키는 말이며, 신들에게도 이 용어를 쓰는데, 이때는 유피테르 이하 신들을 지시한다.

30 우리가 신들이 존재한다고 생각하는 제일 강력한 근거로, 신들의 표상을 가지지 않은 야만족이 존재하지 않으며, 그렇게 야수 같은 개인이 존재하지 않는다는 점을 제시할 수 있을 겁니다. 많은 사람이 신들에 대한 잘못된 견해를 가지고 있습니다. 이는 잘못된 전통에 의해 만들어지곤 합니다. 그러나 모든 사람은 신적인 힘과 본성이 존재한다고 생각합니다. 이런 생각은 사람들의 토론이나 합의에 따른 것도 아니며, 또 사회제도나 법률에 따라 확립된 것도 아닙니다. 오히려 모든 경우에 모든 민족의 이러한 공통된 생각을 자연법으로 보아야 합니다. 자기 사람들의 죽음을 슬퍼하며 그들이 달콤한 삶을 빼앗겼다는 생각에서 이를 애석해하지 않는 사람이 있습니까? 하지만 이런 생각은 버려야 하며 애도를 거두어야 합니다. 정작 당사자 중 누구도 자기 불행에 슬퍼하지 않으니 말입니다. 어쩌면 슬프고 괴로워할 수 있습니다. 하지만 이렇게까지 애통해하고 비탄과 비애에 빠지는 것은 다만 사랑하던 사람이 삶의 달콤함을 빼앗겼고 이를 의식할 것이라고 우리가 생각하기 때문입니다. 하지만 이런 견해는 자연에 따른 것일 뿐, 전혀 이성과 학적 근거가 없는 겁니다. **XIV 31** 자연이 영혼의 불멸성을 암묵적으로나마 결정하였음을 가장 잘 보여주는 근거는 바로 모든 사람이 죽음 이후의 있을 일들을 걱정한다는 것, 그것도 매우 크게 걱정한다는 것입니다. "그는 후손들이 열매를 먹을 수 있도록 나무를 심는다"라고 스타

티우스는 『동년배들 *Synephebi*』이라는 작품에서 말했는바, 장차 자신이 후손들과도 무언가 관계를 이어갈 것으로 생각한 것이 아니라면 무엇이겠습니까?[41] 그리하여 세심한 농부는 향후 열매를 보지는 못하겠지만 그래도 나무를 심을 겁니다. 그래서 위대한 인물도 법률과 제도와 정체(政體)를 심는 것이 아니겠습니까? 자손들의 생산, 이름을 물려주기, 자식들의 입양, 유언장을 세심히 작성하기, 묘지에 세운 기념물들은 달리 무얼 의미합니까? 그것은 우리가 먼 미래의 일을 염려한 겁니다.

32 어떻습니까? 어떻게 생각하십니까? 본성의 모범은 그 가장 훌륭한 본성으로부터 찾아내야 마땅하지 않겠습니까? 그렇다면 인간에게 무얼 가장 훌륭한 본성이라 하겠습니까? 스스로가 다른 사람들을 돕고 지키고 돌보기 위해 태어났다고 생각하는 사람들의 본성이 아니겠습니까? 헤라클레스는 신들의 반열에 올랐습니다. 그가 사람들 가운데 머물며 그런 길을 닦지 않았다면 결코 그 위치에 오르지 못했을 겁니다. 이처럼 모든 사람의 경의로 신격화된 오래된 예들이 있습니다. **XV** 우리나라의 많은 위대한 인물들이 국가를 위해 자신을 희생한 것이 무슨 생각 때문이라고 생각합니까? 목숨을 바쳤을 때 그들의 이름이 동시에 사라질 거로 생각했겠습니까? 불멸에 대한 커다란 희망이 없었다면

---

41 스타티우스 카이킬리우스는 기원전 168년에 죽은 로마의 희극작가다.

누구도 조국을 위해 죽음에 이르도록 자신을 던지지 않을 겁니다. **33** 그랬더라면 테미스토클레스는 한가한 삶을 택했을 것이고, 에파메이논다스도 그리했을 것이며, 옛 외국 사람들을 거명할 것 없이 나라도 그리했을 겁니다. 하지만 어째서인지는 알 수 없으나 마음속에 미래 세대에 대한 흡사 예감과 같은 것이 언제나 자리하고 있었으며, 매우 탁월한 재능과 매우 고귀한 정신의 인물들에게는 특히 그것이 두드러져 이를 누구나 쉽게 알 수 있습니다. 이것이 없다면 도대체 어떤 미친 사람이 계속 고통과 위험을 감내한단 말입니까? **34** 나는 지금까지 국가지도자들을 말했습니다. 시인들은 어떻습니까? 그들도 죽음 이후에 이름이 남길 원하지 않습니까? 그래서 이렇게 말한 겁니다. "너희 시민들이여, 보아라! 늙은 엔니우스의 초상을. 그는 너희 조상의 위대한 업적을 노래하였다." 조상이 이룩한 영광을 기린 대가로 엔니우스는 시민들로부터 이렇게 자신에게 영광이라는 보상을 줄 것을 요구하였습니다. 그는 또 이렇게도 노래하였습니다. "누구도 나를 위해 눈물을 흘리지 마시오. 왜냐고요? 나는 살아서 사람들의 입에 오르내릴 것이기 때문이오." 어디 시인들뿐이겠습니까? 장인들도 죽음 이후에 이름이 남길 원합니다. 미네르바의 방패에 자신의 이름을 적어 넣는 것이 허용되지 않자 페이디아스는 자신과 닮은 모습을 거기에 새겨 넣었는바, 이는 무엇 때문이겠습니까?[42] 우리 철학자들은 어떻습니까? 영광의 경멸을 논하는 서책에서도 이를 저술한 철학자들은 자신의 이름을 새겨 넣지 않습니까?

35 사람들이 모두 동의하는 생각을 자연의 목소리라 한다면, 누구나 하나같이 이승을 떠난 사람들이라도 그에게 속했던 무언가가 계속해서 존재한다고 동의한다면, 우리도 그와 같이 생각해야 할 겁니다. 또한, 재능 혹은 덕에서 영혼의 탁월함을 보여주었던 사람들이 그 탁월한 본성으로 인해 자연의 본질을 가장 정확하게 파악하였다고 할 때, 탁월한 사람일수록 후세 사람들을 위해 그만큼 더 많은 일을 하려고 한다는 점에 비추어, 사후에도 지각할 수 있는 무언가가 존재한다고 보는 것이 진실에 가까울 겁니다.

영혼은 신들의 영역에서 영원한 삶을 누린다

XVI 36 그러나 우리가 신들이 존재한다고 본성적으로 믿고, 신들이 어떤 존재인지를 이성적으로 탐구하는 것처럼, 우리는 만인의 동의에 기대어 영혼이 계속 존재한다고 생각하므로 영

---

42 페이디아스는 아테나이의 조각가이며 페리클레스의 친구였다. 아크로폴리스의 파르테논 신전 건축에 참가하였다. 그는 아테나 여신상을 만드는 데 이바지하였다. 기원전 438년 아테나 여신상이 완성되었다.

혼이 어디에 어떻게 존재하는지는 이성적으로 검토해보아야 할 겁니다. 이에 대한 무지로 사람들은 하계와 그 무시무시한 상황들을 지어내기도 합니다. 이것들을 당신이 근거 없이 무시하는 것 같지는 않습니다. 사람이 죽으면 육신은 땅속에 들어가고 흙(*humus*)으로 덮이는데 ─ 이에 매장(*humari*)이라 합니다 ─ 이를 두고 사람들은 죽은 사람들이 땅속에서 이어서 살아간다 생각하였던 겁니다. 이런 생각에서 얼마나 많은 잘못된 생각들이 이어집니까? 시인들은 또 얼마나 이를 과장하였습니까? **37** 뭔가 대단한 가사를 들려주어야 극장에 가득 들어찬 아녀자들과 어린애들이 감동 받을 테니 말입니다. "가파르고 험한 길을 지나, 높이 매달린 울퉁불퉁 바위들로 가득 찬 동굴을 지나, 하계의 새까만 어둠이 완강하게 버티고 있는 아케론 강으로부터 간신히 나는야 여기에 왔노라."[43] 이런 잘못된 생각은 ─ 나는 이미 이 오류가 제거되었다고 생각하지만 ─ 그럼에도 여전히 사람들에게 영향을 끼쳐, 육신이 화장된 것을 뻔히 알면서도 육신 없이는 일어날 수도 이해할 수도 없는 일이 하계에서 여전히 벌어지고 있다고 사람들은 꾸며댑니다. 영혼이 그 자체로 살아있다는 것을 사람들은 전혀 이해하지 못하여 영혼에게 무언가 형상과 모습을 부

---

43 알려지지 않은 비극작품에서 인용한 것으로 보이며, 아마도 화자는 트로이아 사람이 아닐까 한다.

여하고자 하기 때문입니다. 여기서 호메로스의 '초혼 의식'이 비롯되었으며, 내 친구 아피우스가 시행하는 '망자 신탁'이 시작되었던 겁니다. 또 이 근처 아베르누스 호수에서 "혼령들이 불러내진다. 짙은 어둠을 뒤쓰고, 죽은 자들의 그림자, 하계의 아케론 하구로부터, 짜디짠[44] 피를 머금고." 사람들은 죽은 자들의 그림자가 — 혀 없이, 입천장 없이, 목구멍과 가슴과 폐의 활동이나 형상 없이 안 될 일인바 — 무언가를 말한다고 주장합니다. 영혼만으로는 아무것도 볼 수 없었던바 모든 것을 눈으로 돌렸던 것입니다.

38 하지만 영혼과 감각을 구분하고 사유와 습관을 분리하는 일은 대단한 현자의 일입니다. 그리하여 내 믿거니와 지난 수백 년 동안 인간 영혼은 영속한다고 주장한 사람들이 있었지만, 글로 남았다는 점에서 본다면 쉬로스 섬의 페레퀴데스가 최초인 듯합니다. 그는 매우 오랜 옛사람으로 우리 씨족이 왕이었던 때에 살았습니다.[45] 그의 견해를 제자 피타고라스가 이어받아 확립

---

44 'salso'라는 문헌 전승에 따라 "짜디짠"이라고 번역하였다. 'falso 거짓된'이라는 제안이 있는데 이는 사람의 피가 아닌 동물의 피를 마신다는 뜻으로 볼 수 있다.

45 에게 해의 작은 섬 쉬로스 출신 철학자 페레퀴데스는 기원전 6세기 사람이다. 그에 관한 단편들이 전해진다. 정암 단편 선집 72쪽 이하를 보라. 키케로가 언급한 씨족은 툴리우스 씨족이며, 툴리우스라는 이름을 가진 왕은 로마의 여섯 번째 왕 세르비우스 툴리우스를 가리킨다. 그는 기원전 578∼535

하였습니다. 피타고라스는 오만왕 타르퀴니우스가 로마를 다스릴 때 이탈리아에 왔으며 대희랍(*Graecia Magna*)을 교설뿐만 아니라 권위로써 제압하였으며, 이후 피타고라스 학파의 명성은 누대에 걸쳐 그들 이외에는 누구도 학자라 불리지 못할 정도로 강력했습니다.

XVII 그러나 옛 피타고라스 학파로 돌아가서, 그들은 그들 견해에 증명을 거의 제시하지 않고 다만 숫자 혹은 도형으로 설명될 수 있는 것만을 설명하였을 뿐입니다.[46] **39** 전하는바, 플라톤은 피타고라스 학파와 사귀기 위해 이탈리아를 찾아 피타고라스 학파의 모든 것을 배웠으며, 영혼불멸에 관해 피타고라스와 같은 견해를 피력하며 이에 대한 증명까지 제시한 최초의 사람입니다. 당신이 반대하지 않는다면, 여기서 이 증명은 접어두고 영혼불멸성에 관한 모든 희망은 남겨 놓읍시다.

학생 저를 잔뜩 기대로 부풀게 하시더니, 인제 와서 저를 버리시는 겁니까? 여타의 철학자들을 따라 진리를 알게 되기보다 차라리 저는 플라톤을 따라 오류를 범하렵니다. 선생님께서 그를 얼마나 높이 평가하고 있는지 제가 알고 있으며, 저도 선생님을 따라 플라톤에 경탄합니다.

년까지 로마의 왕이었다.
46   아리스토텔레스, 『형이상학』 985b 23~31.

40 선생 장한 용기입니다! 나도 플라톤을 따라서라면 기꺼이 오류를 범할 겁니다. 의심의 여지가 없지 않습니까? 아니 많은 것이 의심스러운가요? 하지만 이것 하나만은 의심의 여지가 없습니다. 수학자들은[47] 지구가 우주의 중심에 놓여 있으며 지구는 우주의 크기에 비하면 마치 점(이를 수학자들은 κέντρον이라고 부릅니다)에 불과하다고 확신하고 있습니다. 또한, 이들이 주장하는바, 세상 만물을 구성하는 4원소는 본성상 서로 구별되고 할당된 운동 방향을 갖고 있는바, 흙과 물은 그 경향과 그 무게에 비추어 공히 같은 각도로 땅과 바다로 떨어지며, 나머지 두 원소인 불과 공기는 앞서 두 원소가 그 무게로 인해 우주의 중심으로 떨어졌던 것처럼 그렇게 수직으로 하늘을 향해 올라가는데 이는 본성적으로 높은 곳을 추구하는 성질 때문이거나 아니면 무거운 것들이 본성적으로 가벼운 것들을 밀쳐 올리기 때문입니다. 이런 주장이 분명할 때 필연적으로 명백한 것은 영혼이 육체에서 벗어날 경우, 영혼은 공기의 성질, 즉 호흡의 성질을 갖고 있든 혹은 불의 성질을 갖고 있든 위로 올라갈 것입니다. **41** 한편 분명하기보다 오히려 섬세하게 논의되는바 영혼이 어떤 숫자라고 할 때, 혹은 난해하기보다 오히려 이름 없는 제5원소라고 할 때

---

47 문맥상 여기서 "수학자들"은 플라톤 학파를 가리키는 말로 보인다. 마찬가지로 아래의 증명 또한 플라톤적 증명이라고 키케로가 우리에게 제시하고 있는 것으로 보인다.

도, 영혼은 훨씬 더 순결하고 순수하여 땅에서 아주 멀리 올라갈 겁니다. 이리하여 영혼은 이들 가운데 하나이며, 이렇게 활력을 가진 정신이 심장 혹은 뇌 혹은 엠페도클레스의 주장처럼 혈액 속에 잠겨 있지는 않습니다.

XVIII 디카이아르코스와, 그의 동문이자 동년배인 아리스토크세노스는 모두 아주 박식한 사람들이었는데 이들은 빼고 넘어갑시다. 전자는 자신에게 영혼이 없다는 사실을 생각하면서도 이에 전혀 슬퍼하지 않을 사람으로 보이며, 후자는 자기 노래에 심취하여 음악을 영혼론에까지 적용하려 시도한 사람입니다. 높이가 다른 음들의 화음을 우리는 감지할 수 있으며 이 음들의 다양한 배치는 여러 조화를 만들지만, 사지의 위치와 육신의 형태가 영혼 없이 어떤 조화를 이룬다는 것인지 나는 도저히 납득할 수 없습니다. 아리스토크세노스가 학식이 높았지만 아무리 높았더라도 아무튼 영혼론은 그의 스승인 아리스토텔레스에게 양보하고 그는 노래나 가르치는 편이 좋을 것 같습니다. 이를 두고 희랍 속담에 이르길 "각자는 저마다 잘 아는 일에 매진할 일이다"라고 하였습니다.[48] **42** 그런데 데모크리토스는 가볍고 둥근 원자들의 우연한 충돌을 두고 이것이 불의 성질과 숨의, 다시 말해

---

48 여기 언급된 희랍 속담은 아리스토파네스, 『벌』 1422행 (Dindorf 편집본의 1431행)을 염두에 둔 것 같다.

공기의 성질이길 원하였던 것인데, 우리는 이 이론을 철저히 배격할 겁니다. 한편 만물을 구성한다는 4원소에 영혼이 속한다면 영혼은 '불타는 숨'으로 만들어진다는 것인데 — 이를 파나이티오스가 제일 그럴듯한 것으로 받아들였음을 나는 알고 있습니다 — 이 경우 영혼이 위쪽을 향하는 것은 필연적이라고 하겠습니다. 이 두 원소는 하강이 전혀 없이 늘 위를 향하기 때문입니다. 그리하여 영혼[49]이 흩어지면 영혼은 흙에서 멀리 떨어지며, 만약 그 본성을 그대로 유지할 경우, 더욱 필연적으로 영혼은 흙에서 제일 가까운 곳에 있는 두텁고 짙은 이 공기를 뚫고 올라가 하늘에 이르게 될 겁니다. 영혼은 두텁고 짙다고 내가 말한 이 공기보다 뜨거운 것으로 차라리 활활 불타오르기 때문입니다. 이런 사실을 우리는, 우리의 육신이 흙의 원소에 의해 만들어졌으면서도 영혼의 불길로 인해 열을 갖고 있다는 것에서 알 수 있습니다. **XIX 43** 덧붙여 말하자면, 영혼보다 빠른 것은 없으며 영혼의 빠르기에 대적할 만한 것이 존재하지 않는 만큼, 그리하여 그만큼 영혼은 내가 앞서 자주 언급한 이 공기로부터 더 쉽게 벗어나며 공기를 뚫고서 올라갑니다. 만약 영혼이 손상 없이 자신과 흡사하게 머문다면, 영혼은 필연적으로 구름과 폭우와 바람이

---

49 문법적으로 '*dissipantur*' 혹은 '*permanent et conservant*'의 주어는 '*haec duo genera*'이지만, 여기서 '*haec duo genera*'는 다시 '*ex inflammata anima*'에서 비추어 '*ignis et aer*'를 의미하며, 이는 스토아 영혼론에서 '영혼'을 가리킨다.

모인 하늘, 대지로부터 증발한 습기와 안개가 머무는 하늘 전부를 뚫어 가르고 올라갈 겁니다.

영혼은 이 영역을 지나서 자신과 흡사한 본성에 다다르고 이를 식별하는데, 맑은 공기와 순화된 태양 열기로부터 만들어진 불을 만나게 되면 멈추고, 더 높은 곳으로 오르려는 상승을 그칩니다. 영혼이 자신과 흡사한 가벼움과 열기를 만났을 때, 영혼은 마치 같은 무게를 저울에 올려놓았을 때처럼 어느 쪽으로도 기울지 않는데, 이렇게 자신과 흡사한 것들에 이르러 마침내 본성의 자리를 갖게 되는 겁니다. 이때 영혼은 부족함이 없으며, 별들이 양육되고 유지되는 데 쓰이는 같은 것으로 양육되고 유지될 겁니다.[50]

44 우리는 육체의 열망으로 인해 흔히 온갖 욕망으로 끓어오르곤 하며, 우리가 갖고 싶은 것을 가진 이들에 대한 시샘으로 더욱 불타는 상황에 놓이곤 하는데, 만약 우리가 육체를 벗어나 욕망과 시샘에서 놓여난다면 참으로 우리는 행복해질 겁니다. 그리고 이런 육체적 근심에서 벗어나면 우리가 지금 하는 일, 무언가를 고찰하고 관찰하려는 일을 우리는 훨씬 더 자유롭게 행할 것이며, 사태를 관조하고 인식하는 데 전념할 겁니다. 본성상 인간 정신에 진리를 보겠다는 끝없는 욕망이 자리한 까닭이기도

---

50 키케로, 『신들의 본성에 관하여』 II, 46, 118이하를 보라.

하지만, 다른 한편 우리가 이곳에 와 있지만, 이 지역 자체도 천상 사태의 인식이 수월해지는 만큼 더 큰 인식의 욕망을 우리에게 주었기 때문입니다. **45** 이런 천상의 아름다움으로 인해 지상에서도, 테오프라스토스가 언급한바, '할아버지와 아버지 때부터' 인식의 욕망으로 불타는 철학이 깨어났습니다. 지상에서 살아가며 안개에 휩싸여 있을 때조차도 정신의 눈으로 통찰을 얻고자 하였던 사람들은 특히 철학을 즐길 겁니다.

　XX 실로 "황금 양털을 찾아가던 희랍 영웅들이 탄 아르고호"[51]라는 이름의 배가 통과한 해협과 흑해 입구를 직접 본 사람들이 무언가를 스스로 성취하였다고 믿으며, 혹은 "세찬 물결이 에우로파와 리뷔아를 나누고 있는 곳"[52]을, 다시 말해 오케아노스 해협을 직접 본 사람들이 또한 무언가를 스스로 성취하였다고 믿는 마당에, 우리에게 지구 전체를 바라보며 그 배치와 형상과 경계를, 추위와 더위의 힘이 너무 강하여 도저히 사람이 살 수 없는 지역과 사람들이 살아갈 수 있는 강역을 모두 보는 것이 허락된다면, 이는 얼마나 대단한 장관이겠습니까? **46** 지금 우리가 보는 것을 우리는 결코 눈으로 분별하는 것이 아닙니다. 육체에 어떤 지각도 존재하지 않으며, 자연 철학자들뿐만 아니라 해부

51　엔니우스 단편 『메데아』 250행.
52　엔니우스 단편 『연대기』 302행.

해서 열어본 의사들도 이를 가르치는데, 다만 영혼의 자리에서 눈과 귀와 코로 이어진 일종의 통로가 뚫려 있을 뿐입니다. 그리하여 우리는 때로 생각 혹은 질병에 방해받을 경우, 눈과 귀가 열려 있고 멀쩡해도 듣지도 보지도 못합니다. 이를 통해 우리는 보고 듣는 것이 영혼임을 쉽게 파악할 수 있으며, 이런 부분들은 영혼의 창문일 뿐이며, 정신이 거기 있어 작동하지 않는다면, 이런 창문만으로 우리 정신은 아무것도 지각하지 못합니다. 색깔, 맛, 열, 냄새, 소리 등 서로 완전히 다른 것들을 정신 하나로 파악하는 것은 무엇 때문이겠습니까? 모든 것의 유일한 심판인인 영혼으로 모든 것이 조회되지 않는다면, 다섯 전령을 통해 감각들을 영혼이 인식하는 일은 절대로 일어나지 않을 겁니다. 게다가 실로 영혼은 육체에서 해방되어 자연이 이끄는 곳에 닿게 되면, 그것들을 훨씬 더 순수하고 분명하게 분별하게 될 겁니다. **47** 육체에서 영혼에 이르는 예의 통로들이 누구도 흉내 낼 수 없이 탁월한 자연의 솜씨로 만들어졌다 해도, 아무튼 흙 성분의 단단한 육체가 중간에 막아섭니다. 하지만 오로지 영혼만 남게 될 경우라면, 각 대상이 어떠한지를 파악하는 것을 막아설 아무것도 없을 겁니다.

탈신화주의에 대한 반론

XXI 필요하다면 영혼이 천상의 자리에서 얼마나 많고, 얼마나 다양하고, 얼마나 근사한 것들을 가질 것인지를 우리는 아주 많이 이야기했을 겁니다. **48** 이것들을 생각할 때 실로 나는 일부 철학자들의 무모한 처사에 놀라움을 금치 못하곤 합니다. 이들은 자연 인식에 경탄하여 그 자연철학의 창시자에게 과도한 감사를 표하며 그를 마침 신처럼 존숭하기 때문입니다.[53] 이들은 이를 발견한 창시자로 인해 무시무시한 주인들로부터 해방되었으며 영원한 공포와 주야불문의 두려움에서 벗어났다고 주장합니다. 도대체 어떤 공포이며, 도대체 무슨 두려움을 말하는 겁니까? 만약 그 자연철학을 배우지 못했다면, 아마도 두려워했을지 모른다고 하는 "저승 아케론강의 성소, 죽음의 창백한 공간, 어두운 안개의 장소"를[54] 두려워할, 그렇게 어리석은 노파가 어디에 있습니까? 이런 것들이 틀렸음을 알았고 이런 것들을 두려워하지 않게 되었다고 으스대는 철학자가 있다는 것은 얼마나 부끄러운 일입니까? 창시자가 가르쳐주지 않았다면 이들은 이를 믿었을 것이니 이로써 참으로 이들이 얼마나 대단한 머리를 가

53 키케로는 여기서 에피쿠로스학파의 주장에 대한 반론을 제기하고 있다. 루크레티우스, 『자연의 본성에 관하여』 V, 8행 이하.
54 엔니우스 『안드로마카』 107행.

졌는지 우리는 쉽게 알 수 있습니다. **49** 이들은 죽음의 시간에 자신들이 완전히 소멸한다는 걸 배웠다 하니, 무언지 모르겠으나 굉장한 것을 이룬 겁니다. 그렇더라도 내가 이들의 생각을 두고 논쟁하는 것은 아니지만, 그들이 배웠다는 그것이 뭐 그리 대단히 기쁘고 자랑스러운 것입니까? 나로서는 피타고라스와 플라톤의 생각이 과연 어디가 잘못된 것인지 아무 생각이 떠오르지 않습니다. 플라톤이 이를 증명한 바 없더라도 — 내가 플라톤에게 얼마나 큰 의의를 부여하는지 당신은 주목하십시오 — 그의 주장만으로도 나는 그의 권위에 수긍하였을 겁니다. 그런데 그는 이를 충실히 증명까지 하였으니, 다른 사람들에게 이를 설득하려던 것이며 스스로 이를 확신하였던 것으로 보입니다.

영혼의 자기인식

XXII 50 하지만 상당수는 반대 입장을 주장하며, 영혼이 마치 극형의 유죄를 받은 것처럼 영혼을 사형에 처합니다. 그런데 이들에게는 왜 영혼불멸이 믿기 어려운 일인지 아무런 이유도 없으며, 이유라고 한다면 이들이 육체 없는 영혼을 이해하고 표상할 능력이 없다는 것뿐입니다. 반대로 이들이 육체 속의 영혼은 어떠한지, 어떤 형태인지, 어떤 크기인지, 어느 위치인지를 이해하는 척하므로 묻거니와, 살아있는 육체 속을 전부 들여다볼 수 있다고 가정할 때, 영혼은 우리 눈에 들어오겠습니까? 아니면 눈에 보이지 않을 만큼 영혼은 아주 섬세합니까? **51** 이 문제는 육체 없는 영혼을 이해할 수 없다고 주장하는 사람들이 검토하게 둡시다. 그리하면 이들은 자신들이 육체 속의 영혼을 어떻게 이해하고 있는지를 알게 될 겁니다. 그런데 영혼의 본성을 열심히 탐구하는 내가 보기에, 영혼이 타향 같은 육체에 머물고 있을 때 그것이 어떠한지를 생각하는 것이, 영혼이 육체에서 벗어나 마치 본향 같은 자유의 하늘에 이르게 되었을 때 그것이 어떠한지를 생각하는 일보다 훨씬 더 어렵고 불명료합니다. 우리가 본 적 없는 것이 어떠한 것인지를 전혀 이해할 수 없다면, 적어도 분명 우리는 신 자체는 물론 육체에서 벗어난 신적 영혼을 표상할 수는 있습니다. 실로 디카이아르코스와 아리스토크세노스는 영혼이 무엇이고 어떠한지를 이해하기 어렵다는 이유에서 어떤 영혼도 존재하지 않는다고 주장했습니다. **52** 실로 영혼 자체를 통해 영혼을 안다는 일은 아마 제일 중요한 일일 겁니다. 이것이 분명 '너 자신을 알라'고 말한 아폴론의 계율이 의미하는 바입니다. 내 믿거니와, 여기서 아폴론이 명한 것이 사지나 체구나 생김새를 우리에게 알라는 것이 아닙니다. 내가 육체이기만 한 것도 아니며, 이를 말하고 있는 나도 육체이기만 한 네게 말하는 것도 아닙니다. 그러므로 '너 자신을 알라'고 아폴론이 말했을 때 그가 말한 것은 '네 영혼을 알라'입니다. 육체는 다만 일종의 그릇 혹은 어떤 영혼을 담아두는 용기일 뿐입니다. 따라서 당신의 영혼이 행한 것이 진실로 당신이 행한 것입니다. 영혼을 아는 것이 신적인 일이 아니었다면, 남보다 통찰력 있는 어느 영혼의 가르침, '너 자신을 알라'가 신의 가르침으로 알려지지는 않았을 겁니다.

영혼은 자신의 존재를 자각한다

53 영혼이 스스로가 어떠한 것인지 모른다고 하더라도, 내 묻거니와 설마 스스로가 존재한다는 것과 스스로가 운동한다는 것조차 영혼 스스로 모르기야 하겠습니까? 이로부터 소크라테스가 『파이드로스』에서 설명한 플라톤의 유명한 논증이 태어났고, 나는 이를 나의 『국가론』 제6권에서 언급하였습니다. **XXIII** "항상 운동하는 것은 영원하네. 하지만 다른 것에 의해 운동하며 다른 것을 운동하게 하는 것은 운동의 끝을 가지므로 필연적으로 삶의 끝을 가지네. 그러므로 스스로 움직이는 것만이, 자기가 자기를 버리는 일은 없기에, 운동하기를 멈추지 않으며, 더 나아가 운동하는 다른 것들의 운동을 일으키는 기원이자 시작이 되네. **54** 그런데 시작은 자신의 기원을 따로 갖지는 않네. 모든 것이

시작으로부터 기원한다고 하지만, 시작 자체는 어떤 다른 것으로부터 태어날 수 없네. 만일 시작이 다른 것으로부터 생겨난다면 이는 시작일 수 없기 때문이네. 그런데 시작이 생겨나지 않는 것이라면 그것은 동시에 소멸하지도 않는다네. 시작이 소멸한다면, 시작인 그것이 다른 무엇으로부터 다시 생겨날 수 없을뿐더러, 모든 것의 기원인 그것은 어떤 것도 산출하지 않을 것이기 때문이네. 따라서 운동의 시작은 스스로 움직이는 것이네. 시작은 생겨나지도 소멸할 수도 없네. 그렇지 않다면 온 하늘과 모든 자연은 모두 무너져 내려 정지하게 될 수밖에 없고 최초에 운동을 시작하게 추동할 힘도 두 번 다시는 가질 수 없겠지. 스스로 운동하는 것이 영원하다는 것이 밝혀졌으므로 이것이 영혼에 본성으로 부여되었다는 것을 누가 부정할 수 있겠는가? 외부 충격에서 운동을 부여받는 모든 물체는 생명이 없는 것이고, 자기 안에서 스스로 운동을 얻는 것은 생명이 있는 것이므로, 그것이 바로 영혼의 본성이고 본질이기 때문이네. 영혼이 모든 것 중에 스스로 움직이는 유일한 것이라면, 분명 영혼은 생겨나지 않는 것이며 영원한 것이네."[55] **55** 소크라테스와 플라톤과 그 학파와 뜻

---

55 이상은 키케로가 플라톤의 『파이드로스』 245c 이하를 라티움어로 번역한 것이다. 희랍어에서 우리말로 번역된 『파이드로스』 판본을 라티움어와 비교하면서 번역하였다(예를 들어, 조대호 역, 『파이드로스』, 문예출판사, 2008년, 58쪽 이하).

을 달리하는 여러 철학자를 평민 철학자들이라고 불러야 할 것 같은데, 이들이 모두 달려들지라도 어떤 것도 이렇게 우아하게 설명할 수 없을 것이며, 이것이 얼마나 정치(精緻)하게 논증된 것인지 이해하지 못할 겁니다. 여하튼 영혼은 스스로가 운동함을 지각하고, 이를 지각함과 동시에 다른 무엇이 아니라 자기의 힘으로 스스로가 운동함을, 영혼이 자기를 버리는 일은 불가능함을 지각합니다. 이로써 불멸성이 입증됩니다. 당신이 이에 대해 무언가 반론을 제기하지 않는다면 말입니다.

학생 실로 이에 반대할 아무것도 제 머리에 떠오르지 않아도 좋습니다. 저는 그 의견에 동의하는 바입니다.

영혼 속에는 신적인 것이 들어 있다 : 기억과 발견

XXIV 56 선생 그럼 어떻습니까? 당신은 인간 영혼 안에 신적인 것이 들어 있다는 주장을 가볍게 여깁니까? 그 신적인 것이 어떻게 생겨날 수 있는지 만일 내가 알게 된다면, 아마도 그것이 어떻게 소멸하는지도 알 수 있을 겁니다. 혈액, 담즙, 점액, 뼈, 신경, 혈관, 한마디로 사지와 신체 전체의 외형이 무엇으로 이루어졌으며 어떻게 만들어졌는지를 나는 말할 수 있을 것 같기 때문입니다. 인간 영혼 안에 '영혼 덕분에 살아있다'라고 할 것 말고 다른 어떤 것도 들어 있지 않다면, 나는 인간 생명이 자연에 의해 마치 포도 줄기나 나무의 생명처럼 유지된다고 말할 겁니다. 우리는 이것들이 살아있다고 말하기 때문입니다. 또한, 인간 영혼이 좇고 도망하는 것 말고 달리 아무것도 갖지 않는다면, 또 이는 짐승과 공통된 것이라고 말할지 모릅니다. **57** 인간 영혼은 우선 기억을 가집니다. 그것도 헤아릴 수 없을 만큼 많은 것의 무한한 기억을 말입니다. 플라톤은 이를 전생의 상기라고 말하고자 합니다. 『메논』이란 제목의 책에서 소크라테스는 사각형의 넓이와 관련된 기하학 물음을 소년에게 묻습니다. 이 물음에 소년은 어린아이들이 그렇게 하듯 대답합니다. 소년은 쉬운 질문에 차근차근 대답하여 기하학을 배운 사람처럼 대답하기에 이릅니다. 이 사실에서 소크라테스는 배운다는 것은 다름 아니라 상기해내는 것이라는 결론을 끌어내고자 합니다. 같은 문제를 소크라테스는 좀 더 치밀하게, 그가 삶을 마감하던 날의 대화에서 논증합니다.[56] 소크라테스는 질문을 잘하면 지식이라곤 없어 보이는 사람도 자신이 배운 것이 아니라 다만 상기를 통해 다시 기억해냈음을 보여준다고 가르칩니다. 또 그는 우리가 어려서부터 많은 사태의 개념들이, 희랍어로 '엔노이아이 ἔννοιαι'라고 부르는 개념들이 영혼 속에 마치 각인된 것처럼 들어 있는 일은, 만

---

56 『메논』81e 이하.

일 영혼이 육체 안에 들어가기 이전에 사태의 앎을 갖고 있지 않았다면, 전혀 불가능하다고 가르칩니다.[57] [58] 플라톤이 모든 책에서 조목조목 따지는 것으로 〈감각 세계의〉[58] 무엇도 존재하지 않으며 ─ 생성 소멸하기 때문에 참으로 존재하는 것은 없는 반면, 그가 '이데아 ἰδέα'라고 부르고 내가 '형상 *species*'이라고 부르는, 늘 원래 모습을 유지하는 것만이 유일하게 존재한다고 플라톤은 생각하였는데 ─ 육체에 갇힌 영혼은 이데아 혹은 형상을 알 수 없으며, 다만 이를 앞서 인식한 후 영혼은 이를 가지고 들어갑니다. 이렇게 본다면 그렇게 많은 사태의 인식은 그리 놀랄 일이 아닙니다. 이것들을 영혼이 명확히 알지 못하는 것은, 갑자기 낯선 거처로 이주하게 됨으로써 혼란스러운 가운데 있기 때문입니다. 이내 정신을 가다듬고 자기를 추스르고 나면 영혼은 이데아를 상기로써 다시 알게 됩니다. 따라서 배운다는 것은 상기한다는 것 이외의 다른 것이 아닙니다. **59** 그런데 나는 기억에 훨씬 더 크게 탄복합니다. 우리의 기억을 담당하는 것은 어느 신체 부분이며, 어떤 기능이 있으며, 어떻게 만들어진 겁니까? 시모니데스가 얼마나 놀라운 기억력이 있었다고 전해지는지, 테오덱테스는 어떠했는지, 퓌로스의 명을 받고 사신으로 우

57 『파이돈』 73a 이하.
58 Pohlenz는 이 부분에 '*eorum quae sensibus perciperentur*'를 아마도 보충할 수 있다고 제안한다.

리 원로원을 방문했던 키네아스는 어떠했는지, 혹은 카르마다스 혹은 얼마 전까지 살았던 스켑시스의 메트로도로스 혹은 우리의 호르텐시우스가 어떠했는지 등을 내가 묻는 것이 아닙니다.[59] 내가 말하는 것은 인간 일반의 기억, 특히 좀 더 높은 학문과 기술에 종사한 사람들이 가졌던 기억, 얼마나 큰 정신 능력이 있었는지 측량 불가능한 이들이 가졌던 기억입니다. 이들은 대단한 기억력이 있었습니다. **XXV 60** 내가 말하는 것이 무엇입니까? 기억이 어떤 능력이 있으며 어디에서 유래하는지를 알아야 한다고 나는 생각합니다. 기억은 심장에도, 혈액에도, 뇌에도, 원자들에도 속하는 것이 분명히 아닙니다. 기억이 숨인지 불인지 나는 모르겠으며, 나는 나 자신 전혀 알 수 없는 바를 두고 사실 그대로 솔직히 말하는 것을 저들처럼 부끄러워하지 않습니다. 영혼이 불이든 숨이든, 불명확한 것에 대해 무언가 다른 것을 확언할 수

---

59 키오스 출신의 시모니데스는 기원전 5세기 초에 살았던 시인으로 소위 '기억술'의 창시자로 알려져 있다(키케로, 『연설가론』 II, 86, 351~353). 테오덱테스는 아리스토텔레스의 친구로 그의 기억력에 관하여 퀸틸리아누스의 책(X, 2, 51)에 전한다. 키네아스는 퓌로스 왕의 참모로 기원전 280년 로마 원로원 의원들 앞에서 연설한 것으로 유명하다. 카르마다스와 메트로도로스는 둘 다 아카데미아 학파를 재건한 카르네아데스의 제자들이다 (키케로, 『연설가론』 II, 88, 360과 90, 365). 호르텐시우스는 기원전 69년 집정관을 지낸 로마의 연설가로 키케로의 맞수였다.

있다면, 나는 그것이 영혼이 무언가 신적이라고 맹세합니다. 청컨대 생각해 보시기 바랍니다. 당신은 기억의 커다란 능력이, 안개와 구름이 가득한 대기와 섞인 흙에서 싹텄거나 그것으로 이루어졌다고 믿습니까? 당신은 기억이 무언지 모른다면, 하지만 그것이 어떤 것인지는 알고 있습니다. 또 그것을 모른다면, 하지만 당신은 얼마나 중요한지는 알고 있습니다. **61** 그럼 어떻습니까? 영혼 안에 우리의 기억을 부어 넣을 만한, 마치 그릇과 같은 수용체가 있다고 생각합니까? 이는 참으로 어처구니없는 생각입니다. 도대체 영혼의 어떤 밑바닥 혹은 어떤 그런 형상, 또는 어떤 그런 커다란 수용체를 생각할 수 있단 말입니까? 혹은 영혼이 마치 밀랍처럼 각인된다고, 기억이 영혼에 각인된 사태의 흔적이라고 생각합니까? 그렇다면 어느 부분이 말들의 흔적이고, 어느 부분이 사물 자체의 흔적일 수 있으며, 나아가 아주 많은 흔적을 만들어낼 만큼 그렇게 거대할 수 있습니까?

62 어떻습니까? 감추어진 것을 탐구하는 능력인 소위 발견과 고안은 어떠합니까? 이 능력이 이런 흙의 성질이나 사멸하고 사라져버릴 원소로 이루어졌다고 생각합니까? 피타고라스가 최고 지혜라고 생각한, 만물에 이름을 부여한 최초의 사람은 어떻습니까? 혹은 흩어져 살던 인간들을 하나로 모아 사회적 삶을 이룩한 사람은 어떻습니까? 혹은 무한해 보이는 수많은 소리를 몇몇 소수의 글자 기호로 한정한 사람은 어떻습니까? 떠돌이별들의

궤적, 다른 별들을 앞질러 달려가는 것과 정지하는 것 등을 기록한 사람은 어떻습니까? 모두 위대한 사람들입니다. 또한, 곡물과 의복과 주택과 생활 문화, 짐승들을 물리치기 위한 방어 장치 등을 찾아내어, 생활에 필요한 기술들로부터 고도의 기술에 이르기까지 우리가 이를 배우고 익히도록 한 선조들도 위대합니다. 다양한 종류의 다양한 소리를 찾아내고 조화시킴으로써 인간의 귀는 큰 즐거움을 얻으며, 일정한 자리에 있는 붙박이별들은 물론이려니와, 실제로는 아니지만 이름만 떠돌이별이라는 별들을 우리는 쳐다보았습니다.[60] 별들의 회전과 모든 운동을 영혼을 통해 파악하였던 사람은 그의 영혼이, 천상의 것들을 만들어낸 이의 영혼과 유사하다고 가르쳤습니다. **63** 즉, 아르키메데스는 그의 천구의(天球儀)에 달과 태양과 다섯 개 행성들의 운행을 묶어놓았는데, 『티마이오스』에서 우주를 건설한 플라톤의 신과 똑같이, 빠르기와 느리기가 서로 다른 여러 운행을 하나의 회전운동이 다스리도록 만들었습니다.[61] 이와 똑같은 천구의(天球

---

60 키케로, 『신들의 본성에 관하여』 II, 19, 51 이하를 보라. 여기서 키케로는 수성, 금성, 화성, 목성, 토성 등 다섯 행성의 운동 특이성을 설명한다. "어떤 때는 숨었다가 어떤 때는 다시 나타나고, 어떤 땐 나아가다 다른 땐 물러서고, 때로는 앞서가고 때로는 뒤따라가며, 때로는 더 빠르게 때로는 좀 더 느리게 움직이고, 때로는 전혀 움직이지 않고 어떤 시간까지 멈춰 서 있다." 또한 V, 24, 69 이하를 보라.

61 플라톤, 『티마이오스』 39a.

儀)의 운행들을 아르키메데스는, 세상이 신 없이는 운행하지 못한다고 할 때, 신적 재능 없이는 결코 모방하지 못했을 겁니다.

XXVI 64 내가 보기에 더 잘 알려진 유명한 다음의 분야 또한 신적 능력이 없지 않습니다. 나는 시인들이 타고난 천상의 정신적 본능이 없다면 장엄하고 풍부한 시를 쏟아내지 못할 것이라 봅니다. 또한, 연설술도 영혼의 좀 더 커다란 능력이 없다면 잘 어우러진 단어와 풍부한 내용으로 흘러넘치지 못할 것이라 봅니다. 만학의 어머니인 철학은 어떠합니까? 이를 플라톤이 신들의 선물이라 하는데,[62] 내가 보기에 이는 신들의 발견이 아닙니까? 철학은 먼저 우리에게 신들을 공경하도록 가르쳤으며, 이어 인간 공동체의 근간이라고 할 인간들의 정의를 가르쳤으며, 다음으로 절제와 긍지를 가르쳤으며, 마지막으로 눈으로부터 어둠을 몰아내듯 영혼으로부터 어둠을 걷어냄으로써 위와 아래, 시작과 끝과 중간의 모든 것을 우리가 보도록 만들었습니다. **65** 바로 이렇게 많고 대단한 것들을 이룩한 것이 신적 능력이라고 나는 생각합니다. 사물과 말의 기억은 어떻습니까? 또한, 발견은 어떻습니까? 실로 이것은 신에게조차 이보다 더 큰 것을 생각할 수 없는 그런 것이라 하겠습니다. 나는 신들이 신찬(神饌)과 신주(神酒)에도, 혹은 청춘의 여신이 술잔을 채워주더라도 기뻐하지 않

---

62 플라톤, 『티마이오스』 47a.

으리라 생각합니다. 호메로스는 가뉘메데스가 곱상한 외모 때문에 신들에게 납치되어 유피테르에게 술 시중을 들고 있다고 말하지만, 나는 동의하지 않습니다. 그렇게 큰 부당한 일을 라오메돈이 당할 아무런 정당한 이유가 없습니다.[63] 호메로스는 이런 인간적인 것들을 지어내어 신들에게 옮겨놓았지만, 나는 그가 차라리 신적인 것들을 우리에게 옮겨놓았으면 어떠했을까 합니다. 그렇다면 무엇이 신적입니까? 활동하고 생각하고 발견하고 기억하는 것입니다. 〈……〉 따라서 나는 영혼을 신적이라 부르며, 에우리피데스는 감히 신이라고 부릅니다.[64] 그도 그럴 것이 만약 신이 숨 혹은 불이라고 한다면, 인간 영혼은 바로 그런 것입니다. 또 신의 본성이 흙과 습기를 가지지 않는 것처럼, 인간 영혼 또한 이 두 가지 것들을 가지고 있지 않습니다. 또 아리스토텔레스가 처음 끌어들인 제5원소가 있다고 할 때, 이것은 신과 동시에 영혼에도 속하는 겁니다. 이 생각에 따라 이런 말로 우리는 우리의 『위로』라는 책에서 이렇게 적어 놓았습니다. **XXVII 66** "영혼의 기원을 흙에서 찾을 수 없다. 영혼에 흙에서 생겨나 만들어졌다고 보이는 어떤 것이 섞이거나 합성되지 않기 때문이

---

63 라오메돈은 트로이아의 왕으로 프리아모스의 아버지다. 맹세를 지키지 못해 신들로부터 자식을 희생물로 바치는 벌을 받는다. 여기서 키케로는 가뉘메데스를 라오메돈의 아들로 생각하고 있는 듯하다.

64 에우리피데스 단편 1007.

고, 나아가 어떤 습기도 바람도 불도 들어 있지 않기 때문이다. 그러니까 이 원소들에는 기억하고 예측하고 파악하는 능력, 지나간 것을 잊지 않으며 앞으로 올 것을 예측하며 지금 있는 것을 파악하는 것과 관련된 어떤 것도 있지 않다. 이 능력들은 오롯이 신적이다. 이 능력들이 신으로부터가 아니면 어디에서 인간에게 올 수 있을지 발견되지 않을 것이다. 영혼의 본성과 능력은 이렇게 탁월하여 앞서 일반적으로 알려진 원소들과 구분된다. 따라서 지각하고 생각하고 살아있고 활동하는 그것은, 그것이 무엇이든 간에 천상의 것이며 신적일 수밖에 없으며, 따라서 영원불멸한 것은 필연적이다. 우리가 아는 신은 다른 어떤 것도 아닌, 오로지 어떤 독립된 자유로운 정신, 모든 사멸하는 육체와 분리된 정신, 모든 것을 지각하며 운동하게 하며 영원한 운동을 갖춘 정신이다. 이런 종류의 이와 똑같은 본성에 인간 정신도 포함된다."

영혼의 성질과 거소(居所)

67 그렇다면 정신은 어디에 위치하며 어떠합니까? 당신의 정신은 어디에 있으며 어떠합니까? 이것을 당신은 말할 수 있습니까? 아니면 알기 위해서 가지고자 하는 것 모두를 내가 가지

지 못할 때, 가진 것들만이라도 활용하는 것을 당신은 허용할 겁니까? 영혼은 자신을 볼 만큼의 힘이 없습니다. 마치 우리네 눈과 같아서 다른 모든 것은 구별하면서도 정작 자신을 보지 못합니다. 영혼은 제 모양새를, 물론 이것은 별로 중요한 것은 아닙니다만, 이를 보지 못하는 데 반해 ─ 어쩌면 볼 수도 있겠지만 여기서는 넘어가겠습니다 ─ 통찰과 기억과 운동과 민첩함 등의 제 능력은 알고 있습니다. 이것들은 참으로 중요하며, 이것들은 신적이며, 이것들은 영원불멸합니다. 어떤 모양새인지, 어디에 머무는지는 결코 물어볼 필요가 없습니다.

XXVIII 68 우리가 우선 하늘의 생김새와 그 밝음을, 이어 우리가 생각하지 못할 정도로 빠른 하늘의 회전속도를, 그리고 낮과 밤의 갈마듦을, 그리고 곡식이 익고 신체가 건강을 유지하기에 알맞게 변하는 사계절의 순환을, 그리고 이 모든 변화를 주관하고 주재하는 태양을, 그리고 삭망에 따라 축제 날짜들을 마치 알려주고 표시하는 듯한 달을, 하늘의 십이궁을 따라 각각 서로 다른 방식으로 늘 같은 궤도를 운행하는 다섯 개의 행성을, 사방에 별자리들로 장식된 밤하늘의 모습을, 우주의 한복판에 고정되어 바다로부터 솟아오른 지구를, 두 개의 지역으로 나뉘어 사람이 살며 문명을 일으킨 멀리 떨어진 지역들을(그중 하나는 우리가 사는 북반구에서 "북풍 찬바람이 엄동설한의 추위를 몰고 오는 북두칠성을 향하는 북극 아래"[65] 있으며, 다른 하나는 희랍사람들이 '대척지 對蹠地 ἀντίχθων'라 부르는 미지의 남반구에 위치합니다), **69** 강추위에 얼어붙거나 열기에 불타기 때문에 사람이 살 수 없는 나머지 지역을, 그리고 때를 맞추어 "하늘이 빛나고, 나무들이 푸르고, 기쁨을 가져다주는 포도 줄기가 새싹으로 싱그럽게 살아나고, 나뭇가지가 풍요로운 열매에 고개를 숙이고, 경작지에 무르익은 곡식이 풍성하고, 만물이 꽃을 피우고, 샘물이 솟아나고, 들판이 풀을 입는"[66] 우리가 사는 지역을, 그리고 부분적으로 식용하거나 혹은 밭을 갈고 혹은 짐을 실어 나를 목적으로, 혹은 옷을 만들어 입을 목적으로 기르는 수많은 가축을, 그리고 하늘의 관찰자이며 신들의 경배자인 인간들과 인간의 유익에 복종하는 땅과 바다 모두를 관찰할 때, **70** 이외에도 다른 헤아릴 수 없는 모든 것을 우리가 통찰할 때, 플라톤의 생각처럼 모든 것이 창조되었다면 이 모든 것을 창조자가 주재하거나, 아리스토텔레스의 생각처럼 모든 것이 늘 존재하였다면 위대한 장관의 통치자가 주재한다는 것을 부인할 수 있겠습니까? 따라서 당신이 신을 보지 못하지만, 신의 행적으로부터 신을 승인하는 것처럼, 꼭 그처럼 인간 정신을 보지 못하지만, 기억력과 발견과 재빠른 운동과 능력의 아름다움에서 인간 정신의 신적 본질을 당신은 승

---

65 아키우스, 『필록테테스』 566행 이하. 아키우스는 기원전 170년경에 태어난 로마의 극작가다.

66 엔니우스, 『에우헤메로스』 151행.

인하십시오.

XXIX 그렇다면 영혼은 어디에 위치합니까? 나는 영혼이 머리에 있다고 생각하고 내가 그렇게 믿는 이유를 제시할 수 있습니다만, 영혼의 위치에 관해서는 다음 기회에 다루고자 합니다. 분명한 것은 영혼이 당신 안에 있다는 겁니다. 영혼의 본성은 어떠합니까? 내 생각에 그것은 매우 독특하고 고유할 겁니다. 그저 불과 같다, 혹은 숨과 같다고 해도 좋습니다. 어느 쪽이든 우리의 문제와는 상관없기 때문입니다. 이것 하나만은 명심하십시오. 신의 위치나 모습을 알지 못하면서도 당신이 신을 인지하는 것처럼, 영혼의 위치나 형상을 알지 못할지라도 당신의 영혼을 당신이 알고 있어야 합니다. **71** 그런데 우리가 자연학에 무지하다면 모를까, 영혼의 인식에서 우리는 영혼에 어떤 혼합된 것도, 합성된 것도, 연합된 것도, 접합된 것도, 이중적인 것도 없는 것을 의심치 않습니다.[67] 그 때문에 영혼은 분리되지도 나뉘지도 분열되지도 쪼개지지도 않으며, 따라서 소멸하지도 않습니다. 왜냐하면, 소멸이란 소멸 이전에 어떻게든 연결된 것이 분리되고 쪼개지고 나뉘는 것이기 때문입니다.

---

67   플라톤, 『파이돈』 78c

철학은 죽음의 연습이다

이런 유사한 근거들 때문에 소크라테스는 생사가 걸린 재판에서 변호인을 선임하지 않았으며, 심판인들에게 읍소하지 않았으며, 거침없는 당당함을 보여주었는데 이는 오만해서가 아니라 다만 긍지가 있었기 때문입니다. 그는 생을 마치는 마지막 날까지도 영혼불멸을 깊게 토론하였으며, 그 며칠 전에는 감옥으로부터 쉽게 도망갈 수 있었지만, 그렇게 하길 원하지 않았으며, 죽음의 독배를 손에 들고서, 죽음으로 떠밀려가는 것이 아니라 다만 하늘로 올라간다는 인상을 풍기는 말을 남겼습니다. **XXX 72** 소크라테스가 생각하고 주장한 것에 따르면, 육체를 벗어난 영혼에 두 가지 길과 과정이 있습니다.[68] 자신을 인간적 죄악으로 더럽히고 온갖 욕정을 탐닉하고 욕정에 눈이 멀어 개인적 악덕과 추잡함으로 자신을 오염시키고 혹은 국가를 망가뜨려 씻을 수 없는 잘못을 저지른 사람들은 신들의 회합에 이르지 못하는, 길 없는 길을 가게 됩니다. 반대로 자신을 정결하고 깨끗하게 지키며 육체적인 것과의 접촉을 최소로 유지하며 육체적인 것을 늘 멀리하며 인간의 육체 안에서일망정 신적인 삶을 흉내 낸 사람들에게는 그들이 원래 출발하였던 곳으로 돌아가는 귀환의 편

---

68 플라톤, 『파이돈』 80a 이하.

안한 길이 열립니다. **73** 그리하여 소크라테스는 말하길,[69] 다른 이유가 아니라 아폴론에게 받은 것으로 보이는 예언 능력 때문에 아폴론에게 봉헌된 백조가 죽음에 무언가 좋은 것이 있음을 예견하고서 노래와 기쁨으로 죽음을 받아들이는 것처럼, 모든 현명하고 훌륭한 사람은 그렇게 해야 한다고 합니다. (누구도 이 사실을 의심할 수 없을 겁니다.[70] 영혼을 숙고하면, 종종 일식을 지독하게 응시하다 시력을 완전히 잃는 것과 같은 일을 우리가 당한다면 모를까. 사실 정신의 눈은 자신을 응시하다가 때로 무뎌지고, 그래서 관조의 열의를 잃기도 합니다. 그리하여 때로 의심하며 두리번거리며 망설이며 많은 역경에 두려워하는 우리 이성은 마치 망망대해에 뗏목을 탄 듯합니다). **74** 이상은 옛날의 경우이고 희랍의 경우입니다. 하지만 카토는 죽을 수 있는 좋은 이유를 만나자 이에 기뻐하며 생을 스스로 마감하였습니다. 우리 안에서 우리를 다스리는 신은 우리가 그의 허락 없이 생을 마감하는 일을 금지합니다. 그러나 신이 우리에게 죽음의 정당한 이유를 제공할 때, 그러니까 예전 소크라테스나 최근 카토처럼, 그리고 종종 많은 다른 사람들처럼, 진정 하늘에 맹세코 현명한 사람은 기쁜 마음으로 이 땅의 어둠을 벗어나 천상의 빛으로 떠나갈 겁니다. 법률이 금하기 때

---

69 플라톤, 『파이돈』 85b.
70 플라톤, 『파이돈』 99d.

문에 감옥의 사슬을 깨부수지 않고, 마치 행정관이나 정당한 권한에 따르는 듯, 신의 호출에 따라 석방되어 떠나갑니다. 그리하여 철학자의 삶 전부는 소크라테스의 말처럼 죽음의 연습입니다.[71] **XXXI 75** 쾌락에서, 다시 말해 육체에서, 육체를 시중들고 받드는 가산(家産)에서, 국사에서, 모든 업무에서 영혼을 떼어놓을 때, 내 말하노니, 이는 영혼을 본래 모습으로 되돌리며 스스로에 머물러 최대한 육체로부터 분리하는 일이 아니고 달리 무엇이겠습니까? 그런데 영혼을 육체로부터 떼어내는 일은 다른 무엇이 아니라 바로 죽음을 배우는 일입니다. 그러므로 내 말대로 이를 연습하여 육체로부터 우리 자신을 떼어냅시다. 다시 말해 죽음에 익숙해집시다. 이렇게 해서 지상에 살고 있을 때도 천상의 삶을 흉내 낼 것이며, 육체의 감옥에서 벗어나 그리로 갈 때 영혼의 행로는 덜 지체될 겁니다. 육체의 사슬에 늘 매여 있던 사람은 풀려났을 때조차도 더디게 움직일 것인데, 수년간 쇠사슬에 매여 있던 사람과 유사합니다. 마침내 천상에 이르렀을 때 우리는 비로소 삶을 살게 될 겁니다. 그러고 보면 이승의 삶은 결국 죽음이라 하겠는데, 하지만 원한다면 이런 삶을 슬퍼할 수도 있겠습니다.

---

71 플라톤, 『파이돈』 67d.

영혼불멸을 반대하는 주장들에 대한 반박

76 학생 그래서 『위로』에서 선생님께서는 크게 슬퍼하셨습니다. 제가 그 책을 읽었을 때 이승의 것들을 버리기를 무엇보다 더 바랐으며 이제 그것을 직접 들으니 더욱더 그러합니다.

선생 때가 올 겁니다. 당신이 주저하든 재촉하든 금방 닥칠 겁니다. 세월은 쏜살같기 때문입니다. 당신은 조금 전까지만 해도 죽음이 악이라고 생각하였겠지만, 이는 천만의 말씀입니다. 우리가 신이 된다거나 혹은 신들과 함께 머물게 된다는데, 악과 이보다 확실히 다른 것은, 인간에게 오히려 이보다 좋은 것은 없지 않을까 싶습니다. (……)[72]

학생 그것이 무슨 상관입니까?

선생 이런 주장을 받아들이지 않는 사람들이 있습니다. 아무튼, 나는 결코 여하한 이유에서든 당신이 죽음을 악이라고 생각하도록 놓아둔 채 우리의 대화를 마치진 않을 겁니다.

77 학생 제가 이제 그렇게 생각하지 않는데, 어떻게 그럴 수 있겠습니까?

선생 어떻게 그럴 수 있냐고 당신이 묻습니다만, 여전히 이 의

---

[72] 여기서 몇 문장이 지워진 것으로 보인다. 다음 학생의 질문이 어떻게 이어지는지 문맥이 명확하지 않기 때문에, 주석가 마다 서로 다르게 해석하고 있다. 우리는 Pohlenz의 의견을 받아들여 문장이 생략된 것으로 생각한다.

견에 반대하는 사람은 무수히 많습니다. 그렇다고 무시하지는 않으나, 에피쿠로스학파만이 아니라, 어떤 이유에서인지는 모르겠으나, 아주 현명한 사람들조차 그러하며, 나의 기쁨인 디카이아르코스도 영혼불멸을 크게 반대했습니다. 그는 뮈틸레네에서 있었던 대화라서 『레스보스 대화』라고 불리는 3권의 책을 저술하였는데, 여기서 그는 영혼의 소멸함을 증명하고자 하였습니다. 반면 스토아학파는 우리가 까마귀라도 되는 양 생명 향유권을 우리에게 베풀어, 영혼이 오랫동안 남아 있겠지만, 영원히는 아니라고 주장합니다.[73] **XXXII** 이렇다 하더라도 죽음이 전혀 악이 아닌 이유를 당신은 듣고 싶지 않습니까?

학생 좋으실 대로 하십시오. 그래도 저를 누구도 영혼불멸에서 몰아내지 못할 겁니다.

78 선생 나는 그런 확신을 칭송합니다. 하지만 어떤 일이든 지나친 맹신은 금물인데, 왜냐하면, 종종 엄밀한 논증에 우리는 흔들리고, 비교적 분명한 사태에서조차 우리는 망설이고 생각을 바꾸곤 하기 때문입니다. 그런데 영혼불멸의 문제에 뭔가 불명확성이 남아 있습니다. 그러므로 이런 일이 발생할 때를 위해 우리 무장합시다.

학생 물론입니다. 확언하건대 그런 일이 없도록 주의할 겁니다.

---

73 고대인들은 까마귀가 900년 동안 살아간다고 믿었다.

선생 우리 친구들인 스토아학파에 작별을 고하지 않을 이유가 있습니까? 내가 말하는 것은 그러니까 영혼이 육체를 벗어나도 남아 있지만, 영원히는 아니라고 주장하는 스토아학파 말입니다.

학생 맞습니다. 그들은 영혼이 육체를 벗어나도 남아 있을 수 있다는 것은, 즉 이 문제 전체에서 가장 어려운 논점은 받아들이지만, 정작 쉽게 생각될 수 있으며 그들의 주장에서 논리적으로 귀결되는 것, 즉 영혼이 오랫동안 남아 있을 때 소멸하지 않는다는 것, 이것은 받아들이지 않는 사람들입니다.

선생 정확한 지적입니다. 실제로 그러합니다. **79** 그러므로 우리가 자신의 스승 플라톤과 다른 견해를 가진 파나이티오스를 믿어야 하겠습니까? 그는 다른 모든 문제에서 플라톤을 신적이라고, 누구보다 현명하다고, 누구보다 경건하다고, 철학자들의 호메로스라고 부르면서도, 영혼불멸에서만은 플라톤의 이 의견을 수용하지 않으니 말입니다. 그는 아무도 부정할 수 없는바 생성된 것은 소멸한다고, 그런데 영혼은 생성된다고, 이를 부모 자식의 유사성이 육체는 물론이고 그 재능에서도 뚜렷하다는 사실이 알려준다고 말합니다. 그런데 그는 또 다른 논거로, 고통을 느끼는 모든 것은 또한 병들지 않을 수 없으며, 질병에 시달리는 것 또한 죽음을 맞이할 것인데, 영혼은 고통을 느끼는 것이므로, 따라서 소멸하기도 한다고 주장합니다. **XXXIII 80** 하지만 이런 논거들은 이렇게 반박될 수 있습니다. 영혼불멸을 말할 때 그것은 고통과 분노와 욕정으로 가득한 영혼의 부분이 아니라, 다만 격정적 움직임을 전혀 보여주지 않는 정신을 말하는 것임을 그들은 모릅니다. 파나이티오스는 반대하지만, 플라톤은 이렇게 두 영역을 구분하며 서로 고립되어 있다고 생각합니다. 부모 자식의 유사성은 오히려 이성이 없는 영혼을 가진 짐승들에게 뚜렷하며, 인간에게 유사성은 육체적 형상에 국한되며, 영혼의 경우는 어떤 육체에 담기느냐에 따라 커다란 차이를 보입니다. 육체의 많은 것은 정신을 단련시키는가 하면, 많은 것은 이를 둔하게 합니다. 아리스토텔레스도 모든 재능 있는 사람은 흑담즙 성향이라고 합니다. 나는 이런 뜻에서 나 자신이 재능을 타고나지 못함을 애석해하지 않습니다. 아리스토텔레스는 많은 사람을 열거하며 아주 분명한 사실인 양 이런 일이 일어나는 근거를 제시합니다. 육체 안에 생성된 것이 정신의 기질에 그렇게 큰 영향을 미친다고 할 때, 육체 안에 생성된 것은, 그것이 무엇이든, 유사성을 만들 뿐, 유사성은 왜 영혼들이 생성되는지의 필연성을 제공하지는 않습니다. **81** 유사성을 보이지 않는 경우는 언급하지 않겠지만, 아프리카누스의 동시대인 파나이티오스와 내가 한자리에 있었다면, 나는 그에게 물어, 아프리카누스의 형의 손자는 식구들 가운데 누구와 닮았느냐고 질문하였을 겁니다. 생김새는 아버지인데, 누구보다 타락한 삶을 살았다고 말할 수 있을 만큼 망나니 같은 삶을 살았으니 말입니다.[74] 푸블리우스 크라수스는 지혜롭고 언변 좋고 제일가는 인물이건만, 그의 손자는 도대체 누굴 닮은 겁니까? 또 여기서 일일이 언급할 수 없지만 많은 유명한 사람들의 자식들과 손자들은 어떠합니까?

설령 영혼이 소멸한다 해도 죽음은 악이 아니다

지금 우리는 무얼 하고 있습니까? 우리는 영혼불멸을 충분히 이야기하고 나서, 설령 영혼이 소멸하더라도 죽음에는 전혀 악이 없음을 주제로 삼은 것을 우리는 잊은 겁니까?

학생 기억하고 있습니다. 영혼불멸을 언급하면서 선생님께서 주제에서 벗어나셨지만, 저는 가만히 있었습니다.

XXXIV 82 선생 나는 당신이 숭고한 것을 바라보며 천상계로 이주하길 바라고 있음을 알고 있습니다. 바라건대, 우리에게 그것이 가능할 겁니다. 하지만 저들의 주장처럼 영혼이 죽음 이후에 남지 않는다고 칩시다. 그 경우 우리가 좀 더 행복한 삶의 희망은 잃는다고 나는 알고 있습니다. 그런데 그런 의견은 어떤 악을 언급합니까? 육체와 마찬가지로 영혼이 소멸한다 칩시다. 어

---

74 퀸투스 파이비우스 막시무스 알로부로기쿠스라는 사람을 가리킨다. 그는 퀸투스 파비우스 막시무스 아이밀리아누스 알로부로기쿠스의 아들이며, 아프리카누스의 형 퀸투스 파비우스 막시무스 아이밀리아누스의 손자다.

떤 고통이 혹은 나아가 어떤 감각이 죽음 이후 육체에 있겠습니까? 이를 주장하는 사람은 아무도 없으며, 데모크리토스가 그랬다고 에피쿠로스가 덮어씌우지만, 정작 데모크리토스학파는 이를 부정하고 있습니다. 영혼에 어떤 감각도 남지 않습니다. 영혼 자체가 어디에도 존재하지 않기 때문입니다. 따라서 어디에 악이 있겠습니까? 제3의 것은 없으니 말입니다. 혹 영혼이 육체를 떠나는 것 자체가 어떤 고통을 수반합니까? 물론 그럴 수도 있겠지만, 그렇더라도 이는 얼마나 작습니까! 그런데 사실은 전혀 그렇지 않다고 생각합니다. 대개 감각 없이 일어나며, 때로 심지어 쾌락을 동반하기도 하는데, 핵심은 그것이 가볍게 일어난다는 겁니다. 찰나의 사건일 뿐이기 때문입니다. **83** "고통스러운 것, 혹은 오히려 고문인 것은, 살았을 때의 좋은 것 모두와 이별한다는 것이다." 좀 더 정확하게는 악과의 이별이라고 말할 수도 있겠습니다. 지금 왜 사람들의 삶을 애도해야 합니까? 참으로 정당하게 할 수 있습니다. 죽음 이후 우리가 불행하지 않다고 하기 위하여 이를 다룬다고 할 때, 이승의 삶에 한탄으로 한 번 더 불행을 보낼 필요가 있겠습니까? 사실 우리는 할 수 있는 만큼 우리 자신을 위로하였던 책에서 그렇게 하였습니다. 진실을 묻는다면, 죽음은 좋은 것과의 이별이 아니라 악과의 이별입니다. 이를 퀴레네학파의 헤게시아스가 풍부한 예증들로 논의하였으며, 이를 들은 많은 학생의 자살 사건이 발생하자 프톨레마이오스 왕이 그의 강의를 중단시켰다고 합니다. **84** 칼리마코스가 암브라키아 사람 테옴브로토스를 위해 쓴 비문에 따르면, 이 사람은 어떤 역경도 겪지 않았는데도 플라톤을 읽은 후에[75] 성곽에서 바다로 몸을 던졌다고 합니다. 내가 말한 헤게시아스의 책 『음식을 끊은 자』에서 어떤 사람은 금식을 통해 이승을 떠나고자 하였으나, 친구들이 말리자 이에 답하여 인간 삶이 얼마나 불편한가를 열거했다고 합니다. 나도 이를 보여줄 수 있습니다. 물론 살아가는 것이 모두에게 전적으로 이롭지 못하다고 주장하는 사람보다는 못하겠지만 말입니다. 다른 사람들은 놓아두고 우리 자신에게 과연 삶은 이로웠습니까? 우리가 개인적 위안이나 공적 명예를 모두 상실했을 때, 그런 처지로 앞서 죽었다면 결국 우리에게 죽음은 행복이 아닌 고통과의 이별이었을 겁니다. **XXXV 85** 물론 고통을 한 번도 겪지 않은, 운명의 장난에 한 번도 상처를 입지 않은 사람이 있을 수 있습니다. 저 메텔루스는 공직에서 활약한 네 명의 아들을 두었고, 프리아모스는 50명의 아들을 두었는데 이 중 17명은 정실부인에게서 얻었다고 합니다. 운명은 같은 힘을 갖고 있었지만, 두 사람 모두에게 다르게 힘을 발휘하였습니다. 많은 아들들과 딸들과 손자들과 손녀들이 메텔루스의 장례를 지켰지만, 프리아모스는 그 많던 자손들을 모두 잃고 마침

---

75 플라톤의 『파이돈』을 가리킨다.

내 제단으로 도망쳐 갔다가 적의 손에 죽임을 당하였습니다. 프리아모스가 자손들이 모두 살아있고 왕국이 아직 건재할 때, "이방의 물산들이 풍요롭고 가옥들이 잘 치장된 지붕을 아직 갖고 있을 때"[76] 죽었다면 그는 악으로부터 떠난 겁니까? 아니면 좋은 것으로부터 떠난 겁니까? 그랬다면 좋은 것으로부터 떠난 것일 수 있으며, 그의 운명은 누구보다 분명 행복했을 것이며, "모든 것들이 불타버리는 것을 나는 보았나니, 프리아모스는 폭력에 의해 목숨을 잃어 유피테르의 제단을 피로 더럽혔다"[77]라는 애통의 노래도 없었을 겁니다. 그래서 어쩌면 그런 폭력적 죽음보다 좋은 일이 그에게 일어날 수 있었을 것처럼 말입니다. 그가 진작 생을 마쳤다면 그런 일을 겪지 않았을 텐데, 어쨌든 죽는 순간에 그는 고통의 감각을 벗어났습니다. **86** 우리의 친구 폼페이우스는 한때 네아폴리스에서 크게 병을 앓다가 나은 적이 있습니다. 당시 네아폴리스 사람들은 머리에 화관을 두르고, 물론 푸테올리 사람들도 동참하여 여러 도시의 많은 사람이 이를 크게 공적으로 축하하였습니다. 적절한 행사는 아니었으며 다만 희랍적 호들갑이었다고 봅니다만, 아무튼 행복한 일이었습니다. 만일 그가 그때 생애를 마감하였다면 이는 좋은 것에서 떠난 겁니까?

---

76 엔니우스, 『안드로마카』 94.
77 엔니우스, 『안드로마카』 76.

아니면 악에서입니까? 이는 분명 불행에서입니다. 그랬다면 그는 장인[78]과 전쟁을 치르지 않았을 것이며, 아무런 준비도 없이 무기를 들지 않았을 것이며, 집을 떠나지 않았을 것이며, 이탈리아에서 도망치지 않았을 것이며, 군대를 잃고 무장이 벗겨져 노예들의 칼과 손아귀에 떨어지지 않았을 것이며, 자식들이 눈물 없이 볼 수 없는 처지에 놓이지 않았을 것이며, 재산이 모두 정복자의 차지가 되지 않았을 것이니 말입니다. 그가 그때 네아폴리스에서 생애를 마감하였다면 이는 분명 굉장한 행복 가운데 죽음을 맞았을 텐데, 이후 생을 이어감으로써 다만 얼마나 많은, 얼마나 큰, 얼마나 믿기지 않은 재앙을 견뎌야 했습니까! **XXXVI** 사람들은 이것들을 죽음으로써 모면합니다. 이것들이 아직은 아니더라도 발생할 수도 있기 때문입니다. 사람들은 자신에게 일어나지 않을 것으로 생각하며 메텔루스의 행복을 자신에게도 기대합니다. 마치 불행한 사람들보다 행복한 사람들이 많은 것처럼, 혹은 인간사에 확실성이 있는 것처럼, 혹은 기대하는 것이 두려워하는 것보다 현명한 태도인 것처럼 말입니다.

87 반대로 인간이 죽음을 통해 좋은 것을 잃는다는 주장을 받

---

78 폼페이우스는 율리우스 카이사르의 딸 율리아와 기원전 59년 결혼하였다. 그녀는 기원전 54년 사망하였으며, 그녀의 사망으로 율리우스 카이사르와 폼페이우스의 관계가 소원해졌다. 폼페이우스가 네아폴리스에서 병을 앓은 것은 기원전 50년경으로 그 직후 내전이 발발했다.

아들여 봅시다. 그러니까 이것은 망자들에게 삶의 편리가 결여하며, 이것이 그들에게 불행이라는 주장이 아니겠습니까? 그렇게 주장할 것은 필연적입니다. 그런데 혹 존재하지 않는 사람에게 무언가가 결여할 수 있습니까? '결여'라는 말 자체가 벌써 슬프게 합니다. 그 말에는 이런 뜻이 담겨 있습니다. '가지고 있었으나, 이제 갖고 있지 않다, 갈구한다, 요구한다, 필요로 한다.' 내 생각에 이것들은 결여한 자의 불편을 함의합니다. 시력의 결여는 혐오스러운 실명(失明)을, 자식의 결여는 혐오스러운 고독을 의미합니다. 이는 살아있는 사람들에게 그러합니다. 하지만 망자들을 두고 이런 삶의 편리가 결여했다거나, 더 나아가 삶이 결여했다고 말하는 것 자체가 어불성설입니다. 나는 존재하지 않는 망자들을 말하고 있지만, 지금 살아 존재하는 우리에게 뿔이나 깃털이 결여하였습니까? 도대체 누가 이렇게 말하겠습니까? 분명 누구도 그렇게 못할 겁니다. 어째서입니까? 당신에게 습관적으로도 본성적으로도 맞지 않는 것을 당신이 가지지 않더라도, 가지지 않았다고 느낄 수는 있지만, 결여할 수는 없기 때문입니다. **88** 이 점은 재차 삼차 거듭해서 강조되고 확인되어야 할 겁니다. 영혼이 사멸함을 전제할 때, 죽음이라는 소멸은 분명 감각의 의혹을 조금도 남기지 않는다는 것이 확인되었기 때문입니다. 그러므로 이것이 훌륭하게 입증되었다고 할 때, '결여하다'라는 말은 무얼 뜻하는지 알아보고 살펴보아야 할 겁니다.

이 말을 사용하는 데 어떤 잘못도 없도록 말입니다. '결여하다'는 '갖고 싶은 것을 갖지 못하다'를 의미합니다. '결여하다'에는 '원하다'가 담겼습니다. 물론 이 단어를 다른 용례에서처럼 '열병'과 연결할 때를 제외하고 말인데, 이 경우 '결여하다'는 전혀 다르게 사용된 것으로, 어떤 사람이 무언가를 갖고 있지 않으며 동시에 자신이 그것을 갖지 않음을 느끼지만, 이 결핍을 기꺼이 받아들일 때입니다.[79] 그러므로 이런 식의 '결여하다'는 죽음에 사용하지 않습니다. 그랬더라면 고통을 느낄 필요가 없었을 테니 말입니다. '좋은 것이 결여하다'라는 말로 쓰이고 이는 악입니다. 그런데 살아있는 사람에게 '좋은 것이 결여하다'를 쓸 수 없는데, 필요로 하지 않는다면 결여했다고 말할 수 없습니다. 예를 들어 살아있는 당신을 두고 '당신에게 왕권이 결여했다'고 말할 수 있으며 (당신의 경우 이 말의 의미가 충분히 드러나지 않지만) 어느 정도 이해할 수는 있습니다. 타르퀴니우스를 두고 그가 왕권에서 축출되었을 때라면 이 말의 충분한 의미가 드러날 겁니다.[80] 그런데 망자를 두고 '결여하다'는 말은 불가해한 것이 되고 맙니다. '결여하다'는 '느끼는 자'를 전제하는데, 망자는 아무런 감각도 없

---

79 '*carere febri*'는 '열이 내리다'를 의미한다. 이 말은, 키케로의 논리대로라면, 어떤 사람이 열병을 갖고 있지 않으며, 열병을 갖고 있지 않음을 알고 있고, 이런 열병의 결핍을 기꺼이 받아들이는 경우를 의미한다.

80 오만왕 타르퀴니우스는 기원전 510년 왕권을 상실한다.

기 때문입니다. 따라서 '결여하다'는 망자에게 전혀 쓸 수 없는 말입니다.

XXXVII 89 그런데 철학을 별로 필요로 하지 않는 문제를 두고 우리가 철학을 할 필요가 있겠습니까? 얼마나 자주 우리네 장군들이, 그리고 더불어 모든 병사가 눈앞의 죽음을 향해 돌진했던가! 그들이 이를 두려워하였다면 루키우스 브루투스는 자신이 축출한 폭군이 복위하는 것을 막고자 전투에서 죽지 못했을 것이며, 아버지 데키우스는 라티움족과 싸우며, 아들은 에트루리아인들과 싸우며, 손자는 퓌로스와 싸우며 적진을 향해 몸을 던지지 못했을 것이며, 히스파니아는 조국을 위해 한 전쟁에서 싸우다 숨진 스키피오 가문을 보지 못했을 것이며, 칸나이는 파울루스와 게미누스를, 베누시아는 마르켈루스를, 리타나는 알비누스를, 루카니아인들은 그락쿠스를 보지 못했을 겁니다. 이들 가운데 누가 오늘날 불행하다 하겠습니까? 그들이 마지막 숨을 거둔 바로 그 순간에도 결코 그들은 불행하지 않았습니다. 감각이 제거되었는데 도대체 누가 불행할 수 있습니까? **90** '하지만 감각이 없는 것 자체가 혐오스럽다.' 만약 그것이 결여라면 그것은 혐오스러운 겁니다. 그런데 존재하지 않는 사람에게는 아무것도 없다는 것이 분명한데, 결여하지도 느끼지도 못하는 사람에게 무엇이 혐오스러울 수 있겠습니까? 그것은 다만, 너무 자주 반복하는 것이긴 하지만, 죽음의 공포로 인해 영혼이 완전하게 위축된 결과 만들어진 생각일 뿐입니다. 빛보다 분명한 사실로, 영혼과 육체가 소멸하고 살아있던 것이 전적으로 파괴되어 사실상 사라지면 살아있던 생명은 이제 없어졌는데, 이를 충분히 이해하는 사람이라면, 그 경우 전혀 존재한 적 없는 반인반마와 아가멤논 왕이 전혀 다를 바 없음을 알게 될 겁니다. 또한, 마르쿠스 카밀루스가 살았을 때의 정복당한 로마를 내가 심각하게 여기지 않을 만큼, 그가 오늘날의 내전을 심각하게 여기지 않았음을 알게 될 겁니다. 따라서 사후 350년 뒤에나 있을 일을 생각하여 그가 슬퍼할 이유는 무엇입니까? 일만 년 뒤에 로마를 다른 민족이 다스릴 것을 생각하여 내가 슬퍼하는 이유는 무엇입니까? 이유는 우리의 감각이 아니라 국가 안녕의 여부로 조국애를 우리가 판단할 만큼 우리의 조국애가 크기 때문입니다. **XXXVIII 91** 그러므로 죽음은 매일매일 불확실한 사건으로 인해 우리가 직면하며, 인생의 짧음으로 인해 결코 멀리 있다 할 수 없는 것으로, 이런 죽음 앞에서도 현자는 조국과 자손들을 위한 만대의 안녕을 염려합니다. 후손들을 직접 만나보지는 못하겠지만, 그래도 현자는 그들이 자신과 무관치 않다고 생각하기 때문입니다. 그러므로 영혼이 사멸한다고 생각하는 사람조차도 다른 한편으로 영원을 예비할 수 있는 겁니다. 이는 누리지 못할 미래의 영광을 열망하기 때문이 아니라, 본래의 목적은 아니지만, 영광을 필연적으로 동반하는 덕을 열망하기 때문입니다.

자연의 순리에 따라 우리의 출생이 우리에게 모든 사건의 시작이고 우리의 죽음이 모든 사건의 종말이라면, 출생 이전이 우리와 무관하며 죽음 이후가 우리와 무관할 겁니다. 죽음이 살아 있는 자들과도 망자들과도 무관할진대, 무슨 악이 거기에 들어 있겠습니까? 망자들은 존재하지 않으며, 죽음은 살아있는 자들에게 아직 도래하지 않았기 때문입니다. **92** 죽음을 다소 가볍게 여기고자 한 사람들은 죽음이 잠과 아주 유사하다고 합니다. 누군가 60년은 살고 나머지 세월은 잠든 채 90세까지 살기를 원하는 듯 말입니다. 본인은 고사하고 가족도 그것을 원치 않을 겁니다. 전하는 이야기에 따르면[81] 엔뒤미온은 언제인지 모르겠으나 카리아 지방의 라트모스 산에서 잠에 빠졌다고 하는데, 내 생각에는 어태까지도 깨어나지 않은 듯합니다. 달의 여신이 잠든 엔뒤미온에게 입을 맞추려고 그를 잠들게 하였다고 하는데, 달의 여신이 고통 받을 때[82] 엔뒤미온은 이를 조금이라도 걱정했다고 당신은 생각합니까? 잠들어 감각이 없는 그가 무슨 걱정이겠습니까? 죽음의 모방물로 여기는 잠을 매일 경험하며, 죽음의 모방물인 잠 속에서 아무 감각을 느끼지 못함을 아는 당신은 그런

---

81 헤시오도스나 사포에 따르면 달의 여신 셀레네는 아름다운 청년 목동 엔뒤미온을 사랑하였다. 또 다른 전거에 따르면 달의 여신은 그가 늙지 않고 영원히 잠자도록 만들었고, 그가 잠든 동굴을 찾아갔다고 한다.
82 원문의 '*Luna laborat*'는 월식을 가리킨다.

데도 죽음에 감각이 남지 않음을 아직도 의심합니까?

어떤 죽음이든 때 이른 죽음은 없다

XXXIX 93 그러므로 때 이른 죽음은 불행이라는 어리석은 노파의 헛소리는 집어치웁시다. 도대체 '때'가 무엇입니까? 자연이 정한 '때'입니까? 하지만 자연은 우리에게 생명 향유권을 주었으되, 변제 기일을 따로 정하지 않고 빚을 내줄 때와 같이 그렇게 하였습니다. 따라서 자연이 원하는 날짜에 빚을 거두어들인다면, 우리에게 이를 원망할 무슨 권리가 있습니까? 우리는 이 조건으로 이를 받았던 것입니다. 따라서 어린아이가 죽었을 때 이를 평정심으로 받아들여야 한다고 생각하는 사람들은 설령 요람에서 그리되었더라도 이를 두고 한탄하지도 말아야 합니다. 이 경우 자연은 내준 것을 그저 좀 더 가혹하게 거두어들인 것뿐입니다. '아직 인생의 단맛을 맛보지도 못했거늘,' 또 '커다란 포부를 갖고 이제 막 이를 맛보기 시작했거늘'이라고 말합니다. 하지만 다른 경우라면 조금이라도 맛본 것이 전혀 맛보지 못한 것보다 더 좋은 일인데, 어찌 삶의 경우에만 예외라 하겠습니까? (물론 칼리마코스의 말이 틀리지 않은 것이 프리아모스가 트로일로스보다 훨씬 더 자주 눈물을 흘렸습니다). 반대로 수명을 다하고 죽는 사람의 행운은 칭송받습니다. **94** 왜 그래야 하겠습니까? 내 생각에 수명이 더 길어진다고 더 즐거울 수는 없습니다. 인간에게 노년이 확실히 가져다주는 달가운 것은 지혜밖에 없는데, 노년은 지혜는 가져다주지만 다른 것은 모두 가져가 버립니다. 사실 도대체 얼마나 길어야 수명이 길다 하겠으며, 또 도대체 무엇이 인간에게 길다 하겠습니까? 실로 "아이들이든 청년들이든 달리기처럼 등 뒤에서 쫓아와 느닷없이 사람을 덮치는" 것이 노년 아닙니까? 그 이상을 알지 못할 때, 이를 우리는 길다고 말합니다. 모든 것은 각자에게 주어진 예상되는 크기에 견주어 혹은 짧다 혹은 길다고 말해집니다. 유럽 쪽에서 흑해로 흘러드는 휘파니스 강에는, 아리스토텔레스에 따르면[83] 겨우 하루 동안 생존하는 미물들이 있다고 합니다. 이들 가운데 오후 2시에 죽은 것은 한창때 죽었다, 해 질 녘에 죽은 것은 아주 오래 살았다 할 겁니다. 잘 해 봐야 해가 긴 하지를 살았어도 말입니다. 그럼 우리의 수명을 억겁의 세월과 비교해 보십시오. 우리의 삶이나 저 미물들의 삶이나 짧음에서 거의 다르지 않음을 발견할 겁니다.

---

83 아리스토텔레스, *Historia animalium* 552b18.

철학자들의 삶

XL 95 그리하여 이 모든 어리석음을 견책합시다. 이 경솔함에 그나마 이보다 가벼운 이름이 무엇입니까? 좋은 삶의 의미를 전적으로 영혼의 용기와 긍지에, 모든 세속적인 것을 무시하고 멀리함에, 오로지 덕에 둡시다. 그런데 저런 대단히 약해빠진 생각들로 나약해진 우리는 칼다이아인들의 예언이 이루어지기 전에 먼저 죽음이 왔다 하여, 대단히 좋은 것들을 빼앗기고 우롱당하고 그로부터 버림받았다고 생각할지도 모릅니다. **96** 기대와 소원 가운데 마음이 늘 초조하고 시달리고 괴롭다면, 불멸의 신을 두고 맹세하거니와, 여정을 마치고 나면 그 끝에는 장차 아무런 걱정이나 불안이 남지 않을 인생행로는 얼마나 달콤한 것이겠습니까! 테라메네스는 얼마나 나를 기쁘게 합니까![84] 그는 얼마나 긍지 있는 사람입니까! 그의 기사를 읽을 때면 오히려 우리가 눈물을 흘리게 되지만, 정작 그는 유명한 인물로 결코 비참한 죽음을 죽은 것이 아닙니다. 30인 참주의 명령에 따라 감옥에 갇혔다가 그는 갈증을 풀려는 사람처럼 독배를 들이키고 나서 잔에 남은 것을 털어냈으며, 털어낸 것이 부딪혀 소리 내자 웃으면서 다음과 같이 말했다고 합니다.[85] 당시 크리티아스는 그에게 매우 가

---

84 크세노폰, *Hellenica* 2, 3, 56 이하를 보라.

혹했는데, "나는 이 잔을 어여쁜 크리티아스를 위해 마셨다." 희랍 사람들은 술자리에서 자신의 잔을 이어받을 사람을 호명하곤 하였습니다. 테라메네스는 마지막 숨을 거두면서 내장에 퍼진 죽음을 안고서도 대담하게 농담을 건네며 독배를 내밀어, 크리티아스에게 머지않아 닥쳐올 죽음을 정확히 예언하였던 겁니다.

97 죽음을 악으로 생각한다면 죽음을 앞두고서 보여준 위대한 영혼의 이러한 평정심을 도대체 누가 칭송하겠습니까? 몇 년 후에 소크라테스도 마찬가지로 감옥에 갇힌 몸이 되었으며 마찬가지로 독배를 들게 되었는데, 30인 참주가 테라메네스에게 뒤집어씌운 것과 똑같은 죄목으로 심판인들로부터 유죄를 받았던 겁니다. 플라톤은 사형을 선고한 심판인들 앞에서 소크라테스가 연설하는 장면을 보여주었나니, 소크라테스의 연설은 과연 어떠하였습니까? **XLI** 소크라테스는 가로되, "심판인들이여, 나는 내가 처한 사형이 좋은 일이 아닐까 싶은 커다란 희망을 품고 있다. 죽음은 다음 두 가지 가운데 하나임이 틀림없기 때문이다. 우선 모든 감각을 송두리째 죽음이 빼앗아 버리는 것이거나 아니면 죽음에 의해 이승에서 어떤 다른 장소로 옮겨지는 것이다.

---

85 고대 아테나이인들이 코타보스라고 불렀던 놀이다. 술잔에 남은 술을 표적지를 향해 던져 맞추는 놀이로서 표적지는 커다란 대접에 띄워놓은 작은 접시 등이었다고 한다. 여기서 테라메네스는 독배를 마시면서 마치 코타보스 놀이를 하는 것처럼 다음 마실 사람으로 정적 크리티아스의 이름을 부르고 있다.

따라서 만약 죽음이 감각을 소멸시키고 마치 잠과 유사하되, 특히 때로 꿈에 보이던 것이 전혀 없는 아주 고요하고 깊은 잠과 유사하다고 할 때, 신에게 맹세코 죽음은 얼마나 커다란 이득인가! 이런 잠을 자는 밤보다 더 좋은 낮은 얼마나 많겠는가! 내게 앞으로 다가올 영원한 시간이 이 밤과 같다고 할 때 나보다 행복한 사람은 누구인가? **98** 다른 한편 죽음이 삶을 떠난 사람들이 거기 거주하는 곳으로의 이주라는 말이 옳다고 할 때, 이는 훨씬 더 행복한 일이라 하겠다. 스스로 재판관이라고 자처하는 자들에게서 벗어나, 진정한 의미에서 재판관이라고 불리는 미노스와 라다만토스와 아이아코스와 트리프톨레모스에게로 가는 것, 그리고 정의롭게 신의를 지키며 살았던 사람들과 만나는 것, 이런 이주가 당신들에게는 시시한 일로 여겨지는가? 혹은 오르페우스와 무사이오스와 호메로스와 헤시오도스와 이야기를 나누는 것이 허락된다면, 이에 대해 여러분은 어떤 값을 매기는가? 이것이 가능하다면, 나는 기꺼이 몇 번이라도 죽을 각오가 되어 있다. 내가 말한 것을 내 눈으로 직접 보는 것이 허락된다면 말이다. 팔라메데스와 아이아스 등 부당한 판결을 받아 죽은 이들을 만날 수 있다면, 이는 얼마나 큰 기쁨을 내게 가져다주겠는가? 그리하여 나는 트로이아로 대군을 이끌고 갔던 왕 중의 왕과 울릭세스와 시쉬포스의 지혜를 검토할 것이며, 이승에서 내가 하던 대로 그곳에서 또한 이런 검토를 한들 누구도 그 때문에 나에게 사형을 선고하지는 않을 것이다. 더불어 나에게 무죄를 평결하였던 심판인들이여, 죽음을 두려워 마라. **99** 좋은 삶을 살았던 사람에게는 살아서나 죽어서나 악이 발생할 수 없으며, 불멸의 신들께서는 결코 그의 형편에 무관심하지 않으실 것이다. 내가 당한 일도 우연은 아니다. 나는 나를 고발하거나 유죄를 선고한 사람들에게 유감이 없다. 다만 이로써 나에게 고통을 가했다고 그들이 믿는다는 점이 안타까울 뿐이다."[86] 그의 맺음말은 무엇보다 훌륭합니다. 그는 가로되, "그러나 이제 여기를 떠날 시간이 되었다. 나는 죽기 위해, 여러분은 살기 위해. 하지만 어느 쪽이 더 좋은 것인지는 불멸의 신들만이 아시겠고, 인간들 가운데 누구도 이를 알지 못한다고 나는 생각한다."

XLII 참으로 나는 소크라테스의 이 영혼을, 그에게 유죄판결 내렸던 저들 모두의 행복보다 훨씬 높게 평가하고자 합니다. 비록 어느 쪽이 더 나은가를 신들 이외에는 누구도 알 수 없다고 말하면서 — 앞서 내가 말한 대로 그는 어느 쪽이 더 나은지를 알고 있었습니다만 — 그는 단정적으로 말할 수 있는 것은 없다는 그의 견해를 끝까지 견지하였던 겁니다. **100** 하지만 우리는 자연이 우리 모두에게 부여한 그 무엇도 악이 아니라는 견해를,

---

86 플라톤 『소크라테스의 변명』 40c 이하를 키케로가 원문과 달리 자유롭게 인용하고 있다.

또 만일 죽음이 악이라면 영원한 악이라는 생각을 견지합시다. 죽음을 흔히 불행한 삶의 끝이라고 하는데 죽음마저 불행이라면 그 끝은 있을 수 없기 때문입니다.

하지만 무엇 때문에 내가 소크라테스 혹은 테라메네스와 같이 덕과 지혜로 명성이 자자한 훌륭한 분들을 거론할 필요가 있겠습니까? 이름조차 남기지 못한 어떤 스파르타 사람은 죽음을 가볍게 여겨 그에게 감독관들이 사형을 선고하고 집행할 때에 밝고 행복한 표정을 지었습니다. 그의 정적이 그에게 "네 놈이 뤼쿠르고스의 법령을 능멸하려는가?"라고 물었을 때, "나는 오히려 그분에게 아주 크게 감사한다. 그는 차용도 없이 채권자 변경도 없이 갚을 수 있는 벌로 나를 벌주었으니 말이다"라고 답하였습니다. 얼마나 스파르타 사람다운 모습입니까! 내가 보기에 대단한 용기를 보여준 이 스파르타 사람은 분명 죄 없이 목숨을 잃은 것 같습니다. **101** 이런 대단한 용기를 가진 사람들은 우리나라에도 여럿 있습니다. 하지만 무엇 때문에 내가 장군들과 사령관들을 거명할 필요가 있겠습니까? 카토가 기록하길[87] 로마의 병사들은 다시 살아서 돌아올 수 없는 곳인 줄 생각하면서도 때로 기꺼이 달려갔다고 하였는데 말입니다. 동요하는 마음 없이 스파르타 병사들은 테르모퓔라이에서 죽음을 맞이하였으며, 이들

---

87   카토 단편 83.

을 위해 시모니데스는 "나그네여, 스파르타에 가서 전하라! 끝까지 조국의 신성한 법률을 지키다 우리가 여기 누워 있음을 그대가 보았노라고"라는 시를 남겼습니다. 또 그들의 지휘관 레오니다스는 뭐라 말했습니까? "스파르타의 용사들이여, 용맹하게 싸우라. 오늘 우리는 어쩌면 저승에서 저녁 식사를 하게 될지도 모른다." 스파르타인들은 용맹했는데, 그들에게는 뤼쿠르고스 법이 아직 살아있었던 겁니다. 이들 가운데 한 명은, 페르시아의 적병이 호기 있게 떠벌리며 "우리가 쏜 수많은 창과 화살 때문에 너희는 태양을 보지 못할 것이다"라고 말하자, 대답하여 "덕분에 그늘에서 전투를 치르겠구나!" 하였답니다. **102** 나는 남자들을 언급하였는데 과연 스파르타의 여자들은 어떠합니까? 아들을 전장에 내보냈던 스파르타 여인은 아들의 전사 소식을 들었을 때 말하되 "조국을 위해 추호의 망설임도 없이 목숨을 버릴 수 있는 사내가 되도록 나는 그렇게 그를 낳았다." **XLIII** 그렇습니다. 스파르타인들은 참으로 용감하고 강인했습니다. 국가적 훈육은 그들에게 그와 같이 크게 작용했던 겁니다. 퀴레네학파의 명망 있는 철학자 테오도로스는 실로 놀랍지 않습니까? 왕 뤼시마코스[88]

---

88 뤼시마코스는 트라키아의 왕으로 기원전 306~281년까지 통치하였다. 알렉산드로스 대왕의 동방원전에 참전하여 그의 경호원 역할을 맡았으며, 프톨레마오스가 이집트를 할당받은 것처럼 그는 323년에 트라키아 지방을 할당받아 306년 왕이 되었다.

가 십자가에 매달겠다고 협박하자 그는 말하되, "제발 부탁하건대 그따위 끔찍한 일들일랑은 당신의 저따위 고관대작에게나 써먹으시오. 테오도로스에게는 묻혀서 썩어가든 매달려서 썩어가든 전혀 문제 될 것이 없소이다."

장례에 관하여

그의 말 때문에 나는 매장과 무덤에 대해서도 뭔가를 논의해야 할 것 같습니다. 이 문제는 사실 그다지 어려운 문제도 아니며, 특히나 앞서 이야기한 죽음 이후의 무감각을 깨달았으니 말입니다. 이 문제를 소크라테스 자신이 어떻게 생각하였는지는, 우리가 앞서 길게 언급하였던, 그의 죽음을 다룬 책에서 확인됩니다. **103** 영혼불멸을 논의하고 나서 이제 죽음의 시간이 다가왔을 때, 크리톤은 소크라테스에게 어떤 방식의 매장을 원하는지 물었습니다. 그러자 소크라테스는 말했습니다. "친구들이여, 나의 수많은 노고가 실로 물거품이 되고 말았다. 내가 이곳을 떠나갈 것이며 나의 어떤 것도 여기에 남지 않을 것이란 사실을 나의 크리톤에게 끝내 설득하지 못했기 때문이다. 크리톤이여, 하지만 자네가 나를 잡을 수 있고 혹은 다른 곳에서 나를 마주치게 되거들랑, 자네가 좋을 대로 나를 묻어주게. 하지만 분명 자네들 가운데 누구도 일단 내가 이곳을 떠나고 나면 결코 나를 붙잡을 수 없을 것이다."[89] 친구에게 모든 걸 맡겨두고 자신은 그런 종류의 문제로 전혀 고민하지 않음을 보여준 것이야말로 참으로 대단합니다. **104** 디오게네스는 그보다 더 강경한데, 물론 같은 생각을 하였겠지만, 그 자신 견유학파의 철학자로서 더욱 완고한 모습을 보여주었으며, 자신을 매장하지 말고 버려두라고 명했던 겁니다. 그러자 친구들이 "새들과 들짐승들의 먹이가 되지 않겠는가?"라고 하자, 그는 "절대 아니네. 내 옆에 작대기 하나만 놓아두게. 그것으로 그것들을 쫓아버리겠네." 친구들이 "어떻게 자네가 그리할 수 있겠는가? 자네는 아무것도 느끼지 못할 텐데"라고 하자, 그는 답하되, "그렇다면 내가 전혀 느끼지 못할 테니 더더욱 들짐승들이 물어뜯는다 한들 내게 무슨 대수겠는가?" 아낙사고라스는 훌륭하게 말하였는데, 그가 람프사코스에서 죽음을 앞두고 있었을 때 그의 친구들이 무슨 일이 있으면 고향 클라조메나이로 옮겨 묻히길 원하는지 묻자, "그럴 필요까지는 없네. 어디에서든 저승에 이르는 길은 매한가지 아니겠나?"라고 답했습니다. 매장 풍습과 관련하여 단 한 가지 명심해야 할 것은, 매장이 다만 육신과 연관되어 있다는 것이며, 영혼이 소멸하든 혹은 살아있든 영혼과 전혀 무관하다는 겁니다. 그리고 육신과 관

---

89   플라톤, 『파이돈』 115c 이하.

투스쿨룸 대화   **105**

련하여 분명한 사실은, 영혼이 소멸하든 혹은 빠져나가든 결국 육신에 아무 감각이 남지 않는다는 겁니다. **XLIV 105** 하지만 이 모든 것에 오류가 가득합니다. 아킬레우스는 헥토르를 마차에 묶어 끌고 다녔는데, 내 보기에 그가 몸이 찢기는 고통을 느끼리라고 생각한 겁니다. 그리하여 그는 그가 생각한 대로 그렇게 그에게 복수를 행한 겁니다. 한편, 여인은 더할 수 없이 끔찍한 일인 양 슬퍼하며 통곡합니다.[90]

나는 보기에 그 무엇보다 고통스러운 일을 보았다.
헥토르를 사두마차에 끌고 다니는 것을.

그것은 어떤 헥토르이며, 과연 그것이 얼마 동안 헥토르이겠습니까? 아키우스[91]는 좀 더 잘 판단하였으니 그의 아킬레우스는 과연 현명합니다.

헥토르는 죽었지만, 육신은 프리아모스에게 돌려주었다.

당신은 헥토르를 끌고 다닌 것이 아니라 한때 헥토르였던 그

---

90   아래의 인용문은 엔니우스의 『안드로마카』 100행에서 인용한 것으로 여기서 여인은 안드로마케를 가리킨다.
91   기원전 170년경에 태어난 로마의 극작가다.

의 육신을 끌고 다닌 겁니다. **106**여기에 어머니를 잠들지 못하게 하는 또 다른 어떤 사람이 땅에서 일어납니다.[92]

어머니, 제가 부릅니다. 잠으로 근심을 덜어내시는 어머니!
저를 위해 슬퍼하지 않으시네요. 일어나 자식을 묻으세요.

극장을 채운 청중에게 슬픔을 불러일으킬 침울하고 눈물이 섞인 음조의 이런 대사를 들었을 때, 사람들은 땅에 묻히지 못한 망자가 불행하지 않다고 판단하기 어려울 겁니다. "들짐승과 새들의 먹이가 되기 전에……"라며 그는 찢긴 육신을 온전히 쓰지 못할까 두려워합니다. 육신이 화장되는 것은 두려워하지 않습니다.

뼈는 드러나고 반쯤 뜯어 먹힌 채로 내 육신이 이리로
저리로 피고름을 흘리며 끌려 다니게 두지 마시오.[93]

나는 그가 훌륭한 일곱소리걸음 운율로 피리에 맞추어 말을 쏟아내며 무얼 그렇게 두려워하는지 이해할 수 없습니다. 많은 사람이 원수들을 그들이 죽어서조차 벌주려고 하지만, 죽은 후

---

92 기원전 220년경에 태어난 로마의 극작가 파쿠비우스의 단편.
93 파쿠비우스 단편.

에 걱정할 것이 전혀 없음을 명심해야 합니다. 엔니우스에서 튀에스테스는 매우 장엄한 운율로 아트레우스를 저주하여 먼저 그가 항해 도중 난파하여 죽어버리라고 악담을 퍼부었습니다. 이는 매우 끔찍한 말인데 그런 종류의 죽음은 커다란 고통을 수반할 것이기 때문입니다. 하지만 이어지는 말들은 그저 공허할 따름입니다.

> 죽어 험한 바위 꼭대기에 처박히고 갈기갈기 찢기며,
> 몸이 걸려 핏덩이와 피고름과 검은 피를 바위에 뿌리길.[94]

107 '몸이 걸려' 있는 사람보다 차라리 바위가 더 많은 것을 느낄 겁니다. 튀에스테스는 그가 고통 받기를 바랐겠지만 말입니다. 만에 하나 감각이 남았다면 매우 고통스럽겠지만, 감각이 없어진 바에야 아무런 고통이 없을 겁니다. 다음의 말 또한 무엇보다 공허합니다.

> 몸을 담을 육신의 항구, 무덤을 그가 갖지 못하길!
> 생이 다한 후 고통을 벗고 육신이 쉴 곳을!

---

94   엔니우스, 『튀에스테스』 362.

당신은 이 말이 얼마나 큰 잘못인지를 잘 알 겁니다. 육신의 항구가 있으며 무덤 속에서 망자가 휴식을 취한다고 생각하니 말입니다. 이런 잘못의 큰 책임은 펠롭스에게 있으며 그는 아들을 가르쳐 각각의 일에 어느 정도까지 걱정해야 하는지를 깨우쳐 주지 않았던 겁니다.[95] **XLV 108** 하지만 무엇 때문에 개인들의 의견에만 주목하겠습니까? 민족들이 가진 여러 잘못된 생각들을 살펴볼 수 있습니다. 이집트 사람들은 망자의 시신을 방부 처리하여 집안에 모시고 있습니다. 페르시아 사람들은 망자의 시신에 밀랍을 고루 바른 후에 매장하는데 이렇게 함으로써 최대한 오랜 시간 시신을 고스란히 보존하고자 합니다. 페르시아 사제들은 관습에 따르면 자신들의 시신을 우선 야생 짐승들이 뜯어먹게 한 다음 매장합니다. 이를 위해 휘르카니아에서[96] 평민은 공공으로, 귀족은 사사로이 장례용 개를 사육합니다. 물론 우리가 아는 한 이런 용도의 개들은 혈통 좋은 종으로 이들은 각자

---

95 이상 엔니우스의 『튀에스테스』에서 인용된 구절들이다. 튀에스테스와 아트레우스는 둘 다 펠롭스의 아들이며 뮈케나이의 왕이 된 형 아트레우스는 동생 튀에스테스의 아들을 죽여 동생이 먹도록 만들었으며, 이는 동생이 뮈케나이 왕위를 놓고 다투는 과정에서 자신의 아내를 유혹한 것에 대한 벌이었다. 동생 튀에스테스는 나중에 아들을 하나 두었는데 이 아들의 이름은 아이기스토스이며, 우리가 『오뒷세이아』 제1권에서 보았듯이 아트레우스의 아들 아가멤논을 아가멤논의 부인 클뤼타임네스트라와 함께 트로이아 원정에서 귀향하던 날 살해한다.

96 페르시아에 속한 부족의 하나로 카스피해 지역에 거주한다.

자신의 능력에 따라 마련된 개들에게 사후(死後)에 자기 몸을 뜯어먹게 하며 이 장례를 제일 훌륭한 장례라고 믿습니다. 온갖 역사 탐구에 관심이 컸던 크뤼십포스[97]는 매우 많은 다른 사례를 모아놓았는데 그가 모은 사례들에는 말로 옮기기가 꺼려질 정도로 대단히 혐오스러운 것들도 포함되어 있습니다. 따라서 나에게 국한하자면 이 문제는 무시할 수 있겠지만, 우리네 사람들과 관련해서는 경시할 수 없는 것이나, 그렇더라도 우리는 살아 망자의 시신이 아무것도 느끼지 못한다는 것을 알아야 합니다. **109** 장례 관습과 세상 평판을 어느 정도 따라야 하겠고 살아가며 이를 신경은 써야겠으나, 그렇더라도 이런 모든 것이 망자와는 하등 관련이 없음을 알아야 할 겁니다.

죽기에 가장 적합한 순간

분명 죽음을 앞둔 사람들은 자신에 대한 칭송을 통해 스스로 위안을 찾음으로써 죽음을 차분한 마음으로 받아들입니다. 하지만 완전한 덕을 완전히 성취하였다면 인생이 짧았다고 말할 수

---

97 기원전 280년경에 태어난 스토아 철학자이며, 그는 제2의 스토아학파 창시자라고 불린다.

는 없습니다. 나로서는 죽기에 딱 좋을 때가 여러 번 있었습니다. 그때 죽었더라면 좋았을 것을! 왜냐하면, 더는 추구할 것이 남지 않아 삶의 의무를 다 수행했고 오로지 운명과의 투쟁만이 있었기 때문입니다. 그리하여 이런 설명에도 우리가 죽음을 무시하도록 내가 설득하지 못한다면, 우리가 충분히 넘치도록 삶을 살았다고 생각될 만큼 삶을 살아볼 일입니다. 감각은 모두 사라져도 망자 본인에게 귀속되는 선(善)인 칭송과 영광은, 망자가 비록 알지 못하겠지만, 망자를 떠나지 않습니다. 왜냐하면, 영광 그 자체로 추구되어야 할 아무런 이유가 없지만, 그래도 덕을 이룩한 사람에게 마치 그림자처럼 따라오는 것이기 때문입니다. **XLVI 110** 훌륭한 사람들에 대해 대중들의 의견이 훌륭하다면, 훌륭한 사람들이 그런 일로 행복해할지는 모르겠지만, 그 자체는 칭송해야 할 일입니다. 이 말을 어떻게 받아들이든지 간에, 뤼쿠르고스와 솔론에게 수여된 법률제정과 국가통치의 영광은, 테미스토클레스[98]와 에파메이논다스[99]에게 수여된 용맹의 영광은 절대 없어지지 않을 것이라고 나는 주장합니다. 넵투누스가 살라미스섬을 가라앉히기 전에는 살라미스 승전의 기록이 없어

---

98 페르시아 전쟁 당시 살라미스 해전을 이끈 아테나이의 장군이다.
99 에파메이논다스는 테바이의 장군으로 스파르타 군을 보이오티아의 레우크트라에서 물리쳤다. 이후 테바이는 펠레폰네소스까지 진출하여 희랍의 패권을 장악하게 된다.

지지 않을 것이며, 보이오티아의 레우크트라가 없어지기 전에는 레우크트라 전투에 대한 영광이 없어지지 않을 테니 말입니다. 쿠리우스와 파브리키우스와 칼라티누스와 두 명의 스키피오와 두 명의 아프리카누스와 막시무스와 마르켈루스와 파울루스와 카토와 라일리우스 등 헤아릴 수 없이 많은 위인의 명성은 그들 사후에도 아주 오랫동안 그들을 떠나지 않을 겁니다. 이들과 유사한 업적을 성취한 사람은 인민의 입소문이 아니라 오로지 참된 훌륭함을 기준으로 평가하며, 만일 사태가 그렇게 진행될 경우 굳건한 마음으로 죽음을 향해 갈 겁니다. 우리는 죽음에 최고선이 있거나 아니면 어떤 악도 없음을 알았습니다. 더 나아가 그는 어쩌면 일이 잘 풀릴 때 오히려 죽기를 희망할 겁니다. 왜냐하면, 행복이 거듭 축적될 때 생겨나는 즐거움은 그것이 점차 사라질 때 닥쳐오는 고통보다 절대 크지 않기 때문입니다. **111** 이런 생각을 스파르타 사람의 저 말이 표현하는 것 같습니다. 로도스 사람 디아고라스가 본인이 과거 올림피아 경기의 승리자로서 이제 두 아들이 같은 날 올림피아 경기에서 승리자가 되는 것을 보았을 때, 스파르타 사람이 노인에게 다가와 축하 인사를 하며 이렇게 말했다고 합니다. "디아고라스여, 이제 죽어라! 하늘에 오르려는 것은 아닐 테니 말입니다."[100] 희랍사람들은 좋은 일이

---

100   플루타르코스, *Pelopidas* 34, 6 이하.

라고, 아니 어쩌면 지나치게 좋은 일이라고 생각하고 있거나 혹은 당시 생각하였던 것이니, 디아고라스에게 이 말을 건넨 사람은 한 집안에서 세 명의 올림피아 승리자가 배출된 것을 무엇보다 대단한 일이라고 생각하였으며, 운명이 어찌 변할지도 모르는데 꾸물대는 것은 노인 본인에게 오히려 무익한 일이라고 생각했던 겁니다.

나는 당신에게 짧게 ― 당신은 죽은 사람들이 전혀 악에 처해 있지 않다는 것에 동의하였기에 ― 내 보기에 충분하다 싶을 만큼 진작 대답을 마쳤습니다만, 이렇게 길게 덧붙인 것은 그리움과 슬픔 가운데 있을 때 이것은 아주 커다란 위안이기 때문입니다. 우리 스스로 때문에 우리에게 고통이 닥쳤을 때 우리는, 자기연민에 빠진 것처럼 보이지 않기 위해 이를 절제 있게 견뎌내야만 할 겁니다. 우리 곁을 떠난 사람들이 아직 감각을 갖고 대중이 생각하는 그런 악에 처해 있다고 만약 우리가 생각한다면, 이런 의혹은 우리를 견딜 수 없는 고통으로 고문합니다. 나는 이런 견해를 송두리째 마음속에서 뽑아 버리길 바랐으며 그리하여 아마도 이렇게까지 말이 길어진 겁니다.

XLVII 112 학생 선생님 말씀이 길었다뇨? 저는 그렇게 생각하지 않습니다. 선생님 말씀의 앞부분은 저에게 기꺼이 죽음을 맞이할 수 있도록 해주었으며, 뒷부분은 저에게 죽음을 거부하지 않도록, 때로 괴로워하지 않도록 해주었습니다. 전반적으로 선생님 말씀으로 인하여 확실히 저는 죽음을 악으로 생각하지 않게 되었습니다.

선생 그렇다면 이제 수사학 선생들이 하는 맺음말을 덧붙일 필요가 있겠습니까? 수사학 기술은 완전히 무시할 수 있지 않습니까?

학생 수사학을 무시하지 마시기 바랍니다. 그것을 늘 선생님은 칭송하였으며, 그것도 매우 정당한 이유에서 그리하였으니 말입니다. 솔직한 심정을 말씀드리자면 오히려 수사학이 먼저 선생님께 칭송을 가져다주었던 겁니다. 그러니 어떤 맺음말을 준비하셨습니까? 그것이 어떤 것이든지 간에 기꺼이 듣고자 합니다.

죽음은 신들로부터 주어진 최상의 선물이다

113 선생 사람들은 학교에서 죽음에 관한 불멸하는 신들의 판단을 들려줍니다. 물론 그들이 직접 만들어낸 것이 아니라 헤로도토스 등 많은 저술가로부터 찾아낸 것입니다. 먼저 아르고스 여사제의 두 아들 클레오비스와 비톤이 이야기되는데 이 고사는 널리 알려져 있습니다.[101] 여사제가 정례 희생제를 지내기 위해

---

101 이 이야기는 헤로도토스 『역사』 I, 31 이하에 전한다.

도심에서 멀리 떨어진 신전으로 수레를 타고 가야 했을 때, 마침 수레를 끌 소들이 지체하며 당도하지 않자, 방금 언급한 두 젊은이가 옷을 벗어놓고 몸에 기름을 바른 후에 멍에를 짊어졌다고 합니다. 두 아들이 끄는 수레를 타고 신전에 도착한 여사제는 여신에게, 충직한 두 아들에게 인간이 신에게 받을 수 있는 제일 커다란 상을 주십사 기도하였고, 어머니와 함께 저녁을 마치고 잠들었던 두 젊은이는 다음 날 아침 죽은 채로 발견되었다고 합니다. **114** 트로포니오스와 아가메데스도 이와 비슷한 기도를 드렸다고 합니다. 그들은 델포이의 아폴론 신전을 완공하고 나서, 아폴론에게 경배하면서 자신들의 노고와 노역을 어여쁘게 여기사 무언가 상당한 상을 주십사 소원을 빌었는데, 그들은 어떤 확실한 것이 아니라 인간에게 제일 좋은 것을 빌었다고 합니다. 이들에게 아폴론은 삼 일째 되는 날 주겠노라 약조하였고, 마침내 삼 일째 되던 날 아침 그들은 죽은 채로 발견되었다고 합니다. 사람들은 신이, 다른 누구보다 예언 능력을 신들에게서 양보 받은 신이 그렇게 판단하였다고 말합니다. **XLVIII** 또한 실레노스의 고사도 언급됩니다. 기록에 따르면 미다스 왕에게 잡혀갔을 때 실레노스는 자신을 풀어주는 대가로 왕에게, 인간에게 제일 좋은 일은 태어나지 않는 것이며, 다음으로 좋은 것은 가능한 한 빨리 죽는 것이라고 가르쳐 주었다고 합니다. **115** 에우리피데스는 『크레스폰테스』에서 이런 생각을 표현하였습니다.

우리가 집 안에 모여 슬퍼해야 마땅한 일은,

사람이 태어나 세상 빛을 보게 되는 것.

인생이란 온갖 불행으로 가득하기 때문에.

하지만 죽어 힘겨운 인생 역정을 마치고 떠날 때

친구들은 온갖 칭송과 기쁨으로 그를 배웅해야 한다.

비슷한 생각이 크란토르의 『위로』에 보입니다. 테리나 출신의 엘뤼시오스라는 사람은 아들의 죽음을 매우 슬퍼하다가 만신을 찾아가 이 커다란 재앙의 이유는 무엇인가를 물었다고 합니다. 이에 그는 이와 같은 삼행시가 적힌 서판을 받았다고 합니다.[102]

인간들은 살아가며 무지로 방황한다.

에우튀누스는 운명의 뜻인 죽음을 맞았다.

죽는 것이 그에게나 네게나 더 이로울지니.

116 이런 전거나 여타 전거들을 통해 희랍 연설가들도 불멸의 신들이 이 문제에 관해 내린 판결을 말해줍니다. 알키다마스[103]는 뛰어난 연설가들 가운데 뛰어난 옛 연설가였는데, 죽음 예찬

---

102   위(僞)플루타르코스 109b.
103   기원전 4세기 초의 연설가이자 소피스트였으며 고르기아스의 제자로 알려져 있다.

의 글을 썼다고 합니다. 이 글에 인간이 겪는 수많은 악이 열거되어 있는데, 거기에 철학자들이 추구하는 그런 논증의 정교함은 없지만, 연설의 화려함은 풍성했습니다. 조국을 위해 기꺼이 선택한 위대한 죽음을 연설가들은 명예로운 일이며 더 나아가 행복을 더해주는 것으로 보곤 합니다. 연설가들은 에렉테오스의 이야기로 거슬러 올라가는데, 그의 딸들은 시민들의 목숨을 구하기 위하여 스스로 목숨을 버렸다고 합니다. 또 연설가들의 언급에 따르면 코드로스[104]는 하인처럼 입고 적진 한가운데로 잠입하였는데, 왕의 복색을 보고 자신이 왕임을 알아보지 못하도록 하였던 것으로, 왕이 살해되면 아테나이가 승리하리라는 신탁이 내려져 있던 겁니다. 메노이케오스[105]도 빠지지 않는데 그도 마찬가지로 신탁을 받고 조국을 위해 자신의 피를 바치라고 명했습니다. 이피게니아는 아울리스 항에서 자신을 희생물로 바쳤으며, 자신의 희생으로 적을 유인하고자 하였던 겁니다. **XLIX** 우리 쪽에 더 가까운 사람들이 있습니다. 하르모디오스와 아리스토게이톤이 언급되며, 스파르타의 레오니다스와 테바이의 에파메이논다스가 있습니다. 희랍 연설가들은 우리네 사람들을 알지 못했지만, 우리네 사람들을 열거하는 일도 상당한 시간이 걸릴

---

104 아테나이를 다스렸던 전설의 왕이다.
105 테바이의 왕 크레온의 아들이며, 예언자 테이레시아의 말에 따라 스스로 목숨을 버렸다.

일입니다. 우리가 아는 한 기꺼이 죽음을 선택한 로마의 인물들로서 명성을 누리는 사람들은 많습니다.

117 사정이 이러한데도 연설술을 크게 발휘하여 높은 연단에 서서 연설하듯, 사람들이 죽음을 기꺼이 선택하기 시작했다거나 적어도 죽음을 두려워하지 않는다고 연설해야 하겠습니까? 만일 최후의 그 날이 소멸이 아니라 다만 거처의 변화를 가져올 때 무엇이 이보다 더 바라마지 않을 일이며, 반대로 죽음이 완벽한 소멸이며 완전한 소진이라 하더라도 무엇이 고통스러운 삶 가운데 잠들어 눈을 감은 채 영원한 잠의 휴식을 얻는 것보다 좋은 일이겠습니까? 그것이 그러하다면 엔니우스의 말이 솔론의 말보다 훌륭하다 하겠습니다. 우리의 시인은 "누구도 나를 눈물로 배웅하거나 나의 장례식을 통곡으로 채우지 말라"고 말했습니다. 반면 희랍의 현자는 "나의 죽음에 눈물이 빠져서는 안 되며, 친구들에게 슬픔을 남기노니 그들은 나의 장례식을 통곡으로 축하하라"[106]고 말했습니다. **118** 우리 이제, 신으로부터 삶을 떠나야 한다는 통보가 당도할 때 즐겁게 감사하며 이에 복종합시다. 그리고 감옥에서 벗어나며 사슬에서 풀려나는 것으로 생각합시다. 우리는 영원한 거처 혹은 명백히 우리의 거처라고 할 곳으로 돌아갈 것이며 혹은 어떤 감각도 고통도 갖지 않을 겁니다. 혹은

---

106   솔론 단편 22 Diehl.

아무런 통보 없이 찾아오더라도 다른 사람들에게는 끔찍한 최후의 날을 다만 축복의 날이라 생각하며, 불멸의 신들이나 만물의 어머니인 자연이 부여한 것으로 결코 악이 아니라고 생각합시다. 우리는 아무렇게나 우연에 의해 씨 뿌려져 태어난 존재가 아닙니다. 이는 분명 어떤 힘이 성취한 일로서, 인간이 모든 고난을 겪고 다시 죽음이라는 영원한 악 속에 떨어지도록 이 힘이 우리 인간을 만들고 키우고 돌본 것이 아닙니다. 오히려 이 힘이 우리를 위해 항구 혹은 피난처로 죽음을 마련해 주었다고 생각합시다. **119** 그곳에 순풍을 맞으며 다가갈 수 있기를! 하지만 역풍을 맞아 되돌아가더라도 조금 늦게일 뿐 그곳에 이르는 것은 필연적인 일입니다. 모든 사람에게 필연적으로 발생하는 일이라고 할 때 그것이 왜 한 사람에게 불행일 수 있겠습니까? 이렇게 해서 당신은 맺음말을 들었으니 이를 내가 빼먹었다거나 간과하였다고 생각하지 마시오.

학생 물론입니다. 선생님의 맺음말도 저를 더욱 굳건하게 해 주었습니다.

선생 훌륭하다 나는 말합니다. 이제는 우선 우리 건강을 돌보며 휴식을 취하도록 합시다. 그리고 나서 내일 혹은 여기 투스쿨룸에 머무는 동안에 이 문제를, 특히 근심과 공포와 욕망을 경감하는 방법을 살펴보도록 합시다. 이는 철학 전반의 가장 커다란 결실이라 하겠습니다.

제2권

고통의 극복

죽음은 불행이 아니다

I 1 엔니우스의 극에서 네오프톨레모스라는 사람은 철학 하지 않을 수 없었을 때 이를 대강 하였는데, 전적으로는 싫었기 때문이라고 했다. 그런데 이제, 브루투스여, 나 또한 철학 하지 않을 수 없는 지금 — 달리 아무것도 할 것이 없는 상황에서 이보다 더 좋은 무얼 할 수 있겠는가? — 그 사람처럼 '대강' 할 수는 없다고 생각한다. 왜냐하면, 상당히 혹은 전부를 알아야만 '대강' 철학 하는 것도 가능하지, 그렇지 않고서는 어려운 일이기 때문이다. '대강'은 결국 '대부분'에서 가려내지 않을 수 없고, 동시에 '대강'을 파악한 사람은 같은 분야에서 나머지 전부를 장악하

지 않을 수 없겠다. **2** 그렇지만 분주한 삶이라면, 그러니까 네오프톨레모스가 살았던 군인의 삶이라면 '대강'조차도 왕왕 상당한 도움을 가져다주는데, 그것이 온통 철학에 빠졌을 때 얻을 수 있을 만큼의 유익은 아닐지라도, 부분적으로 일시적이나마 우리가 욕망 혹은 근심 혹은 두려움에서 벗어날 수 있다는 것만으로도 상당한 결실이라 하겠다. 예를 들어 최근에 투스쿨룸에서 내가 가졌던 토론을 통해 얻은 것인데, 죽음을 가볍게 여기는 태도는 영혼을 두려움으로부터 해방하는 데 적지 않은 효과를 가져다주는 것으로 보였다. 피할 수 없는 것을 두려워하는 사람은 결코 평온한 마음으로 살 수 없다. 죽음이 필연적일 뿐만 아니라 그것이 두려워할 무엇도 아니라고 생각하여 두려워하지 않는 사람은 행복한 삶을 위한 커다란 기반을 마련한 것이다. **3** 그렇지만 많은 사람이 이를 맹렬히 반박하려 들 것을 우리가 모르는 바가 아니다. 따라서 전혀 글을 쓰지 않는다면 모를까 이렇게 글을 쓰는 바에야 우리는 이 문제를 피해갈 수 없다. 그런데 일부 사람들은 자신들의 한계를 훌륭한 연설이 도달할 수 있는 최고의 경지로 설정하며, 누군가 문장과 어휘의 화려함으로 자신들을 제압하기라도 하면, 자신들은 풍성한 다변보다는 결핍과 빈약을 — 후자로부터 소위 아티카풍[107]의 연설이 생겨났는데, 이들도 스스로

---

107 희랍에서 로마로 수입된 학문인 수사학 내지 연설술은 연설풍을 크게 둘로

이를 추구한다고 떠벌리지만, 실은 이를 전혀 이해하지 못하여 법정에서는 조롱을 당하여 거의 침묵으로 일관하곤 한다 — 선호한다고 주장하며 자신들이 감히 흉내 낼 수 없는 것들은 못마땅하게 생각하는 사람들이 없지 않은 상황에서, 우리는 연설을 다수의 동의를 통해 인정받고자 하였다면 — 연설이란 결국 대중에 따르는 것이며 연설의 힘은 청중의 동의에서 얻어지는 것이다 — **4** 과거 우리가 누리던 대중적 동의를 더는 누릴 수 없음을 알게 된 지금, 장차 무슨 일이 있으리라 우리는 생각하는가? 이런 말을 하는 까닭은 철학은 소수의 동의에 만족하며 의도적으로 다수를 피하고, 이로 인해 다수로부터 의심받고 미움받는 대상이 되었기 때문인데, 철학 일반을 싸잡아 비난하려는 사람은 민중의 지지로 그렇게 할 수 있으며, 우리가 매우 열렬히 추종하는 학파를 공격하려는 사람도 나머지 학파들로부터 큰 도움을 받을 수 있을 정도다. ‖ 하지만 우리는 철학 일반을 비판하는 사람들에게 『호르텐시우스』[108]에서 반론하였으며, 아카데미아학

나눈다. 소위 아티카풍과 아시아풍이다. 물론 이 둘의 중간적인 입장을 취하는 연설풍도 있는데 이를 로도스 풍이라고 한다. 아티카풍은 절제와 간결을 미덕으로 하며, 아시아풍은 화려한 다변을 미덕으로 삼는다. 여기서 키케로는 스스로 아티카풍을 따른다고 떠들고 있는 사람들이 실은 절제와 간결의 미덕을 실천한다기보다 오히려 빈약하고 맥 빠진 연설풍을 구사한다고 비판하고 있다.

108 현재 단편으로만 전하는 키케로의 대화편으로 기원전 46/45년의 작품이

파를 변호하기 위해 해야 할 말은 『아카데미아 학파』[109]에서 4권에 걸쳐 충분히 세심하게 해명하였다고 생각한다. 그렇지만 우리는 스스로 비판의 대상이 되기를 마다치 않으며 오히려 이를 기꺼이 바라는 바이다. 만약 매우 박식한 사람들이 입장을 달리하고 서로 다투는 일이 활발히 벌어지지 않았다면 희랍에서 철학이 크게 명예를 얻지 못했을 것이기 때문이다.

5 이런 이유로 나는 그럴 능력이 있는 모든 사람에게, 철학 분야의 명성마저도 우리가 이제 시들한 희랍인들에게서 빼앗아 우리나라로 가져오도록 권하였는데, 모름지기 추구해야 할 가치가 있는 모든 명성을 우리의 선조들이 열정과 노력으로 우리나라로 가져왔던 것처럼 말이다. 그렇게 연설가들의 명성은 밑바닥에서 최정상에 이른 후에, 자연 만물이 거의 그렇게 변하는 것처럼, 이제 오히려 쇠퇴하고 곧 완전히 없어질 것으로 보이니, 이런 시

다. 루쿨루스의 투스쿨룸 별장에서 벌어졌던 기원전 64년 혹은 65년경 대화를 작품의 배경으로 삼고 있는데, 고대에는 이 대화편이 철학 입문 교과서로 널리 읽혔다고 한다.

109 기원전 46년에 쓰인 첫 번째 판본은 『아카데미아 학파 전서』라고 부르며, 그 몇 주에 쓰인 두 번째 판본을 『아카데미아 학파 후서』라고 하는데, 초판본은 두 권으로 구성되어 있으며, 재판본은 네 권으로 구성되었다. 『전서』는 기원전 62년에서 61년 사이에 있었던 가상의 대화를 작품 배경으로 삼고 있으며, 『후서』는 기원전 46년경의 대화를 배경으로 한다. 『전서』 가운데 제2권인 『루쿨루스』만이 전해지고, 『후서』 가운데 제1권 앞부분이 『바로』라는 이름으로 전해진다.

대를 살아가는 우리는 라티움어로 철학이 시작되길 도모할 따름이며, 이로써 우리는 기꺼이 비판과 반박을 받을 일이다. 그런데 비판과 반박을 못 견디는 사람들이 있으니, 이들은 어떤 특정한 굳어진 생각에 마치 노예처럼 팔리고 봉헌된 듯 매달려 자신도 옳다고 생각하지 않는 것들조차 여태까지 그래왔다는 이유로 숙명적으로 그것을 옹호할 만큼 그것에 붙잡혀 있다. 하지만 개연성을 추구하며 개연성을 넘어서지 않으며, 완고하게 상대방을 반박하지도 않고 분노하지 않고 상대방의 반박을 수용하는 것이 우리의 자세다.

희랍 철학의 수용

6 철학이 전해져 우리네 사람들에게 있을 것이고, 글을 썼던 희랍사람들이 많았기 때문에 그들의 책들도 무한히 많으며, 희랍 서적 도서관들을 우리도 더는 필요로 하지 않을 것이다. 많은 사람이 매번 똑같은 소리를 하는 통에 세상은 온통 책으로 넘쳐나기 때문이다. 만약 더 많은 사람이 철학에 몰려들게 된다면 우리에게도 이런 일이 필경 일어나고 말 것이다. 그러므로 우리는 자유민다운 교육을 받았으며 논쟁 능력을 갖추고 합리적이고 체계적으로 철학에 종사하는 사람들에게만 주로 권고

한다. **Ⅲ 7** 철학자라고 불리길 원하는 부류의 사람들이 있으며 이들이 라티움어로 쓴 책이 상당히 많다고 한다. 나는 이 책들을 한 번도 읽어보지 않았으나, 이들을 업신여기지는 않는다. 다만 이 책들을 쓴 본인들이 스스로 말하길 자신들이 명확하지도 논리적이지도 섬세하지도 못하고 잘 다듬어지지 않은 글을 썼다고 하니 말하거니와, 나는 아무런 재미도 주지 않는 독서를 마다하는 편이다. 하지만 그런 학파에 속하는 이들이 무얼 주장하고 어떤 생각을 하고 있는지는 변변한 학식이 없는 사람들조차 모두 알고 있다.[110] 따라서 그들이 어떻게 말할지에 공을 들이지 않는 이상 그들이 쓴 책들을 같은 생각의 사람들끼리만 서로 바꿔 읽으면 그만이지, 왜 다른 사람들이 읽어야 하는지 나는 이해할 수 없다. **8** 플라톤과 소크라테스의 나머지 제자들, 그리고 이들의 계승자들을 모든 사람이, 심지어 이들의 의견에 동의하지 않는 사람 혹은 이들의 의견을 열렬히 추종하지 않는 사람도 읽는다. 하지만 에피쿠로스와 메트로도로스[111]를 같은 학파에 속하는 사람들을 제외하고는 거의 누구도 손에 들지 않는 상황이니, 이

---

110 앞서 라티움어로 책을 많이 썼으며 스스로 철학자로 불리길 원하는 자들은 아마도 에피쿠로스학파를 추종하던 로마 사람들로 보이며, 당시 로마에서는 에피쿠로스학파의 학설이 널리 유행하였다. 아래 본문을 참조하라.

111 에피쿠로스의 제자이며, 키케로의 말을 빌리자면 "제2의 에피쿠로스"(『최고선악론』 II, 28, 92)이다.

들 학파의 라티움어 저작들 역시 그 의견이 옳다고 여기는 사람들만이 읽을 뿐이다. 그런데 나는 모름지기 책이란 학식을 갖춘 모든 사람에게 읽으라고 추천하기에 합당해야 한다고 생각한다. 나 자신이 이를 성취할 수는 없지만, 그렇다고 이것이 추구할 필요가 없는 것이라고까지 생각하지는 않는다. **9** 그리하여 나는 늘 소요학파와 아카데미아 학파의 관례를, 모든 일을 상반된 입장으로 나누어 토론하는 방식을 더욱 선호하였다. 모든 일에서 개연성을 찾아내는 방법이 달리 없기 때문이거니와, 다른 한편 토론이 최고의 연설연습이기 때문이다. 이를 처음 사용하기 시작한 사람은 아리스토텔레스이며, 이후 그를 잇는 사람들이 그것을 사용했다. 한편 우리 시대에 내가 자주 방문하여 청강하였던 필론이 그리하였는데, 그는 때로 수사학자들의 가르침을, 때로 철학자들의 가르침을 강의하였다. 나도 나의 친구들에 이끌려 나에게 주어진 시간을 즐기며 투스쿨룸에서 그리하였다. 그리하여 전날 그랬듯이 나는 오전에는 수사학에 전념하였고 오후에는 아카데미아로 내려갔다.[112] 그때 우리가 가졌던 토론을 나는 구술로써 전하지 않고, 행해지고 토론된 것을 그대로 살려 전하려고 한다.

---

112   키케로는 투스쿨룸 별장에 아카데미아 혹은 뤼케이온을 모방하여 산책로를 만들었던 것으로 보인다. "아래쪽 산책로 *ambulatio inferior*"(제4권 7절)를 볼 때 투스쿨룸 별장보다 저지대에 조성된 것으로 보인다.

IV 10 그리하여 우리는 산책하는 가운데 이와 같은 토론을 하였는데 이는 이렇게 시작되었다.

영혼의 양육자 철학

학생 어제 들었던 선생님의 토론 때문에 얼마나 즐거웠는지 혹은 얼마나 많은 도움을 얻었는지는 이루 형언할 수 없을 정도입니다. 제가 삶에 심하게 애착을 가진 것은 결코 아니라고 생각하지만, 그래도 때로 일종의 공포 혹은 고통이 제 마음을 엄습할 때가 있었습니다. 언젠간 이승을 떠나야 하며 삶에서 누린 모든 즐거운 것들과 이별해야 한다는 것을 생각할 때면 말입니다. 그런데 이제 이런 종류의 번민들은 분명 훌훌 털어버린 것 같습니다. 이제 더는 걱정하지 않아야겠다고 생각합니다.

11 선생 그렇게 놀랄 일도 아닙니다. 이것이 바로 철학의 효과라고 하겠는데, 영혼을 치료하며 쓸데없는 근심을 걷어내고 욕망에서 해방하며 두려움을 몰아냅니다. 하지만 철학의 효과가 모든 사람에게서 같은 것은 아닙니다. 그에 어울리는 본성을 가진 사람을 만나야 철학도 큰 효과를 발휘합니다. 예부터 전해오는 속담에 이르길 운명은 용기 있는 사람을 돕는다고 하였던가요, 이성은 훨씬 더 그러합니다. 이성은 지침 같은 것들로 용기

를 크게 강화해줍니다. 자연은 당신을 틀림없이 어떤 드높고 고결하며 세상사에 괘념치 않는 사람으로 낳았나 봅니다. 그리하여 죽음에 맞선 나의 이야기가 손쉽게 당신의 용감한 영혼에 자리 잡았습니다. 그러나 극소수의 예외는 있습니다만, 철학을 발견하고 논의하고 저술한 저 철학자들에게서도 똑같은 일이 일어난다고 생각하지는 않겠지요? 실로 성격과 마음가짐과 삶에서 이성이 지시하는 대로 살아가는 철학자가 얼마나 되겠습니까? 또 자신의 학설을 앎의 과시가 아니라 삶의 진정한 원칙으로 생각하는 철학자가 얼마나 되겠습니까? 또 자신의 학설을 지키며 소신을 고수하는 철학자가 얼마나 되겠습니까? **12** 우리는 때로 철학자들 가운데 천박하게 자기를 과시하는 꼴을 보노라면 저런 자들은 차라리 철학을 배우지 말았어야 한다는 생각이 드는 자들을, 때로 돈에 환장하여 욕심을 부리는 자들을, 때로 명예욕이 대단한 어떤 자들을, 때로 욕망의 노예가 된 많은 자를 만날 수 있습니다. 이로써 그들의 가르침은 그들의 삶과 완전히 유리된 모습을 보여줍니다. 바로 이 점을 나는 가장 추하다고 생각합니다. 마치 문법학자라고 떠들고 다니는 사람이 비문(非文)을 쓰거나, 음악가로 대우받길 원하는 사람이 노래를 어처구니없이 부르거나, 자신이 안다고 공언하는 바로 그 분야에서 정작 틀린다면 더욱 추한 것처럼, 그렇게 철학자가 삶의 방식에서 잘못을 저지른다면 이는 더욱 창피한 일이기 때문입니다. 의무를 가르치는 선생이길 원하는 사람이 의무를 저버리고, 사람이 사는 법을 가르치는 선생이 삶에서 이를 지키지 않으니 말입니다.

V 학생 만약 선생님께서 말씀하신 것 같은 사정이라면 철학에 잘못된 명예를 부여한 것은 아닌가 걱정해야 하지 않을까요? 몇 몇 완벽한 철학자들마저 추한 삶을 살아간다는 것보다, 철학의 무용성을 입증하는 더 좋은 증거는 무엇이겠습니까?

13 선생 하지만 그것이 입증된 것은 아닙니다. 사람들이 일군 농지 모두 다에서 소출이 발생하는 것은 아니고, 아키우스의 말이 거짓인 것처럼 말입니다.

비록 척박한 땅에 씨를 뿌려도 씨앗만 성하다면,

씨앗은 그럼에도 제 본성을 걸맞게 드러낼 것이다.

이처럼 일구어진 영혼일지라도 모두가 열매를 맺는 것은 아닙니다. 똑같은 비유로 제아무리 기름진 땅일지라도 일구지 않고서는 소출을 구할 수 없듯이, 영혼 또한 가르침을 받지 않고는 열매를 맺을 수 없는 겁니다. 다시 말해 두 가지 중 하나라도 빠지면 아무런 결과를 얻지 못합니다. 그런데 영혼을 일구는 일이 바로 철학입니다. 철학은 결점을 뿌리째 들어내어 영혼이 씨앗을 받아들일 수 있도록 준비시키고, 말하자면 영혼에 심고 씨앗을 뿌리되 성장하여 아주 풍성한 열매를 맺는 씨앗을 뿌립니다.

우리가 처음 그러했던 것처럼 그렇게 합시다. 이제 원한다면 당신이 토론하길 원하는 것을 말씀하시오.

육체적 고통보다 망신이 더 괴로운 일이다

14 학생 저는 고통이 모든 악 가운데 가장 큰 악이라고 생각합니다.

선생 심지어 망신보다 더 큰 악입니까?

학생 저는 감히 그렇지 않다고 말하겠습니다. 말을 하자마자 생각을 바꾸는 것은 부끄러운 일이지만 말입니다.

선생 당신 생각을 그대로 고수하는 것이 오히려 더 부끄러운 일일 겁니다. 만일 당신이 망신과 수치와 치욕보다 당신이 보기에 더 악한 무엇이 있다고 생각한다면 이보다 합당하지 않은 일이 무엇입니까? 이것들을 피하기 위해서라면 어떤 고통인들 마다하겠으며, 자진해서 쫓고 감내하고 환영하지 않을 수 있겠습니까?

학생 저도 그렇게 생각합니다. 그래서 고통이 최고악은 아니더라도 악임은 분명합니다.

선생 얼마나 간단한 권고로 당신이 고통의 두려움을 떨쳐버렸는지 당신은 압니까?

15 학생 잘 알고 있습니다. 그러나 저는 좀 더 많은 설명을 듣

기를 원합니다.

선생 노력해 보겠습니다. 다만 이는 큰일이니만큼 반감을 품지 않은 영혼이 나는 필요합니다.

학생 선생님께서 원하시는 대로 얻으실 겁니다. 어제 제가 했던 대로 그렇게 지금도 이성이 저를 어디로 데리고 가든지 그곳으로 순순히 따라가겠습니다.

VI 선생 그렇다면 나는 먼저 여러 학파의 많은 철학자가 가진 약점들을 이야기하도록 하겠습니다. 중요도로 보거나 시간적으로 보더라도 제일 먼저는 소크라테스의 제자 아리스팁포스[113]이며 그는 주저하지 않고 최고악은 고통이라고 주장하였습니다. 이어 에피쿠로스는 이런 약해빠지고 물렁물렁한 주장에 충분히 동조하는 모습을 보여주었습니다. 이어 로도스의 히에로뉘모스는 고통의 부재를 최고선으로 보았으며, 고통은 그만큼 악이라고 여겼습니다. 제논과 아리스톤과 퓌론을 제외한[114] 나머지 철

---

113   소크라테스의 제자 가운데 한 명으로 소위 쾌락주의를 주창한 퀴레네학파에 속하며, 이 학파의 창설자다. 그는 기원전 435년경에 퀴레네에서 출생하였으며 어린 나이에 아테나이에서 소크라테스의 제자가 되었다. 그들은 쾌락을 고통의 부재를 넘어 적극적으로 육체적 쾌락으로 보았다.

114   제논은 스토아학파의 비조이며 아리스톤은 그의 제자이다. 이들에게 행복은 오로지 이성에 따르는 삶이며, 이들에게 있어 고통은 행복과는 상관이 없는 것으로 '*adiaphora*'에 해당한다. 퓌론은 화가로서 알렉산드로스 동방 원정을 따라 인도까지 다녀온 사람으로 회의주의를 주창하였다.

학자들[115]은 당신이 방금 주장하는 것과 거의 같은 것을 주장하였는데, 더 큰 악도 있지만, 고통이 악이라고 보았습니다. **16** 그리하여 본성 자체 그리고 어떤 탁월한 덕은 당장 이에 반대하여 분명 당신에게 고통이 최고악이라고 주장하지 못하게 할 것이며, 망신을 제시하여 당신의 주장을 포기하게 할 것이나, 삶의 스승인 철학에는 수 세기 동안 그런 주장이 남아 있습니다. 고통을 최고악이라고 확신하는 사람이 과연 육체적 고통을 수반할지도 모를 어떤 의무인들, 어떤 칭송인들, 어떤 훌륭함인들 크게 여기겠습니까? 그런 사람은 자신이 최고악이라고 생각하는 고통을 피하기 위해서라면 어떤 불명예든, 어떤 추함이든 기꺼이 감내하지 않겠습니까? 고통에 최고악이 있다고 할 때, 실제 커다란 고통에 시달릴 때뿐만 아니라 그런 고통이 자신에게 닥쳐올 수 있겠다고 인지할 때 과연 어떤 사람이 불행하지 않을 수 있겠습니까? 그런 일을 당하지 않을 수 있는 사람은 누구입니까? 그때 행복한 사람은 전혀 없다 하겠습니다. **17** 적어도 메트로도로스는 건강한 신체를 갖고 늘 그럴 것으로 확신하는 사람은 완벽하게 행복할 것으로 생각합니다. 하지만 도대체 그럴 것이라고 확신할 수 있는 사람은 누구입니까? **VII** 그러나 에피쿠로스는 내

---

115 '나머지 철학자들'이라고 함은 결국 아카데미아학파와 소요학파 정도가 될 것이다.

게는 농담으로 보이는 걸 주장합니다. 그는 어떤 대목에서 단언하여, 현자는 화형을 당하고 고문을 당할지라도……. 여기서 당신은 아마도 '……인내하며 견디며 굴하지 않을 것이다'라고 그가 말하길 기다릴지도 모르겠으나, 이는 헤라클레스에게 맹세코 굉장한 칭찬으로, 내가 맹세한 헤라클레스 본인에게나 어울릴 만한 칭송입니다. 하지만 강인하고 엄격한 에피쿠로스에게는 이 것으로 충분하지 않습니다. 그는 팔라리스의 황소 안에 갇혀도 '이 얼마나 달콤한가! 이걸 난 전혀 염려하지 않는구나!'라고 말할 겁니다. 심지어 '달콤하다'까지 말하다니? 쓰지 않다고 말하는 것으로는 모자랐던 겁니까? 고통이 악이 아니라고 주장한 사람들도 고문당하는 것이 달콤하지 않다고 말하곤 하니, 이들은 분명 고통은 힘겹고 불편하고 불쾌하고 본성에 어긋나는 것이되 악은 아니라고 주장합니다. 그런데 고통만이 악이며 악 중에 최고악이라고 주장하는 이 사람은 현자가 고통을 달콤하다고 말할 것으로 생각합니다.

고통은 악이지만 견뎌낼 수 있는 것이다

18 나는 당신에게, 잘 알다시피 쾌락을 추구하는 사람 에피쿠로스가 쾌락을 다루던 말을 가지고 고통을 다루라고 요구하지

않습니다. 그는 팔라리스의 황소에 갇혀서도 마치 침대에 누워 있을 때와 같이 느낄 것이라고 주장했을 겁니다.[116] 나는 지혜에 고통에 맞서 이 정도의 힘까지 부여하지는 않습니다. 그저 견딜 수 있을 만큼 용감하다면 그것으로 의무를 수행하는 데 충분할 겁니다. 나는 그것을 즐거워하라고까지 요구하지 않습니다. 왜 냐하면, 고통은 분명 슬프고 힘겹고 쓰디쓰고 자연에 반하고, 견 디고 참아내기 어려운 것이기 때문입니다.

19 필록테테스를 봅시다.[117] 우리는 그가 통곡하게 두어야 할 겁니다. 그는 오이타에서 커다란 고통에 신음하는 헤라클레스를 보았는데, 그가 헤라클레스에게 받은 화살들은 "독사에게 물려 오장육부 모든 혈관에 퍼진 독이 끔찍한 고통을 일으킬 때"[118] 그 에게 위안이 되지 못했습니다. 그리하여 그는 차라리 죽기를 바

---

116 키케로는 여러 번에 걸쳐(『투스쿨룸 대화』 제5권 26, 75 이하 등) 에피쿠로 스가 현자는 어떤 상황에서도 행복하다는 주장을 펼쳤다고 전하고 있다. 하지만 과연 에피쿠로스가 어떤 문맥에서 이런 주장을 하였는지는 자세히 설명된 바가 없다.

117 필록테테스는 트로이아 전쟁에 참전한 용사 가운데 한 명이다. 그는 참전 이전에 헤라클레스가 죽을 수 있도록 헤라클레스의 화장목에 불을 붙여주 었고 그에 대한 보답으로 헤라클레스의 활과 화살을 얻었다. 트로이아로 항해하는 도중에 필록테테스는 부상을 당했고, 상처에서 나는 악취로 인해 원정군은 그를 렘노스섬에 버려두고 떠났다. 트로이아 전쟁 후반에 희랍 원정군은 그를 다시 트로이아로 데려왔으며, 트로이아 전쟁을 끝내는 데 중요한 역할을 한다.

118 아키우스, 『필록테테스』 553행 이하.

라며 소리쳐 도움을 청하였습니다.

오호라, 누가 소금기 가득한 바닷물로 나를
암벽의 높다란 꼭대기에서 던져줄 것인가!
이제, 이제 나는 죽어간다. 지독한 상처가,
환부의 열기가 나의 영혼을 괴롭히는구나.[119]

그렇게 비명 지르지 않을 수 없었던 그가 악 속에, 그것도 커
다란 악 속에 있지 않았다고 말하기는 어려워 보입니다. **VIII 20**
이제 헤라클레스를 봅시다. 그는 죽음을 통해 불멸을 얻으려 하
였을 때 고통에 시달리고 있었습니다. 소포클레스의 『트라키스
여인들』에서 그는 어떤 말을 토합니까! 데이아네이라가 켄타우
로스의 피에 젖은 옷을 그에게 입혔을 때, 옷이 그의 살을 파고
들었습니다. 그는 이렇게 말합니다.[120]

말하기에 얼마나 많고 모질고 견디기에 끔찍한
노고를 나는 육신과 영혼으로 감당해냈던가!
아니, 화해할 수 없는 유노가 내게 준 공포도,

---

119   아키우스, 『필록테테스』 562행 이하.
120   소포클레스, 『트라키스 여인들』 1046행 이하.

아니, 끔찍한 에우뤼스테우스가 가져온 불행도,

오이네우스의 어리석은 딸이 가져온 것만 같지 않으니.

그녀는 알지 못하게 복수 여신들의 옷으로 나를 묶었다.

옷은 옆구리에 달라붙어 나의 살을 물어뜯고 있다.

무겁게 옥죄며 내 폐부의 공기를 빨아들인다.

벌써 검게 타버린 피를 모두 마셔 버렸다.

그렇게 육신은 끔찍한 재앙에 소진되고 말라버렸고

나는 역병의 옷에 묶여 죽어가고 있다.

이런 공격을 원수들의 오른손이 아니요, 땅에서 나온

거인족의 무리가 아니요, 두 가지 모습의 가격으로

켄타우로스가 나의 육신을 향하게 가한 것이 아니요,

희랍의 무력도 야만의 무자비함도 아니요,

땅끝으로 쫓겨 가 사는 잔인한 족속도 아니요,

이들을 모두 돌며 나는 모든 야만을 척결하였으되

여인의 남편인 나는 여인의 손에 죽어가고 있다.

IX 아들아, 참되게 이 이름을 아비를 위해 행사하라.

어미의 사랑 때문에 나의 죽음을 몰라라 하지 마라.

여기로 나에게 네 어미를 충직한 손으로 잡아와라.

아비를 더 생각하는지 어미를 더 생각하는지 알련다.

21 어서 용기를 내라, 아들아. 아비의 죽음에 눈물 흘려라.

불쌍히 여겨라. 사람들은 나의 불행을 슬퍼할 것이다.

나의 입에서 계집애와 같은 울음이 터져 나온다.

어떤 고통에도 내가 탄식하는 걸 아무도 본 적이 없건만.

용기는 약해지고 이제 고통 속에서 사라져간다.

아들아, 이리 와서 내 옆에 서 있어라. 그리고 가련한

갈기갈기 찢기고 잘려나가는 아비의 몸을 보아라.

모두 보시오. 당신도 보십시오. 신들의 아버지여!

비오니 제게 번개의 불타는 힘을 던져주십시오.

이제, 이제 조여드는 고통의 소용돌이가 몸을 휘감고,

이제 화염이 몸에 퍼진다. 한때 승리하던 손이여!

22 가슴이여, 등이여, 팔의 근육이여

너희의 압박으로 지난날 네메아의 사자가

악을 쓰다가 힘겹게 마지막 숨을 내쉬지 않았던가?

이 오른손으로 흉측한 독사를 처치하고 레르나를

평정하지 않았던가? 몸이 둘인 용사들을 해치웠으며[121]

에뤼만토스를 파괴하는 야수를 때려잡지 않았던가?

이 손으로 어두운 타르타로스로부터 휘드라가 낳은

머리 셋 달린 개를 끌고 나오지 않았던가?

이 손으로 수없이 많이 배배 몸을 꼬며

황금 사과를 지키고 있던 용을 제압하지 않았던가?

---

121 '몸이 둘인 용사들'은 켄타우로스족을 가리킨다.

나의 손은 승리자가 되어 다른 많은 걸 둘러보았다.

누구도 나로부터 승리의 전리품을 가져가지 못했다.

우리가 과연 고통을 얕잡아 볼 수 있겠습니까? 헤라클레스도 그렇게 고통을 이겨내지 못하는 것을 보면서도 말입니다. **X 23** 시인이었고 우리가 듣기로 피타고라스학파였던 아이스퀼로스 차례입니다. 아이스퀼로스에서 프로메테우스는 렘노스에서 벌인 절도 때문에 어떤 고통을 견디었습니까?[122]

어떻게 인간에게 불이 몰래 전해졌는지

알려졌다. 지혜로운 프로메테우스가 불을

속임수로 훔쳐냈으며, 유피테르에게 죗값을

죽는 날까지 치르게 되었다는 것이다.[123]

이런 벌을 받으며 카우카소스에 매인 프로메테우스는 이렇게 말합니다.[124]

---

122 프로메테우스는 렘노스섬의 불카누스(헤파이스토스)에게서 불을 훔쳐내 인간들에게 주었다는 이유로 카우카소스에 묶인 채 독수리에게 간을 쪼아 먹히는 형벌을 받는다.
123 아키우스, 『필록테테스』 533행 이하.
124 아이스퀼로스, 『해방된 프로메테우스』 단편.

티탄족의 자손들이여, 나와 피를 나눈 친족들이여

하늘에서 태어난 자들이여, 너희는 거친 바위산에

묶여 결박된 사람을 보아라. 포효하는 바다에

밤을 두려워하는 겁 많은 선원들이 묶어놓은 배처럼.

사투르누스의 아들 유피테르가 나를 이렇게 묶었다.

물키베르[125]의 손이 유피테르의 뜻을 받들었다.

그는 잔인한 손재주로 여기 이 쐐기들을 박아 넣어

내 사지육신을 찢었다. 그의 탁월한 재주에 가련한

내 몸이 뚫린 채. 복수의 성채에 살고 있다.

24 삼 일마다 죽음의 날에 나를 끔찍한 비행으로

찾아와 구부러진 발톱으로 뜯어내며

유피테르의 시종은 잔인한 먹이로 찢는다.

그리하여 살 오른 간을 먹고 배를 실컷 불리면

떠나가라 괴성을 지르며 하늘로 날아올라

깃털 달린 꼬리로 묻은 우리의 피를 털어낸다.

그러나 파 먹힌 간이 자라나 다시 새로워지면

이내 다시 잔인한 식사를 위해 게걸스럽게 돌아온다.

이렇게 나는 고통스러운 형벌의 감시자를 먹인다.

영원한 고난으로 나를 산 채로 훼손하는 감시자를.

---

125   불카누스의 별명이다.

너희가 보듯이 유피테르의 사슬에 묶여 있기에

날개 달린 괴물을 난 내 가슴에서 떼어놓을 수 없다.

25 이렇게 나는 홀로 쓰라린 파멸을 받아들이며

이런 고통의 마지막을 찾아 죽음을 열망한다.

유피테르의 뜻에 따라 나는 죽음에서 멀리 있으며

하여 이렇게 오래된, 수많은 세월을 굴러온

슬픔의 재앙은 나의 육신에 달라붙어 있다.

내 몸뚱이에서 빛나는 태양의 열기로 땀이

떨어져 카우카소스의 바위에 끊임없이 방울진다.

따라서 이렇게 고통당하는 사람을 불행하지 않다고 말할 수 없을 것으로 보이며, 이 사람이 불행하다면 분명 고통은 악이라고 말할 것 같습니다.

XI 26 학생 선생님께서는 지금까지 제 문제를 다루셨습니다. 저도 말씀하신 것을 금방 이해할 겁니다. 그런데 그 시구절은 어디서 나온 겁니까? 저는 알지 못하겠습니다.

선생 정당한 질문이므로 맹세코 말해주겠습니다. 당신은 내게 여유 시간이 많다는 것을 알고 있습니까?

학생 그렇습니다. 그런데 왜 그러시죠?

선생 당신은 내 믿거니와 아테나이를 방문했을 때 철학자들의 학교에서 종종 수업을 들었습니다.

학생 물론입니다. 저는 기꺼이 그리했습니다.

선생 그리하여 당신은 당시 그곳에서 그다지 말을 잘하지 못하는 사람들일지라도 이들이 시 구절을 강의에 섞어놓는 것을 보았을 겁니다.

학생 스토아학파의 디오뉘시오스[126]는 참 많은 시 구절을 인용하였습니다.

선생 정확히 말했습니다. 그런데 그는 아무런 선별이나 우아함을 고려하지 않고 그냥 산문 읽듯이 했습니다. 그런데 필론은 원래의 운율과[127] 엄선한 시행을 적절하게 인용하였습니다. 그래서 나는 내 노년의 연설연습에 빠진 이래 참으로 열심히 우리 시를 인용하고 있습니다. 그러나 우리 시가 부족한 곳에서 나는 많은 희랍의 시들을 라티움어로 번역하였는데, 라티움어도 이런 종류의 토론에서 그런 장식이 부족하지 않도록 그리하였습니다.

27 그런데 당신은 시인들이 어떤 해악을 끼치는지 알고 있습니까? 시인들은 아주 용감한 사람들이 눈물 흘리는 모습을 관객에게 보여주어 우리의 마음을 유약하게 만들어 버립니다. 또한,

---

126 이 디오뉘시오스와 헤라클레이아의 디오뉘시오스는 둘 다 스토아학파에 속하지만, 다른 인물이다.

127 '원래의 운율' 부분은 판본이 정확하지 않으며 편집자마다 서로 다른 의견을 제시한다. Pohlenz는 판독불가(+)로 남겨 두었으며, Gigon은 '*proprium numerum*'이라고 읽었다. 우리는 Gigon의 판본을 따른다.

그들은 매우 감미로워서 우리는 그들을 읽는 데서 그치지 않고 더 나아가 이를 달달 외우게 됩니다. 그렇게 시인들이 마침내 올바르지 못한 가정교육을 받고 한가롭고 사치스러운 삶을 살아가는 자들을 만나게 되면, 시인들은 그들에게서 결국 덕을 추구하는 모든 활력을 제거해 버립니다. 그리하여 플라톤이 최선의 품성과 최선의 정체(政體)를 찾아가는 과정에, 그가 만든 국가에서 시인을 추방한 것은 백번 옳은 일입니다. 그런데 희랍에서 분명 이를 전수한 우리네 사람들은 어릴 적부터 시를 읽고 외우면서 이를 자유민다운 학식이며 학문이라고 믿고 있습니다.

XII 28 하지만 시인들에게 화를 내서 무엇 하겠습니까? 덕의 교사인 철학자 중에도 고통이 최고악이라고 주장하는 자들이 있는데 말입니다. 젊은이여, 당신도 그렇게 생각한다고 좀 전에 말했을 때, 내가 고통을 망신보다 더 큰 악으로 생각하느냐고 묻자, 그 한 마디에 당신은 그 생각을 버렸습니다. 에피쿠로스에게 이와 똑같은 질문을 던져봅시다. 그는 최악의 망신보다 약간의 고통이 더욱 큰 악이라고 주장하며, 고통이 수반하면 모를까 망신 자체는 전혀 악이 아니라고 할 겁니다. 고통이 최고악이라고 주장하는 에피쿠로스에게 어떤 고통이 닥친 겁니까? 철학자가 그런 주장을 했다는 사실 자체가 내가 보기에 무엇보다 망신스러운 일입니다. 따라서 당신이 고통보다 망신이 더 큰 악으로 보인다고 답했을 때, 당신은 내게 흡족한 답을 주었습니다. 이 생각을 그대로 고수한다면, 당신은 어떻게 고통에 맞서야 할지 알게 될 겁니다. 고통이 악이냐 아니냐를 탐구하기보다는, 고통에 맞서 영혼을 굳건히 해야 합니다.

29 스토아학파는 왜 고통이 악이 아닌지를 변변치 못하게 논증합니다. 마치 말의 문제일 뿐, 실질은 아니라는 듯 말입니다. 제논이여, 어찌 당신은 나를 속입니까? 내게 참담한 일로 보이는 것이 결코 악이 아니라는 당신의 말에 나는 매료되어, 어째서 내가 가장 큰 불행이라고 생각한 것이 전혀 악이 아닌지 알고 싶습니다. 그는 말합니다. '추함과 결함 이외에 다른 악은 없다.' '당신은 다시 엉뚱한 소리로 돌아갔소. 내가 괴로움을 느끼는 부분을 당신은 해소하지 못했소. 고통이 결함이 아니라는 것쯤은 나도 알고 있소. 그러니 그걸 내게 가르치지는 마시오. 내가 고통을 느끼든 아니든 아무런 차이가 없음을 내게 가르쳐주시오.' 그는 말합니다. '행복한 삶을 영위하는 데 그건 별반 차이가 없다. 행복한 삶은 오로지 덕에 있다. 하지만 고통은 없애야 할 것이다.' '어째서죠?' '고통은 힘겹고 자연에 반하며 참기 어렵고 슬프고 가혹한 것이다.' **XIII 30** '우리가 모두 한 마디로 그저 악이라고 부르는 것을 여러 가지 방식으로 말할 수 있는 것도 대단한 말재주요. 당신은 내게 고통의 정의를 제시했지만, 나의 고통은 제거하지 못하고 있소. 고통이 힘겨운 것이다, 자연에 반하는 것이다, 견디고 참아낼 수 없는 것이라고 말했소. 당신 말이 틀리

진 않소. 하지만 말로만 떠벌리다가 실질적으로는 굴복되는 일이 없어야 했소.' '훌륭함 이외에 다른 선은 없고, 추함 이외에 다른 악은 없다.'

이것은 희망일 뿐, 증명이 아닙니다. 차라리 자연이 거부하는 것은 모두 악이며, 자연이 승인하는 것은 모두 선이라는 것이 더 정확하고 옳은 주장입니다. 이렇게 놓고 개념 논쟁을 접으면, 스토아학파가 올바르게 감싸고 우리가 훌륭함, 옳음, 바름이라고 부르는 것, 때로 덕이라는 이름으로 포괄하는 것은 돋보이며, 사람들이 육체의 선과 운의 선[128]이라고 생각하는 것은 모두 매우 작고 사소해 보이고, 따라서[129] 다른 모든 악을 한군데로 모아놓더라도 추함이라는 악과 비견될 만한 어떤 악도 존재하지 않습니다. **31** 이런 이유에서, 당신이 처음에 동의하였던 것처럼, 추함이 고통보다 큰 악이라면, 고통은 분명 아무것도 아닙니다. 고통에 탄식하고 통곡하고 푸념하고 나약해지고 굴복하는 것은 당신에게 추하고 남자답지 못한 일로 보인다면, 그리고 훌륭함이, 위엄이, 품위가 있다면, 당신도 그것들을 곰곰이 생각하며 당신

---

128 『투스쿨룸 대화』 제5권에 세 가지 '선 *bona*'을 나타내는 표현이 여럿 등장하는데, '*bona animi*'(17, 51), '*bonum mentis*'(23, 67), '*bona corporis*'(17, 51), '*bona in corpore*'(9, 25), '*bona extra corpus in casu atque fortuna*'(9, 25), '*bona externa*'(17, 51) 등이 보인다. '운의 선 *bona fortunae*'이라는 표현은 여기에만 보인다.

129 Pohlenz는 Schiche의 추정을 받아들여 '*igitur*'로 고쳐 읽었다.

자신을 다스린다면, 분명 고통은 덕에 무릎을 꿇을 것이며, 결연한 마음 앞에 사그라질 겁니다.

덕이 아예 없거나 아니면 모든 고통을 가볍게 여겨야 합니다. 지혜가 없다면 어떤 덕도 알 수 없다고 할 때, 당신은 지혜가 있길 원합니까? 어떻습니까? 지혜는 당신이 뭔가 할 때, 어떤 이득도 얻지 못한 채 다만 헛되이[130] 고생하도록 놓아두겠습니까? 혹은 절제는 당신이 무언가를 과도하게 행하도록 허용하겠습니까? 혹은 도대체 큰 고통 때문에 비밀을 발설하고 동료를 배신하고 수많은 의무를 포기하는 사람에 의해 정의가 존중될 수 있겠습니까? **32** 어떻습니까? 용기와 용기의 동료인 긍지, 신중함, 인내, 인간사의 초탈 등에 당신은 어떻게 답하겠습니까? 당신이 상처를 입고 누워 푸념 어린 목소리로 한탄한다면 '용감한 사람이로다!'라는 소리를 과연 듣겠습니까? 그런 상태의 당신을 본다면 누구도 당신을 절대로 사내라고도 부르지 않을 겁니다. 그러므로 용기를 버리든지 아니면 고통을 억눌러야 합니다. **XIV** 이제 알겠습니까? 당신이 코린토스 그릇 가운데 일부를 잃어버리더라도 나머지 그릇은 무사히 간직할 수 있겠지만, 만약 덕을 하나라도 잃는다면 — 물론 덕을 잃을 수는 없지만 — 그래서 당신이 스스로 덕을 하나 갖고 있지 않다고 고백한다면, 그것은 결국

---

130   Pohlenz는 '*frustra*'를 넣어 읽었다.

스스로 아무런 덕을 가지고 있지 않다고 고백하는 꼴임을? **33** 당신은 저 필록테테스를 용감한 남자, 긍지 있는 남자, 참을성 강한 남자, 신중한 남자, 인간사에 초탈한 남자라고 말할 수 있겠습니까? 당신을 논외로 하길 나는 원하지만, 그는 전혀 용감하지 못합니다. 그는 "통곡과 불평과 한탄과 울음으로 울먹이는 목소리를 묵묵히 되받아 주고 있던 축축한 집에"[131] 누워 있으니 말입니다. 나는 물론 고통이 고통이 아니라고 주장하는 것은 아닙니다. 그랬다면 왜 용기를 찾겠습니까? 다만 만약 인내가 존재한다면 인내를 통해 고통을 억누를 수 있다고 나는 주장합니다. 인내가 존재하지 않는다면, 우리가 왜 철학을 예찬하며 철학자라는 이름에 자긍심을 갖겠습니까? 고통은 우리를 찌르며 혹은 심지어 살을 파고듭니다. 당신이 무방비 상태라면 당신은 목을 내주어야 합니다. 하지만 불카누스의 무장,[132] 즉 용기를 걸쳤다면 당신은 이에 맞서시오. 만약 그렇게 하지 않으면 위엄의 수호자인 용기는 당신을 내버리고 떠나버릴 것이기 때문입니다.

---

131 아키우스, 『필록테테스』 550행 이하.
132 『일리아스』에 등장하는 아킬레우스의 무장을 가리킨다.

고통은 훈련을 통해 극복된다

34 시인들이 전하는바 유피테르가 제정한[133] 혹은 미노스가 유피테르의 뜻을 받아 제정한 크레타 사람들의 법은, 또한 뤼쿠르고스 법은 청년을 사냥, 뜀박질, 허기와 갈증, 추위와 더위 등 고생을 통해 교육합니다. 심지어 스파르타의 소년들은 신전 앞에서 채찍질을 견뎌야 했는데, '살가죽에서 많은 피가 흐를 정도'였다고 하며, 내가 그곳에 있을 때 들은 바에 따르면 그러다가 죽는 수도 있었다고 합니다. 하지만 소년들 가운데 누구도 비명을 지르지 않은 것은 물론이고 신음조차 토하지 않았다고 합니다. 어떻습니까? 소년들이 견딜 수 있는 것을 다 큰 남자가 못 하겠습니까? 관습이 할 수 있는 일을 이성이 할 수 없겠습니까? **XV 35** 고생과 고통은 차이가 있습니다. 물론 서로 무척 유사하긴 하지만 그럼에도 차이가 있습니다. 고생은 정신적 혹은 육체적으로 과중한 노역과 과업을 수행하는 경우이며, 반대로 고통은 감각에 생소한 힘겨운 신체 자극입니다. 우리보다 어휘가 풍부한 희랍인들도 둘에 대해 단 하나의 이름을 갖고 있습니다.[134] '부지런한' 사람들을 두고 희랍인들은 '고통에 열심인 사람들' 혹은 그

---

133   Pohlenz는 '*sive Iuppiter*'를 넣어 읽는다.

134   키케로는 'πόνος'를 염두에 두었던 것으로 보인다. 키케로는 'φιλόπονος'를 라티움어로 '부지런한 *industrius*'이라고 번역하였다.

들 말 그대로 말하자면 '고통을 사랑하는 사람들'이라고 불렸지만, 우리는 좀 더 알맞게 이들을 '고생하는 사람들'이라고 부릅니다. '고생하다'와 '고통을 느끼다'는 다릅니다. 어휘가 풍부하다고 늘 생각하지만, 때로 어휘가 빈약한 희랍이여![135] 내가 말하노니, '고생하다' 다르고, '고통을 느끼다' 다릅니다. 가이우스 마리우스가 하지 정맥류를 제거했을 때는 고통을 느낀 것이지만, 군대를 이끌고 큰 더위 속에 행군할 때는 고생한 겁니다. 이들 사이에 물론 유사점은 있습니다. 고생에 익숙하면 고통을 또한 잘 이겨내기 때문입니다. **36** 그래서 희랍 국가 형태의 기틀을 마련한 사람들은 청년들의 육체가 고생으로 강화되기를 원했던 겁니다. 스파르타는 이런 것을 여자들에게까지 적용하였는데, 여타의 도시국가에서는 여인들이 매우 편안한 생활을 누리며 '담 안쪽의 그늘에 숨어' 있는데 말입니다. 스파르타인들은 이와 유사한 어떤 것도 그들에게 있을 수 없으며 '라케다이몬의 여인들은 야만적인 다산보다는 씨름, 에우로타스 강, 태양, 먼지, 노역, 군역에 더 많은 염려를 쏟는다'고 주장했습니다. 이런 고생스러운 훈련 가운데 고통도 없지 않게 끼어들지만, 밀리고 맞고 엎어지고 넘어지는 고생은 마치 굳은살처럼 고통을 완화하여 줍니다.

---

135 하지만 반대로 루크레티우스의 경우에는 오히려 라티움어의 빈곤을 이야기하곤 했다.

XVI 37 그런데 군역, 우리네 군역을 말하는 것이지 스파르타인들의 군역을 말하는 것이 아닌데, 그들의 전열[136]은 피리 소리와 운율에 따라 행군하되, 그들의 구령은 오로지 아나파이스토스 운율에 따릅니다.[137] 우선, 당신은 군대 *exercitus*라는 우리말이 어디에서 유래한 것인지 알고 있습니다.[138] 다음으로 얼마나 큰 고생을 하는지, 얼마나 오래 행군의 고생을 하는지, 반 달 치 이상의 식량을 짊어져야 하는 것을, 필요한 장구들을 운반해야 하고, 방책용 목재를 운반해야 하는 것을 당신은 알고 있습니다. (방패와 칼과 투구는 우리 병사들에게 어깨와 팔과 손과 같은 것으로 짐으로 분류될 수 없는 것들입니다. 무장은 병사의 신체라고 일컬어집니다. 무장은 몸과 혼연일체가 되어 유사시에는 짐을 던져버리고 무장을 손발처럼 사용할 수 있을 정도입니다) 또 어떻습니까? 군단의 훈련은 어떠합니까? 어떻습니까? 그들의 전투 달리기와 전투 대형과 전투 함성은 얼마나 큰 고생입니까! 이런 훈련을 통해 그들의 영혼은 전투 중의 부상을 각오하고 있습니다. 비슷한 용기를 가졌으나 훈련을 받지 못한 병사를 데려오십시오. 그는 마치 아낙네처럼 보일 겁니다. **38** 우리가 최근에 목격한 것처럼 신병

---

136   Pohlenz는 '*acies*'를 넣어서 읽는다.
137   아나파이스토스 운율(단단장)은 닥튈로스 운율(장단단)을 뒤집은 형태이다.
138   라티움어의 군대를 뜻하는 단어 *exercitus*는 '훈련하다', '훈련을 통해 습관이 들다'를 뜻하는 *exercito*에서 유래하였다.

과 선참의 차이가 왜 그렇게 크겠습니까?[139] 신병들의 나이가 어린 것은 대체로 유리한 조건이지만, 고생을 견뎌내고 부상을 가볍게 여기는 것은 결국 경험을 통해 얻어지는 겁니다. 그리하여 우리는 종종 목격하는데, 전선에서 부상자들이 후방으로 옮겨질 적에 훈련이 덜 된 신병은 작은 상처에도 아주 창피스러운 비명을 지르지만, 선참은 훈련을 받아 훨씬 더 큰 용기를 얻었기에 의사에게 단지 상처를 묶기를 요구할 뿐입니다.

그는 말한다. '파트로클로스, 너희에게 와서 너희 손과 도움을
청한다. 적의 손이 안긴 고통스러운 파멸에 쓰러지기 전에.
……
어떻게도 흘러나오는 출혈을 멈추지 못할 것이니
만약 당신들의 지혜로 죽음이 비껴가지 않는다면 말이다.
부상자들이 아스클레피오스의 아들들 집 회랑에 몰려든다.
들어갈 수 없습니다.'
'이 사람은 분명 에우뤼필로스로군요. 단련된 자로다!'[140]

---

139 기원전 48년 파르살리아 전투에서 카이사르의 노병과 폼페이우스의 신병이 싸웠을 때의 결과를 키케로는 암시하고 있다. 폼페이우스의 병사들이 카이사르의 병사들보다 수적으로 두 배에 가까웠지만 결국 카이사르의 군대가 승리했다.

140 엔니우스, 『헥토르의 몸값』 161행 이하. 『투스쿨룸 대화』 제2권 17, 39에서도 인용된 것이다.

XVII 39 적잖이 훈련된 자로다![141] 오직 탄식이 이어지는 곳에서 그가 어떻게 울먹이지 않고 대답하는지, 어떻게 이런 일을 침착하게 견뎌낼 수 있는가를 설명하는지 당신은 보십시오. "다른 사람에게 죽음을 마련하는 자는 알아야 한다. 그도 똑같은 파멸을 받도록 마련되었음을." 분명 파트로클로스는 그의 상처를 싸매어 주려고, 그를 쉴 만한 곳에 누이려 데려갈 겁니다. 만약 그가 보통의 사람이었다면 말입니다. 그러나 나는 그보다 더 지독한 사람은 본 적이 없습니다. 그는 어떻게 된 일이냐고 묻습니다.

'말하시오, 말하시오. 희랍인들의 전장 사정은 어떠한지.'
'얼마나 고통이 넘치는 일들인지, 말로 이루 형언할 수 없다.'

제발 말은 말고 상처를 묶어라! 에우뤼필로스는 견딜 수 있었을지 몰라도 아이소푸스는 견딜 수 없을 겁니다.[142] '헥토르의 운명이 우리의 가혹한 전선을 무너뜨려……'라고 말하며 에우뤼필로스는 고통 속에 설명을 이어갑니다. 왜냐하면, 용감한 병사가 쟁취한 전쟁의 자랑거리는 도무지 절제를 모르기 때문입니

---

141 Pohlenz는 '*non minus autem exercitatum*'을 넣어 읽는다.
142 아이소푸스는 로마의 유명한 배우이며 키케로의 친구였다. 그는 극 중에서 에우뤼필로스의 역할을 담당했는데 만약 진짜 전쟁터였다면 아이소푸스는 에우뤼필로스의 고통을 참지 못했을 것이다.

다. 이렇게 노병이 할 수 있는 일들을 학식을 갖춘 현명한 사람이 할 수 없겠습니까? 현자는 분명 더 뛰어나며, 적잖이 뛰어납니다. **40** 그러나 나는 지금까지 훈련 습관을 이야기하였으며 이성과 지혜는 언급하지 않았습니다. 나이든 여인들은 왕왕 이삼 일 정도 단식을 견뎌냅니다. 그렇다면 운동선수에게 하루만 먹을 것을 제공하지 말아 봅시다. 그는 유피테르, 올림포스의 유피테르에게 탄원할 것이며 ─ 그는 그를 걸고 훈련할 것인데 ─ 도저히 견딜 수 없다고 비명을 지를 겁니다. 습관의 힘은 위대합니다. 사냥꾼들은 눈 덮인 산속에서 밤을 보내곤 합니다. 인도 사람들은[143] 불로 몸을 지지는데도 이를 견뎌냅니다. 권투선수들은 주먹으로 맞아도 신음 한번 내질 않습니다. **41** 올림피아 경기의 승리를 옛날 집정관직 취임처럼 생각하는 이들은 말해 무엇 하겠습니까?[144] 검투사들은, 타락한 자들이건 혹은 야만인들이건, 얼마나 가격(加擊)을 잘 견뎌내는지! 이들은 매우 잘 훈련되어서 가격을 추하게 피하기보다 차라리 맞고 견디길 얼마나 원합니까! 이들이 오로지 주인을 혹은 인민을 만족시키길 원한다는 것은 얼마나 자주 분명합니까! 그들은 중상을 입고 쓰러졌으면서도 주인에게 원하는 것이 무엇인지를 묻고, 주인이 만족하였다

---

143 전승사본의 'inde'를 'Indi'로 수정한 추정을 받아들였다.

144 키케로 시대가 아닌 옛날에 집정관 취임은 그 사람의 덕을 말해주는 좋은 증거였으나 키케로 시대에 들어 집정관 취임은 아무런 의미가 없어졌다.

면 자신은 죽어도 좋다는 말을 전합니다. 어떤 어쭙잖은 검투사가 앓는 소리를 했겠으며 표정을 찡그렸겠습니까? 서 있을 때나 쓰러졌을 때나 누가 추한 모습을 보였습니까? 쓰러졌을 때 칼을 받으라는 명령을 받고 누가 목을 움츠렸습니까? 그만큼 훈련과 연습과 습관은 힘을 발휘합니다. '삼니움 사람, 더러운 인간, 그렇게 그런 처지로 살아도 마땅한 자'[145]가 이러할진대, 영광을 위해 태어난 사람이 연습과 이성을 통해 강화될 수 없을 만큼 약해 빠진 영혼을 가졌겠습니까? 검투사 경기는 몇몇 사람들에게 잔인하고 비인간적으로 보이곤 하며, 모르긴 몰라도 오늘날처럼 그러합니다. 하지만 수형자들이 칼을 들고 격투를 벌이던 시절, 고통과 죽음에 맞서 용감해지기 위해, 귀로 듣는 것으로는 아마도 많은 학교가 있겠지만, 눈으로 보는 것으로는 이보다 좋은 학교는 있을 수 없었습니다.

덕이 있는 자는 고통 극복에 용감하다

XVIII 42 이제까지 나는 훈련과 습관과 준비를 이야기하였습

---

145 루킬리우스 풍자시 단편 150. 루킬리우스가 이렇게 조롱하는 자는 아이세르니누스라는 검투사이며, 파키데이아누스를 루킬리우스는 인류 역사상 최고의 검투사로 꼽는다. 『투스쿨룸 대화』 제4권 22, 49 이하를 보라.

니다. 자, 이제 원한다면, 이 이야기에 달리하고픈 말이 없다면, 이성을 검토해 봅시다.

학생 선생님의 말씀에 제가 끼어들라 하십니까? 저는 결코 그러고 싶지 않습니다. 말씀하신 것은 받아들일 수밖에 없을 만큼 설득력이 있습니다.

선생 고통이 악인지 아닌지는 스토아학파에 맡겨둡시다. 그들은 뭔가 억지스럽고 조잡한, 그래서인지 마음에 와닿지 않는 논증을 통해 고통이 악이 아니라는 것을 증명하려고 합니다. 하지만 내 생각에 고통 그것이 무엇이든지 그것은 겉보기만큼 큰 것은 아닙니다. 고통의 오해와 가상으로 인해 인간들은 지나치게 흔들리지만, 나는 어떤 고통이든 견뎌낼 수 있다고 주장합니다.

그럼 어디서 시작할까요? 내가 방금 언급한 내용을 짧게 다룸으로써 향후 이어질 논의가 좀 더 순조롭게 진행되도록 하면 어떻겠습니까? **43** 학식이 높은 사람이나 그렇지 못한 사람들이 모두 동의하는 것인데, 용감하고 긍지 있고 인내심 강하고 인간사를 초탈한 사람들은 참을성 있게 고통을 견뎌냅니다. 이렇게 잘 참아내는 사람을 칭송하지 말아야 한다고 생각하는 사람은 아무도 없었습니다. 용감한 사람들에게 요청하기도 하고 실제 이런 일이 벌어질 때 칭송하는 것인데, 고통이 다가온다고 두려워하고 혹은 다가왔을 때 견뎌내지 못한다면 이는 추한 일이 아니겠습니까? 영혼의 모든 올바른 상태를 덕이라고 부를 때, 그렇다고 모든 상태가 이 명칭에 부합하는 것이 아니라, 다른 모든 상태를 능가하는 단 하나의 상태 때문에 나머지가 모두 덕이라는 이름을 얻게 된 것임을 상기하십시오. '덕 *virtus*'은 '남자 *vir*'라는 단어에서 유래하였습니다. 남자에게 다른 무엇보다 고유한 것은 용기이며, 용기의 가장 큰 과업은 두 가지인데, 죽음과 고통을 가볍게 생각하는 겁니다. 따라서 덕을 갖추기를 원하는 사람이라면, 오히려 다른 말로 덕이 남자라는 단어로부터 파생된 말이기 때문에 '남자'가 되고자 한다면, 죽음과 고통을 가볍게 여김을 보여주어야 합니다.

당신은 아마도 어떻게를 물을 텐데, 이는 올바른 질문입니다. 왜냐하면, 철학은 그 치료약이길 공언하기 때문입니다. **XIX 44** 에피쿠로스가 등장합니다. 그는 전혀 형편없는 사람이 아닌, 오히려 매우 훌륭한 남자입니다. 그는 자신이 알고 있는 만큼 조언합니다. 그는 말합니다. '고통을 무시하라!' 누가 이런 말을 하는 겁니까? 고통이 최고악이라고 말한 바로 그 사람입니까? 이는 일관된 주장이라고 할 수 없습니다. 들어봅시다. 그는 말합니다. '고통이 최고일 때, 고통은 필연적으로 짧다.' '다시 한 번 말해 주시오. 잘 이해가 되질 않소. 당신이 말하는 최고는 무엇이고, 짧다는 무엇이오?' '최고란 그것보다 큰 것이 없다는 것이며, 짧다는 그것보다 더 짧을 수 없다는 것이다. 나는 고통의 크기를 가볍게 여기는데, 시간의 짧음은 고통이 거의 다가올 그 직전에 나를 고통에서 구해 줄 것이다.' '그러나 고통이 필록테테스가 느꼈던 만큼 크면 어쩌죠?' '그의 고통은 내가 보기에 상당하지만 그렇다고 최고의 고통은 아니다. 그는 발만이 아프기 때문이다. 눈이며 머리며 옆구리며 허파며 모두가 아직 아플 여지가 있다. 그러므로 최고의 고통과는 거리가 멀다.' 에피쿠로스는 말합니다. '그러므로 오래 이어지는 고통은 괴로움이라기보다 오히려 기쁨에 가깝다.' **45** 나는 그렇게 대단한 사람이 어리석은 것을 말했다고 주장할 수 없는데 그가 우리를 놀린 것으로 생각합니다. 나는 최고의 고통이 — 여기서 원자 열 개만큼 더한 다른 고통이 있을지라도 나는 '최고'라고 말하겠는데 — 늘 짧은 것은 아니라고 주장하며, 여러 해 동안 통풍으로 무지막지한 고통을 당한 훌륭한 사람들 여럿을 거명할 수 있습니다. 이 영리한 사람은 결코 크기나 지속이라는 기준을 정하지 않았고, 그리하여 나는 그가 말하는 최고의 고통이 무엇이며 시간적으로 짧은 것이 무엇인지를 도무지 알 수 없습니다. 우리는 이자가 아무것도 말한 것이 없다고 치고 빼놓도록 합시다. 다만 이자에게서 자백을 받아냅시다. 그가 고통을 최고악이라고만 말하고 고통의 치료약은 그에게서 찾을 수 없다는 자백을 말입니다. 물론 그는 복통과 배뇨통에 용기를 보여주었다고 전합니다. 그러므로 치료약은 다른 데서 찾아야 할 겁니다. 무엇이 일관된 것인가를 묻는다면, 우리는 훌륭함이 최고선이고 추함이 최고악이라고 주장하는 사람들로부터 특히 이를 찾아야 할 겁니다. 이들 앞에서 당신은 감히 결코 신음을 토하거나 몸부림치지 못할 겁니다. 이들의 목소리로 덕 자체가 당신에게 말할 겁니다. **XX 46** '자네는 라케다이몬의 소년들이, 올림피아의 젊은이들이, 모래판의 야만인들이 엄청난 가격을 당하면서도 침묵으로 이를 버텨내는 걸 보지 못하였는가? 자네는 행여 어떤 고통이 자네를 잡아 뜯더라도 아녀자처럼 비명 지르며 안절부절못하고 허둥댈 것인가?' '있을 수 없는 일이다. 자연은 이를 용인하지 않는다.' 알겠습니다. 소년들은 영광에 이끌려, 일부는 치욕 때문에, 많은 소년은 공포 때문에 이를 견뎌냅니다. 많은 사람이 여러 곳에서 잘도 견뎌내는 것을 자연이 견디지 못할까 우리는 두려워합니까? 그러나 자연은 이를 견딜 뿐만 아니라 이를 요청합니다. 자연이 가진 것, 오히려 자연이 추구하는 것 가운데 훌륭함, 위업, 위엄, 품위보다 탁월한 것은 없습니다. 이런 여러 가지 명칭들을 사용했지만 내가 말하고자 하는 것은 단 하나이며, 다만 좀 더 많은 명칭을 사용하여 좀 더 정확하게 설명할 수 있지 않을까 합니다. 그 자체로 추구할 가치가 있는 것, 덕에서 시작하거나 딕 그 자체에 놓여 있는 것, 그 자체로 칭송받을 만한 것, 최고선이 아니란 것은 아니지만 차라리 유일선이라고 나는 말하고자 합니다. 훌륭함을 이렇게 말한다면 추함은 그 반대가 될 겁니다. 그만큼 역겨운 것은 없으며, 그만큼 멀리해야 하는 것은 없으며, 그만큼 사람에게 어울리지 않는 것은 없습니다.

자기 극복을 통한 고통의 극복

47 처음에 고통보다 망신이 더 큰 악으로 보인다고 말했고, 만약 당신이 이에 확신이 있다면, 당신은 당신 자신을 다스릴 일만 남았습니다. 어떻게 말해야 할지 나는 모르지만, 마치 우리가 둘인 양, 한쪽은 지배하고 한쪽은 복종하도록 말입니다. 그럼에도 이 말은 어리석게 말해진 것이 아닙니다. **XXI** 왠고 하니, 영혼은 두 부분으로 나누어지는데, 그중 하나는 이성에 참여하며, 다른 하나는 그렇지 않기 때문입니다. 우리가 우리 자신을 다스린다는 지침은 결국 이성이 무분별을 제어한다는 지침입니다. 모든 사람의 영혼에 거의 본성적으로 어떤 연약한 것, 나약한 것, 굴욕적인 것, 실의한 것 그리고 무기력한 것이 들어 있습니다. 만약 인간 영혼에 오로지 이런 것들만 있다면, 인간만큼 저열한 것은 없을 겁니다. 그러나 인간 영혼에는 모든 것을 다스리는 지배자이며 여왕인 이성이 있으며, 이성은 스스로 노력하여 좀 더 발전하는 경우 완벽한 덕이 됩니다. 영혼의 다른 부분이 이성에 복종해야 하고 이성이 이를 지배하도록 사람은 노력해야 합니다. **48** 당신은 말할 겁니다. '어떻게 해야 합니까?' 예를 들어 주인이

노예를 다스리듯 혹은 장군이 병사를 다스리듯 혹은 부모가 자식을 다스리듯 해야 합니다. 만약 내가 유약하다고 말하는 영혼의 부분이 추하게 굴 경우, 그래서 여인네처럼 통곡하고 탄식한다면, 친구들과 친척들의 감시 아래 구속되고 묶이길! 우리는 이성으로는 제압할 수 없는 사람이 치욕을 통해 약해지는 것을 종종 봅니다. 우리는 이들을 감시로써 마치 노예처럼 사슬에 묶어두며, 이들보다 강건하지만 그래도 씩씩하지 못한 사람들은 훈계로써 마치 다시 소집된 훌륭한 병사처럼 위엄을 추구하도록 해야 합니다. 희랍에서 제일 현명한 사내는 『닙트라』에서 다치고도 과도하지 않게 절제 있게 비탄하였다고 합니다. 그는 말합니다. "너희는 한 걸음 한 걸음 차분하게 걸어라! 더 큰 고통이 빠른 걸음에 생겨나지 않도록."[146] **49** 파쿠비우스는 여기서 소포클레스보다 훌륭한데, 소포클레스에서 상처 입은 울릭세스는 크게 울며 통곡하기 때문입니다. 하지만 과도한 비탄을 보이지 않는 울릭세스를 향해 정작 부상자를 옮기는 사람들이 울릭세스의 신중함을 목격하면서도 망설이지 않고 이렇게 말합니다.

　울릭세스여, 당신의 심한 상처를 우리가

146　파쿠비우스 단편 256. 파쿠비우스는 소포클레스의 『닙트라』를 번안하였다. '닙트라'는 에우뤼클레이아 오뒷세우스의 발을 씻겨주는 장면을 가리키는 말이다.

보았지만, 당신도 거의 완전히 용기를
잃는구나. 전쟁터에서 평생을 살아가는데
익숙한 당신마저도.

현명한 시인은 고통을 견디는 습관이 경시되어서는 안 될 선생임을 알고 있습니다. **50** 그리하여 울릭세스는 커다란 고통 속에서도 절제 있게 답합니다.

잘 잡아라! 붙잡아! 상처에 괴롭구나.
벗겨라! 가련한 나로다. 고통스럽다.

그는 무너지기 시작합니다. 하지만 이어 그러길 멈춥니다.

나를 덮어라! 그리고 이제 물러나라!
나를 내버려 두어라! 건드리고 흔들어
끔찍한 고통이 너희로 더욱 커지는구나!

당신은 여기서 침묵한 것이 육체의 고통이 가라앉았기 때문이 아니라 정신의 고통이 제어되었기 때문임을 알겠습니까? 그리하여 『닙트라』의 끝부분에서 그는 죽어가면서 다른 사람들을 훈계합니다.

불운을 원망할 순 있으나, 이를 통곡하진 말라!

그것은 사내의 의무로다. 비탄은 아녀자의 재능.

이 사람이 가진 영혼의 약한 부분은, 엄격한 장군에게 병사가 얌전히 그렇게 하듯, 이성에 순종하였습니다.

XXII 51 가장 완벽한 지혜를 가진 사람 — 우리는 이제껏 한 번도 이런 사람을 본 적이 없고, 향후 이런 사람이 있다면 그는 어떤 사람일지 철학자들의 이론들에서 밝혀지는데 — 혹은 그가 가질 완벽하고 절대적인 이성은, 정의로운 부모가 자식들을 바르게 만들듯, 영혼의 열등한 부분을 다스릴 겁니다. 어떤 고생도 어떤 번민도 없이 다만 눈짓으로 원하는 것을 이루어낼 겁니다. 몸을 꼿꼿이 세워 자신을 일깨우고 준비하고 무장하여 마치 적에게 대항하듯 고통에 대항할 겁니다. 그렇다면 대항의 무기에는 어떤 것들이 있습니까? '추하지 않게 조심하라, 기죽지 말라, 사내답게 처신하라' 등 자신에게 말하는 내면의 다짐, 긴장과 결단입니다. **52** 훌륭한 모범들을 마음에 떠올리십시오. 엘레아의 제논을 생각하십시오. 그는 참주정 철폐에 참여한 동지들을 발설하지 않고 모든 것을 참고 견뎌냈습니다. 또 데모크리토스의 제자 아낙사르코스를 생각하십시오. 그는 퀴프로스에서 티모크레온 왕에게 붙잡혔을 때 사면을 애걸하지 않았고 어떤 처벌도 피하지 않았습니다. 인도 사람 칼라누스는 카우카소스 산

자락에서 태어난 못 배우고 야만적인 사람으로 자기 의사에 따라 분신했다고 합니다. 우리는 발이 아프거나 이빨이 아플 때조차 이를 견디지 못하는데 말입니다. 왜냐하면, 우리의 생각은 약해빠졌으며 경박하기 때문인데 — 이는 고통에서는 물론이려니와 쾌락과 관련해서도 마찬가지입니다 — 이로써 우리는 약해지고 나약함에 물러 터져서 벌침조차 비명을 지르지 않고는 견디지 못합니다. **53** 그런데 가이우스 마리우스는 농촌 출신이었으며 진정한 사내였는데 앞서 언급했듯이 수술 시에 처음부터 그는 자신을 묶지 말라 하였는데, 마리우스 이전에는 누구도 그렇게 한 사람이 없었다고 합니다.[147] 마리우스 이후의 다른 사람들은 어찌하여 그렇게 한 겁니까? 그가 보여준 모범이 힘을 발휘한 겁니다. 당신은 여기서 악이 생각에 있을 뿐이고 자연에 있지 않음을 봅니까? 마리우스는 또한 통증의 엄습이 극심했음을 보여주는데, 다른 쪽 다리는 수술받지 않았다고 하니 말입니다. 그는 한편으로 남자로서 그와 같이 고통을 견뎌냈으며, 다른 한편 인간으로서 그보다 더 큰 고통을 아무런 필연적 이유 없이 겪기를 거부하였습니다.

모든 것은 자기 자신을 다스리는 데 달려 있습니다. 그런데 나는 어떤 종류의 자기 다스림이 있는지를 밝혔습니다. 무엇이 인

---

147 앞의 15, 35 이하를 보라.

내에, 무엇이 용기에, 무엇이 자긍심에 가장 잘 부합하는지의 이런 숙고는 영혼을 진정시켜 주며, 어떻게 그러한지는 알 수 없으나 고통 자체를 완화해 줍니다. **XXIII 54** 전쟁터에서 소심하고 비겁한 병사가 적을 보자마자 방패를 버리고 힘닿는 데까지 도망치고 그런 이유로 왕왕 육신 멀쩡한 채로 죽지만, 위치를 지킨 자는 그런 일을 당하지 않는 것처럼, 꼭 그처럼 고통이 눈앞에 나타나자 이를 견디지 못하고 나자빠져 고통 속에 정신을 잃고 뻗는 사람들이 있지만, 이에 저항한 사람들이 승자가 되는 일은 매우 흔합니다. 왜냐하면, 영혼과 육체는 무언가 유사성을 갖고 있기 때문입니다. 긴장을 늦추지 않은 육체는 짐을 좀 더 가볍게 견디며 긴장이 풀린 육체는 이에 눌리는 것처럼, 이와 매우 비슷하게 긴장한 영혼은 부담을 주는 모든 압박을 좀 더 쉽게 물리치지만, 긴장이 풀린 영혼은 짓눌려 자신을 결코 일으킬 수 없습니다. **55** 그리고 진실을 찾는다면, 모든 의무의 수행에서 영혼은 긴장하지 않을 수 없습니다. 이것만이 말하자면 의무의 유일한 수호자입니다. 그러나 고통 속에서 특히 유념해야 할 것으로 우리는 비굴하게, 소심하게, 비겁하게, 노예처럼, 아낙네처럼 행동해서는 안 되며, 특히 필록테테스가 질렀던 비명일랑은 배척하고 배격해야 할 겁니다. 신음은 때로 남자에게 허락되지만 아주 드문 일이며, 통곡은 여자에게조차 전혀 허락될 수 없는 일입니다. 이는 분명 '호곡(號哭)'을 가리키는 것인데, 십이표법에서 장례절차와 관련하여 금하였던 겁니다. **56** 하지만 신음은 용감하고 현명한 남자에게는 결코 있을 수 없는 일입니다. 다만 영혼의 긴장으로 각오를 다지기 위해, 예를 들어 경기장에서 경주 참가자들이 최대한 크게 소리치는 경우를 제외하고 말입니다. 운동선수들은 이와 똑같은 일을 훈련 중에 행합니다. 한편 권투선수들은 상대편과 때릴 때 주먹을 날리면서 이렇게 소리 지르는데, 이는 고통스럽기 때문이거나 마음속으로 굴복하였기 때문이 아니라 소리를 토함으로써 몸 전체를 긴장시켜 주먹질을 더욱 세차게 할 수 있기 때문입니다. **XXIV** 어떻습니까? 더욱 크게 소리치고 싶은 사람들은 우리가 알기로 목소리를 토해 밖으로 쏟아내는 기관인 폐와 목청과 혀를 긴장시키는 것으로 충분합니까? 말하자면 손발톱 모두와 온몸으로 목소리의 긴장을 돕습니다. **57** 나는 마르쿠스 안토니우스[148]가, 세상에, 무릎으로 땅을 딛고 온몸에 힘을 주어 바리우스 법[149]에 따른 고발에 맞서 자신을 변론하는 것을 보았습니다. 예를 들어, 투석기와 여타 원거리 공격 무기들은 한껏 뒤로 수축하여 강하게 탄력을 받을수록 더욱 강

---

148 마르쿠스 안토니우스는 기원전 99년 집정관을 역임하였으며, 연설술로 유명하다. 그는 키케로의 『연설가론』에 등장하고 있다. 마르쿠스 안토니우스가 죽었을 때 키케로의 나이는 16세였다.

149 바리우스 법은 기원전 90년에 호민관 퀸투스 바리우스 세베루스가 제안한 법률인데, 동맹시 전쟁 중에 동맹시의 반란을 부추기는 정치가들을 처벌하려는 목적이었다.

력하게 무기를 발사하는 것처럼, 목소리와 달리기와 가격(加擊)도 이와 같아서 더욱 긴장할수록 더욱 강력한 힘이 실리기 마련입니다. 팽팽한 긴장은 이런 힘을 가지기 때문에, 만약 고통 속에서 신음이 영혼을 강화하는 데 유효하다면 우리는 신음을 사용할 겁니다. 하지만 신음이 다만 비탄조이고, 유약하고 비굴하고, 눈물에 젖어 있는 것이라면, 이런 신음을 토하는 자를 사내라고 부르지 않을 겁니다. 그럼에도 신음이 경감의 효과를 준다면, 용감하고 용맹한 사내에게 속하는 것이 무언지를 알게 될지도 모릅니다. 하지만 그것이 고통을 전혀 줄여주지 못하는데, 무엇 때문에 헛되이 추한 행동을 원하겠습니까? 여인네처럼 우는 것보다 사내에게 추한 일이 무엇이겠습니까? **58** 고통에 관한 이런 가르침은 더욱 넓게 적용됩니다. 고통뿐만 아니라 모든 일에 대해 비슷하게 우리는 영혼의 긴장을 통해 맞서 싸워야 할 겁니다. 분노가 타오르고 욕망이 솟아납니다. 우리는 같은 성채에 몸을 숨겨야 할 것이며, 같은 무기를 잡아야 합니다. 그러나 고통을 이야기하고 있으므로, 이들은 이만하겠습니다.

그러므로 고통을 차분하고 조용하게 견디기 위해서는 그 행위가 얼마나 훌륭한 일인지를, 말하건대, 온 마음을 다하여 숙고하는 것만큼 이로운 것은 없습니다. 우리는 본성상, 앞서 언급하였으며 앞으로도 자주 언급해야겠지만, 훌륭함을 더없이 크게 열망하고 추구하는 존재입니다. 이를 마치 빛처럼 조금이라도 보게 되면 이를 얻기 위해서 견뎌내고 참지 못할 것이 없습니다. 참된 칭송과 훌륭함을 향해 영혼이 이렇게 달리고 열망할 때 전쟁터의 저 위험들을 무릅쓰게 되어, 용감한 자들은 전선에서 상처를 느끼지 않으며, 설령 상처를 느끼더라도 위엄의 계단에서 조금이라도 내려오기보다는 죽기를 선택합니다. **59** 데키우스 가문은 적들의 전열로 달려들어 적들의 서슬 퍼런 칼을 보곤 했지만, 전사(戰死)의 명예와 영광을 생각하며 부상의 모든 두려움을 잊곤 했습니다. 당신은 에파메이논다스가 그의 피와 함께 생명이 빠져나감을 느꼈을 때 과연 신음을 토했을 것으로 생각합니까?[150] 그는 노예 상태의 조국을 물려받았으나 이제 스파르타 사람들을 지배하는 조국을 물려주게 되었습니다. 이것들은 위안이며 극심한 고통의 진통제입니다. **XXV 60** 당신은 말할 겁니다. 그렇다면 평화 시에는 어떻습니까? 고향에서는 어떻습니까? 침대에서는 어떻습니까? 당신은 나에게 전쟁터에 별로 출전하지 않는 철학자들을 생각나게 합니다. 이들 가운데 참으로 가벼운 인간, 헤라클레이아의 디오뉘시오스는 제논에게 용감함을 배웠으나, 고통 때문에 용감하길 버렸다고 합니다.[151] 그는 신장병으

---

150 에파메이논다스는 테바이의 장군으로 스파르타 군을 보이오티아의 레우크트라에서 물리쳤다. 이후 테바이는 펠레폰네소스까지 진출하여 희랍의 패권을 장악하게 된다.

151 제논의 제자였으나, 나중에 퀴레네학파 혹은 에피쿠로스학파로 전향하였다.

로 고생하여, 지난날 그가 고통에 관해 생각했던 것이 거짓이라고 울며 소리쳤다 합니다. 그와 동문수학한 클레안테스[152]가 그에게 어떤 이유에서 그 생각을 버리게 되었느냐 물었더니 그가 대답하였습니다. '웬고 하니, 내가 철학에 그토록 힘썼는데도 도저히 고통을 참아낼 수 없다면,[153] 이것으로 고통이 악임을 입증하기에 충분하다 할 것일세. 실제 나는 수많은 세월 철학에 몰두하였으나 고통을 참지 못했네. 따라서 고통은 악일세.' 그때 클레안테스는 땅을 발로 구르며 『에피고노이』[154]의 시행을 인용했다고 전합니다. "암피아라오스여, 땅에 묻힌 분이여, 이 말이 들리십니까?" 클레안테스는 제논을 마음에 두고 있었고, 디오뉘시오스가 제논에서 멀어진 것을 애석해했습니다. **61** 우리의 포세이도니오스는 달랐습니다. 나 자신도 그를 종종 보았는데, 나는 폼페이우스가 이야기하던 것을 전하겠습니다. 그는 쉬리아를 떠나 로도스에 도착하였을 때 포세이도니오스의 수업을 듣고자 하였답니다.[155] 그래서 그는 포세이도니오스가 관절통이 극심하여

---

152 스토아학파에 속하는 사람으로 제논의 제자이며, 크뤼십포스의 스승이다.
153 Pohlenz는 'si'를 넣어 읽는다.
154 『에피고노이』는 테베를 공격하는 일곱 장수의 이야기를 다룬 소포클레스의 사튀로스 극으로 생각되는 작품으로 오늘날은 전해지지 않는다.
155 포세이도니우스(기원전 135~51년)는 쉬리아 출신의 스토아철학자로 파나이티오스에게 철학을 배웠다. 그는 자주 로마를 방문하였으며 대부분은 로도스섬에 거주하였다. 로마의 유명인들이 그를 찾아 왔는데 거기에는 폼페

매우 힘들어한다는 소식을 들었지만, 지극히 고명한 철학자를 보고자 하였답니다. 폼페이우스가 그를 만나 인사하고 존경의 말을 건네며 강의를 들을 수 없게 되어 매우 유감스럽다고 말하자, 포세이도니오스는 이렇게 말했답니다. '당신은 들을 수 있습니다. 육신의 고통이 훌륭한 분을 헛걸음하게 놔두지 않을 겁니다.' 그리하여 폼페이우스가 전하는 바에 따르면 그는 기대어 누운 채로 진지하고 유창하게, 훌륭함 이외의 다른 선은 없음, 바로 이것을 논하였으며, 고통의 불길이 그를 찾아올 때마다 종종 이렇게 말했답니다. '고통이여, 네가 한 건 아무것도 아니다. 네가 아무리 성가시게 굴어도 나는 네가 악이라고 인정하지 않을 것이다.' **XXVI 62** 일반적으로 모든 고귀하고 명예로운 노고는 곧 견딜만한 것이기도 합니다. 씨름[156]이라고 불리는 경기에 매우 큰 명예를 부여하는 사람들 가운데 이 경기의 참가자들은 어떤 고통도 피하지 않는다는 것을 우리는 알지 않습니까? 또 사냥과 승마를 대단히 칭송하는 사람들 가운데 이런 칭송을 쟁취하기 위해 덤비는 자들은 결코 고통을 마다치 않습니다. 우리의 당선 야심, 관직 욕망에 대해 무슨 말을 하겠습니까? 예전에 이것들을 표들 하나하나로 획득하던 사람들이 뛰어들지 못할 불구덩

이우스와 키케로도 포함된다. 포세이도니오스는 키케로의 철학 사상에 많은 영향을 미쳤다.

156 원문 '*gymnici*'는 맨몸으로 하는 모든 경기를 가리키기도 한다.

이가 있겠습니까? 그래서 아프리카누스는 늘 소크라테스의 제자 크세노폰이 쓴 책을 손에서 놓지 않았습니다. 그는 크세노폰의 말 가운데, 장군이라는 명예가 장군의 노고를 덜어주기 때문에 장군과 사병의 노고는 같지 않다고 한 말을 특히 칭송하곤 했습니다.[157]

올바르게 아는 자는 자신을 극복한다

63 그런데 무지한 대중은 훌륭함 자체를 볼 수 없기에 대중에게 훌륭함에 대한 억견이 힘을 발휘하는 일이 발생합니다. 이들은 대중의 판단이나 평판에 동요하는데, 그저 다수가 지지를 보내면 그것이 훌륭함이라고 믿어버리기 때문입니다. 대중이 당신을 보고 있다고 해서 대중의 판단을 그대로 지지해서 안 될 것이며, 대중이 생각하는 바로 그것을 제일 아름다운 것으로 생각해서도 안 될 겁니다. 당신은 당신 스스로 판단해야 합니다. 당신의 바른 판단에 당신 자신이 대견하다면, 당신은 앞서 내가 가르쳐주었던 것처럼 당신 자신을 이기는 것이며, 더 나아가 모든 것과 모든 사람을 이기는 겁니다. **64** 그러므로 당신은 이 점을 명

---

157   크세노폰의 『퀴로스의 교육』 1, 6, 25.

심하시오. 영혼의 숭고함이, 흡사 더는 높일 수 없는 영혼의 탑이 고통을 가볍고 대수롭지 않게 여김으로써 단연 돋보이는 것으로 만유 중 가장 아름다운 것임을, 대중을 멀리하고 대중의 박수를 추구하지 않고 스스로 즐거워함으로써 더욱더 아름답다는 것을 말입니다. 더군다나 내 생각에는 과시하지 않고 대중을 증인 삼지 않고 행한 모든 것이야말로 무엇보다 칭송받을 만한 겁니다. 물론 대중을 피해야 하는 것은 아니지만 ― 훌륭한 업적들은 조명을 받는 곳에 놓이기를 원하는 법이지만 ― 양심만큼 커다란 관객은 덕에게 없다고 하겠습니다.

XXVII 65 그리고 특히, 내가 앞서 종종 영혼의 긴장을 통해 강화되어야 한다고 했던 고통의 인내가 모든 일에서 한결같아야 한다는 점을 마음속에 되새깁시다. 많은 사람은 승리의 갈망 때문에 혹은 영광의 갈망 때문에 혹은 자신들의 권리와 자유를 지키기 위해 용감하게 상처를 받아들이고 이를 견뎌내지만, 만약 영혼의 긴장을 늦춘다면 상처의 고통을 견뎌내지 못합니다. 그들이 상처를 잘 견뎌낸 것은 이성과 지혜가 아니라 오로지 갈망과 영광 때문이었습니다. 그래서 일부 야만인들은 칼을 들고 아주 무시무시하게 전투를 벌이면서도 질병은 사내답게 견뎌내지 못합니다. 하지만 희랍사람들은 비록 충분히 용맹하지는 못하지만, 사람의 능력인바 현명함 때문에 충분히, 적을 똑바로 바라보지는 못하면서도 질병은 참을성 있게 그리고 사람답게 견뎌냅니다. 그러나 킴브리 사람들과 켈티베리아 사람들은 전투에서 기염을 토하지만, 병에 걸리면 엉엉 울어댑니다.[158] 확고한 원리에서 출발하지 않으면 늘 한결같을 수 없기 때문입니다.

고통은 커다란 불행이라 할 수 없다

66 갈망이나 생각에 이끌리는 사람들이 그 성취와 완성의 과정에서 고통에 무너지지 않는다는 점을 고려할 때 우리는 고통을 악이 아니라고 생각해야 하며, 혹은 자연에 반하고 힘겨운 것을 악이라고 할 수는 있더라도, 이는 덕에 의해 가려져 전혀 드러나지 않을 만한 자그마한 악으로 생각해야 합니다. 이 점을 당신이 밤낮으로 마음속에 되새기시오. 이 원리는 더 널리 적용될 것이며, 고통 하나에만 사용될 것이 아니라 상당히 큰 범위에 쓰일 것이기 때문입니다. 추함을 피하고 훌륭함을 얻기 위해 우리가 무엇이든 한다면, 고통의 채찍은 물론이려니와 불운의 벼락마저 괘념치 않아도 될 겁니다. 특히 어제의 논의에서 피난처가 마련되었으니 더욱 그러합니다.[159] **67** 해적에게 쫓기는 뱃사람에

---

158 킴브리 사람들은 게르마니아 부족의 가운데 하나이며, 켈티베리아 사람들은 히스파니아 사람들을 가리킨다.
159 '죽음은 악이 아니다'라는 1권의 논의를 보라.

게[160] 어떤 신이 말하여, '배를 버리고 바다에 뛰어들어라. 메팀나의 아리온을 태워주었던 돌고래 혹은 펠롭스를 도왔던 넵투누스의 말들이 너를 태워주려고 기다리고 있다. 넵투누스의 말들은 파도 위를 날아 마차를 끈다고 하지 않더냐. 너를 태워 네가 원하는 곳으로 데려다줄 것이다.' 그때 뱃사람이 모든 두려움을 버렸다고 하는 것처럼, 꼭 그렇게 당신은 도저히 견뎌낼 수 없을 것 같은 무지막지하고 혐오스러운 고통이 당신에게 닥칠 때 어디로 피해야 할지를 알고 있습니다. 이것들이 대개 이 순간 내가 당신에게 말해야겠다고 생각한 것들입니다. 하지만 당신은 모르긴 몰라도 여전히 당신의 견해를 굽히지 않고 있습니다.

학생 전혀 그렇지 않습니다. 저는 이틀 동안 제가 제일 무서워하던 두 가지 두려움에서 벗어났길 바랍니다.

선생 그럼 내일 다시 물시계를 두고 모입시다. 나는 그렇게 약속했고, 당신에게 빚을 질 수는 없으니 말입니다.

학생 좋습니다. 오전에는 수사학을 하고, 오후에는 오늘과 똑같이 이렇게 하였으면 합니다.[161]

선생 그렇게 합시다. 그리하여 당신의 놀라운 열정을 따르겠습니다.

---

160   Pohlenz는 'si'를 넣어 읽는다.
161   앞의 3, 9절을 보라.

제3권

근심은 억견에 기인한다

철학은 억견을 치료한다

I 1 브루투스여, 그 이유를 무엇이라 생각해야 할까? 우리가 육체와 영혼으로 이루어졌다고 할 때 육체를 치료하고 돌보기 위해 기술이 요구되고 그 기술의 유용성이 불멸의 신들이 발명한 것이라며 신성시되기까지 하는데, 반면 영혼의 치료술은 그것이 발명되기까지는 그만큼 원하지 않았으며 알려진 이후에도 그만큼 익히려 하지 않으며 많은 사람에게 환영과 인정을 받지 못할 뿐 아니라 대부분 사람에게 미움과 의심을 받는 형편이라니, 그 이유는 무엇이란 말인가? 영혼을 통해서는 육체의 고됨과 고통을 판단하는 반면, 육체를 통해서는 영혼의 질병을 느끼

지 못하기 때문인가? 그래서 판단하는 바로 그 영혼 자체가 병에 걸렸음에도 영혼이 자신을 판단하는 일이 벌어진다. **2** 만일 자연이 우리가 자연을 주시하고 파악하여 최선의 자연을 따라 우리의 삶을 마칠 수 있게 우리를 만들어 놓았다면, 우리 중 누구도 삶의 방법과 이치를 알려달라고 요구하지 않을 것이다. 그런데 자연은 우리에게 작은 불씨를 제공하였기에, 이를 우리가 나쁜 습관과 편견에 물들어 꺼뜨리면 이내 어디에서도 자연의 빛은 빛날 수 없다. 우리의 본성은 덕의 씨앗을 품고 있기 때문인데, 만일 이것이 싹트고 자라나면 행복한 삶을 누릴 수 있게 자연은 우리를 만들었다. 그런데 지금 우리는 세상에 태어나 들어올려지자마자 곧 온갖 왜곡과 억견의 극악한 타락을 만나게 되며, 마치 유모의 젖을 빨 때부터 세상의 잘못을 빨아들이는 것은 아닐까 싶다. 우리는 부모에게 다시 주어지고, 곧 선생들에게 맡겨지는데, 이때 다양한 잘못에 물들어 참은 거짓에, 자연은 굳어진 편견에 굴복한다. ‖ **3** 더불어 시인들도 가담한다. 이들은 지혜와 가르침이라는 대단한 외관을 앞세우는데 이를 사람들은 듣고 읽고 외우면서 정신 깊은 곳에 흡착한다. 또 흡사 더없이 대단한 선생인 대중이, 온갖 곳에서 악덕에 동의하는 무리가 여기에 가담하면, 우리는 왜곡된 억견에 병들어 자연에서 멀어지게 되며, 그리하여 우리는 관직과 권력과 인기가 무엇보다 좋으며 무엇보다 가치가 있으며, 무엇보다 크게 빛난다고 생각하는 이들이야말로 자연의 본질을 제대로 본 사람이라고 보게 된다. 가장 훌륭한 사람조차 대중에 이끌리면, 자연이 찾는 유일한 것인 참된 훌륭함을 추구하다가, 끝도 없는 허구에 매달리며 덕의 탁월한 형상이 아니라 다만 영광의 어렴풋한 허상만을 추구한다. 하지만 참된 영광은 확고하고 분명하며 어렴풋하지 않다. 그것은 훌륭한 사람들의 일치된 칭송이며, 탁월한 덕을 정확히 판단하는 사람들의 공정한 목소리이며, 이를테면 덕에 화답하는 메아리다. 따라서 그것은 대개 바른 행동의 동무이기 때문에, 훌륭한 사람들이 배척해야 할 것은 아니다. **4** 그런데 참된 영광의 모방자이고자 하는, 생각 없고 경솔한, 대부분 죄악과 오류의 찬양자인 대중적 명성은 훌륭함을 가장함으로써 훌륭함의 형상과 아름다움을 훼손한다. 이것에 눈이 멀어 사람들은 탁월함이 어디에 있는지, 어떤 성질의 것인지 모르면서 탁월함을 추구하다가 일부는 나라를 망쳐버렸고, 일부는 자기 목숨을 잃었다. 이들은 최선의 것을 목표로 삼지만, 그 소망 때문이 아니라 그 행로의 오류 때문에 어긋나게 된다. 어떤가? 물욕과 관능적 쾌락에 이끌리고 격정이 가득하고, 모든 어리석은 사람의 광기에서 멀지 않은 사람들에게 쓸 아무런 치유책은 없는가? 영혼의 질병은 육체의 질병만큼 해롭지 않기 때문인가? 혹은 육체는 치료할 수 있지만, 영혼은 도저히 치료제가 없기 때문인가? **III 5** 사실 영혼의 질병은 육체의 질병보다 많고 위험하다. 육체의 질병이 혐오스러운 것은 그것이 영혼에 연관되고 영혼을 괴롭히는 것이기 때문이다. 엔니우스가 말했던바, '상심한 영혼은 늘 실수를 범하고 참지 못하고 견디지 못하며 또 욕망을 전혀 멈추지 않는다.'[162] 여타의 것들은 차치하고, 영혼의 두 질병이라 할 상심과 욕망보다 어떤 육체의 질병이 더 심각할 수 있겠는가? 영혼이 육체의 치료제를 발명하는 마당에, 또한, 육체의 치료에는 타고난 체질이 매우 중요하여 치료를 받았다고 모두가 즉시 건강을 되찾는 것은 아니지만, 영혼은 치유를 원하여 현자들의 가르침을 따랐다면 일말의 의심도 없이 완치되는데, 영혼은 자신을 치료할 수 없음을 어떻게 입증할 수 있는가? **6** 참으로 영혼의 치료제는 있고, 그것은 철학인데, 육체적 질병의 경우처럼 밖에서 도움을 찾을 것이 아니라 온 힘을 다하여 우리 스스로가 우리를 치료할 수 있도록 힘써야 할 것이다.

철학 일반에 얼마나 큰 노력을 쏟고 연마해야 하는지는 내 생각에 이미 충분히 『호르텐시우스』에서 말했다. 하지만 나는 아주 중요한 사안들은 이후에도 논의와 저술을 거의 쉬지 않고 계속해오고 있다. 이 책에 실린 것은 나와 내 친구들이 투스쿨룸에서 나누었던 논의다. 앞의 두 권은 죽음과 고통을 각각 다루었으며, 세 번째 권은 세 번째 날의 논의를 통해 만들어질 것이다.

---

162 엔니우스 단편 392.

7 해가 오후로 넘어갈 무렵, 우리는 우리의 아카데미아로 내려갔으며, 나는 일행 중 한 명에게 논의 사안을 제시하라고 요청하였다. 논의는 다음과 같이 진행되었다.

격정은 어리석은 자들의 병이다

IV 학생 저는 현자가 상심에 빠진다고 생각합니다.

선생 여타의 정신적 격정, 예를 들어 공포와 욕망과 분노 등은 어떻습니까? 이것들은 희랍인들이 '파토스 πάθος'라고 부르는 것과 거의 같습니다. 나는 이 희랍어를 '질병'이라고 옮길 수 있겠지만, 희랍어를 그대로 직역할 경우이며, 이는 우리 언어습관에 잘 부합하지 않습니다. 희랍인들은 동정함, 질투함, 열광함, 기뻐함 등 이런 모든 것을 질병이라고 부른 것인데 이런 것들이 이성에 순응하지 않는 영혼의 격동이기 때문입니다. 반면 흥분된 영혼의 이 격동을 내 생각에 격정(*perturbatio*)이라고 번역하면 적절하겠으며, 만약 당신이 다른 의견이라면 모를까, '질병'이라고 번역하기에는 용례가 충분히 따라주지 않습니다.

8 학생 제가 보기에도 그렇게 하는 것이 좋을 것 같습니다.

선생 그럼 현자가 이런 것들에 빠진다고 당신은 생각합니까?

학생 전적으로 그렇다고 생각합니다.

선생 실로 그런 대단한 현자의 모습은 높이 평가될 수 없습니다. 그것은 광기와 그다지 다르지 않기 때문에 말입니다.

학생 무슨 말씀입니까? 선생님께서는 모든 영혼의 격동을 광기라고 생각하십니까?

선생 나뿐만 아니라 내가 자주 경탄해 마지않는바 우리 조상들도 그렇게 생각했다고 나는 믿습니다. 본격적으로 삶과 도덕을 다루는 철학이 소크라테스에서 나오기 수 세기 전부터 말입니다.

학생 어떻게 말입니까?

선생 '광기 *insania*'라는 명칭은 정신의 병약과 질병을 가리키기 때문입니다. 다시 말해 광기라고 불리는 것은 영혼의 질병과 병약입니다. **9** 그런데 철학자들은 모든 격정을 영혼의 질병이라고 부르며, 어리석은 사람은 모두 이 질병이 있다고 주장합니다. 병을 앓는 사람들은 건강한 사람이 아닙니다. 모든 어리석은 사람의 영혼은 병을 앓는 겁니다. 따라서 모든 어리석은 사람은 광기에 빠진 겁니다. 사람들은 영혼의 건강은 일종의 평정심과 항심에 있다고 믿으며, 그렇지 않은 정신을 광기라고 불렀습니다. 격정에 빠진 영혼은 균형을 잃은 육체만큼 건강함을 찾아볼 수 없기 때문입니다. **V 10** 그러므로 영혼의 상태가 정신의 빛을 잃은 때, 이를 '얼빠짐 *amentia*' 그리고 '정신 나감 *dementia*'이라고 부른 것만큼 예리한 것도 없다고 하겠습니다. 이로부터 이 상태를 이렇게 이름 부른 사람들은 ― 같은 생각을 스토아학파가 소크라테스에서 받아들여 조심스럽게 보존했는데 ― 모든 어리석은 사람은 건강하지 않다고 생각하였음을 알 수 있습니다. 무언가 병이 든 영혼은 ― 내가 방금 말했던바 철학자들은 격동을 질병이라고 부르기에 ― 병이 든 육체만큼이나 건강하지 않기 때문입니다. 따라서 지혜는 영혼의 건강이며, 어리석음은 흡사 어떤 병약이며 이를 '광기' 혹은 '정신 나감'이라고 하겠습니다. 이경우 이렇게 라티움어를 사용하는 것이 희랍어를 사용하는 것보다 훨씬 명확하며, 다른 여러 가지 경우에도 그럴 겁니다. 이 문제는 다른 곳에서 다루기로 하고 지금 다룰 문제는 이렇습니다.

11 우리가 탐구하는 대상이 어떤 것이며 어떤 성질의 것인지가 모두 단어 의미 자체에서 분명히 드러납니다. 어떤 사람들의 정신이 마치 질병과도 같은 격동에도 전혀 격정에 빠지지 않았다면 이런 사람들을 우리는 건강한 사람들이라고 생각해야 하므로, 반대로 격동에 흔들린 사람들은 병든 사람들이라고 불러야 합니다. 라티움어 용례에 흔히 나타나는 것으로, 이보다 더 좋을 수 없을 것인데, 우리는 욕망이나 분노에서 고삐 풀린 사람들을 '자신을 통제하지 못한다 *exisse ex potestate*'고 말합니다. 이때 물론 분노 자체는 욕망의 한 부분이며, 따라서 분노는 복수하려는 욕망이라고 정의됩니다. 따라서 그들은 자신을 통제하지 못한다고 말해지는데, 그 까닭은 자연에서 영혼 전체의 통치권을 부여

받은 정신이 그 통제권을 상실했기 때문입니다. 그런데 희랍사람들이 이를 어떤 연유에서 '마니아 *mania*'라고 부르는지는 말하기 어렵습니다. 하지만 우리네 사람들은 희랍사람들보다 이를 더 정확하게 구분합니다. 우리는 어리석음과 연결되어 널리 쓰이는 '광기 *insania*'를 '실성 *furor*'과 구별하기 때문입니다. 희랍사람들도 이렇게 구별하고자 하나 그들 언어로는 충분히 구별되지 않습니다. 우리가 실성이라고 부른 것을 그들은 '멜랑콜리아'라고 불렀습니다. 그들은 마치 정신이 종종 심각한 분노나 두려움이나 고통이 아니라 검은 담즙에 의해서만 동요된다고 생각했던 겁니다. 그런 사례로 아타마스와 알크마이온과 아이아스와 오레스테스가 실성했다고 우리는 말합니다. 십이표법은 이런 상태에 빠진 사람이 자기 재산의 주인이 되는 것을 금하는데, '병든 사람이라면'이 아닌 '실성한 사람이라면'이라고 적혀 있습니다.[163] 그들은 항심이 없는, 즉 건강함이 없는 어리석음은 그럼에도 일상의 의무를 수행할 수 있으며 삶의 일반적 예절과 관례를 지킬 수 있다고 생각했습니다. 하지만 실성은 정신의 완전한 실명이라고 보았던 겁니다. 그러나 실성은 광기보다 더 큰 것처럼 보이지만, 실성은 현자에게 생길 수 있지만, 광기는 현자에게는 일어나지 않는 것들입니다. 이 문제는 다른 주제이므로, 본론으로 돌아가

163   십이표법 5표의 7.

봅시다. **VI 12** 나는 당신이 현자가 상심에 빠지는 것 같다고 말했다고 생각합니다.

학생 맞습니다. 그렇게 생각합니다.

상심은 가장 큰 격정이다

선생 당신이 그렇게 생각하는 것은 참으로 인간적입니다. 왜냐하면, 우리는 돌에서 태어나지 않았기 때문입니다. 영혼에는 자연적으로 부드럽고 연약한 무언가가 들어 있으며 이것은 마치 폭풍에 흔들리듯 상심에 흔들립니다. 우리 아카데미아학파의 최고로 유명한 크란토르[164]의 말은 틀리지 않습니다. '나는 전혀 동의할 수 없다. 뭔지는 모르겠으나 있을 수도 없고 있어서도 안 되는 무격정(無激情)[165]의 상태를 대단히 칭찬하는 사람들에게 말이다.' 그는 말합니다. '나는 병에 걸리지 않길 바라지만, 병에 걸릴 경우라면 몸에서 무언가를 자를 때나 떼어낼 때나 이를 감각하길 바란다. 무격정의 지경은 도대체 영혼의 무자비함과 육체의 무감각이라는 커다란 대가를 치르지 않고서는 얻을 수 없

---

164 킬리키아 출신의 철학자로 아카데미아학파에 입문하여 크세노크라테스와 폴레몬에게서 배웠다. 기원전 276년 혹은 275년에 사망했다.

165 스토아학파의 용어 'ἀπάθεια'를 키케로는 'indolentia'로 번역한다.

는 것이기 때문이다.' **13** 하지만 이 주장이 우리의 나약함에 공감하고 우리의 유약함에 관대한 사람들의 주장으로 보이지 않도록 주의합시다. 과감히 불행의 가지들을 잘라낼 뿐만 아니라 잔뿌리까지 송두리째 뽑아버립시다. 그렇지만 아마도 무언가가 남을 것이니 그만큼 어리석음의 뿌리는 깊습니다. 하지만 필연적인 것만이 남을 겁니다. 그리하여 철학을 통해서만 얻을 수 있는 건강해진 영혼이 없다면, 불행의 끝은 없음을 기억하시오. 그러므로 시작했으니 이제 철학이 우리를 돌보도록 우리 자신을 맡겨 봅시다. 우리가 원한다면 우리는 치유될 겁니다. 나는 좀 더 앞으로 나아갈 겁니다. 상심이 비록 최우선이긴 하지만, 그것만이 아니라 내가 제시했던바 영혼의 모든 격정, 희랍사람들이 부르는바 질병을 나는 설명하겠습니다. 만약 괜찮다면 우선 스토아학파의 방식으로 진행하겠습니다. 그들은 논거를 간략하게 정리하곤 합니다. 이어서 우리의 방식으로 진행하겠습니다.

스토아학파 : 현자는 상심이 없다

VII 14 용감한 사람은 자신 있는(*fidens*) 사람입니다. '자만하는 *confidens*'이라는 표현은 왜곡된 언어습관에서 악덕으로 간주되는데, 칭찬으로 쓰이는 '자신만만하다 *confidere*'에서 파생된 것이지만 말입니다. 자신 있는 사람은 분명 두려워하지 않습니다. 자신만만함은 두려움과 상반되기 때문입니다. 그런데 상심에 빠지는 사람에게 또한 두려움이 생겨납니다. 문제들이 현재 주어짐으로써 우리가 상심에 빠진다고 할 때, 그 문제들이 곧 다가올 것을 두고 우리는 두려움에 빠지기 때문입니다. 그렇게 상심은 용기와 모순됩니다. 그러므로 상심에 빠지는 사람에게 두려움이나 실의와 좌절이 생겨나는 것은 개연적입니다. 실의와 좌절을 겪는 사람은 비굴하게 굴며 때로 패배를 고백하게 됩니다. 이것들을 겪는 사람은 필연적으로 소심함과 무기력함을 겪습니다. 하지만 이것들은 용감한 사람에게 생겨나지 않습니다. 그러므로 용감한 사람에게 결코 상심이 생겨나지 않습니다. 그런데 용감한 사람이 아니라면 누구도 현명한 사람이 아닙니다. 따라서 현자는 상심에 빠지지 않습니다. **15** 더욱이 용감한 사람은 필연적으로 긍지 있는 사람입니다. 긍지 있는 사람은 굴하지 않습니다. 굴하지 않는 사람은 필연적으로 세상사를 경시하며 아랑곳하지 않습니다. 그런데 상심하게 될 소지가 있는 일들은 누구도 경시할 수 없습니다. 따라서 용감한 사람은 결코 상심을 겪지 않습니다. 그런데 모든 현명한 사람은 용감한 사람입니다. 따라서 현자는 상심에 빠지지 않습니다. 또한, 뿌옇게 보이는 눈이 제대로 임무를 다할 상태가 아닌 것처럼, 또 여타 신체 기관 혹은 몸 전체가 온전한 상태가 아닐 때 그 소임과 임무를 다하지 못하는 것처럼, 격앙된 영혼도 임무를 완수하는 데 적합하지 못합니다. 그런데 영혼의 임무는 이성을 잘 사용하는 것이고, 현자의 영혼은 언제나 이성을 가장 훌륭하게 사용할 수 있는 상태입니다. 따라서 현자의 영혼은 전혀 격정을 겪지 않습니다. 그런데 상심이란 영혼의 격정입니다. 따라서 현자는 늘 상심에서 벗어나 있습니다.

VIII 16 또 다른 개연적 논증도 있습니다. 절제하는 사람을 희랍어로 '소프론 σώφρων'이라고 하며, 그 덕목을 '소프로쉬네 σωφροσύνη'라고 하는데 이 덕목을 나는 때로 '절제 *temperantia*'라, 때로 '절도 *moderatio*'라, 가끔은 '자제 *modestia*'라 부르곤 합니다. 하지만 이 덕목을 '건실 *frugalitas*'이라고 부를 수 있을지는 모르겠습니다. 이를 희랍인들은 좀 좁게 이해하는데, 오로지 유용성에 집중하여 '건실한 사람'을 '유용한 사람 χρήσιμος'과 연관시키지만, 건실함은 이보다 넓은 것을 의미합니다. 모든 금욕, 모든 청렴(희랍어에 청렴의 대응어가 없는데 '무해함 ἀβλάβεια'이 해당될 수 있습니다. 청렴이란 누구에게도 손해를 입히지 않는 영혼의 상태를 가리키기 때문입니다), 그 밖의 덕목들을 포함하는 것이 '건실'입니다. 만약 이렇게 보지 않고, 대부분 사람이 생각하는 것처럼 협의로 이해한다면, 루키우스 피소의 별명은 크게 칭찬하는 별명이 아닐 겁니다.[166] **17** 두려움 때문에 초소를 벗어난

---

166 루키우스 피소의 별명은 '*Frugi*'였다고 한다. 그는 기원전 133년에 집정관을

사람은 비겁함으로 그러한 것이며, 탐욕 때문에 몰래 맡겨둔 것을 돌려주지 않는 사람은 불의함으로 그러한 것이며, 경솔함 때문에 일을 엉망으로 처리하는 사람은 어리석음으로 그러한 것인데, 이들을 흔히 건실하다고 칭하진 않습니다. 따라서 건실함은 용기와 정의와 지혜의 세 가지 덕을 포함하는데(물론 이것은 덕일반의 공통 현상인데, 모든 덕은 서로 연결되어 있고 엉켜 있기 때문입니다), 그리하여 이것들은 나머지 네 번째 덕에 의해 포섭되고 건실함은 최고의 덕입니다.[167] 건실함의 특성은 욕망하는 영혼의 격동을 다스리고 가라앉히며 욕정에 맞서 만사에 절제하는 항심을 늘 지키는 것이기 때문입니다. 건실함에 반대되는 악덕은 무절제라고 말해집니다. **18** 내 생각에 건실함은 대지에서 얻어지는 더없이 좋은 '곡물 *frux*'에서 파생되었고, 무절제는 '무가치 *nihilum*'하다고 말해지는 사람의 '쓸데없음 *nequiquam*'에서 나왔습니다(이 어원 분석이 좀 억지스러울 수도 있지만 그래도 시도해봅시다. 헛소리라면 그저 재미있는 농담이었다고 생각해 주십시오). 따라서 건실한 사람, 혹은 당신이 이렇게 부르길 원한다면 극기하고 절제하는 사람은 필연적으로 한결같습니다. 그런데 한결같은 사람은 차분합니다. 차분한 사람은 온갖 격정을 벗어난 사람, 따

역임했다.

167 여기서 Gigon의 수정에 따랐다. Pohlenz에 따르면 '나머지 네 번째 덕은 바로 건실함이다'로 번역된다.

라서 상심에서도 벗어난 사람입니다. 이것들은 지혜로운 사람에게 속하며, 그러므로 지혜로운 사람은 상심에서 벗어날 겁니다.

IX 그리하여 헤라클레이아의 디오뉘시오스는 현명하게도 호메로스의 아킬레우스가 불평하는 구절을 논의하였습니다. 그 구절은 내 생각에 다음과 같습니다. '내 마음속에 울화가 치밀어 오릅니다. 그가 명예와 칭송을 모두 내게서 빼앗은 걸 생각하면.'[168]

19 부어오른 손은 과연 건강한 상태의 손입니까? 혹은 손 이외의 어떤 신체 부위든 부어오르고 부푼다면 잘못된 것이 아닙니까? 그러므로 그처럼 붓고 부푼 영혼은 결함이 있는 겁니다. 반대로 지혜로운 사람의 영혼은 늘 결함에서 멀리 있으며 절대 치밀어 오르지 않으며, 절대 붓지 않습니다. 그런데 성난 자의 영혼은 이와 같은 상태입니다. 따라서 지혜로운 사람은 절대 성내지 않습니다. 만약 성을 낸다면 이는 또한 욕망하는 것이기 때문입니다. 성냄에는 본래 욕망이 포함되어, 피해자는 가해자에게 최대한의 고통을 안겨주려고 욕망합니다. 이를 욕망하는 사람은 이를 성취하였을 때에 필연적으로 크게 기뻐합니다. 이렇게 타인의 고통으로부터 기뻐하는 일이 생겨납니다. 이 일은 현자에게 일어나지 않기 때문에 현자가 성내는 일은 전혀 없습니

---

168 『일리아스』 IX, 646행을 참조하라. 키케로는 이 구절을 정확하게 인용하고 있지 않다.

다. 현자가 만에 하나 상심에 빠진다면 분노에도 빠질 수 있습니다. 하지만 현자는 분노가 없기 때문에 상심도 없을 겁니다. **20** 현자가 상심에 빠질 수 있다면, 연민과 질시(*invidentia*)에도 빠질 수 있습니다. ─ 여기서 나는 '질투 *invidia*'라는 말을 사용하지 않았는데 이는 '질투 받음'을 뜻하기 때문입니다. '질시하다 *invidere*'에서 바로 '질시 *invidentia*'가 만들어졌는데, 이로써 '질시'의 모호함을 피할 수 있게 됩니다. 질시라는 단어는 다른 사람의 행운을 지나치게 주목하는 경우를 말하는데, 예를 들어 『멜라니푸스』에서 '누가 내 아이들의 청춘에 질시했는가?'라고 말했습니다. 훌륭한 라티움어는 아닙니다만, 아키우스[169]라서 훌륭합니다. 그는 '보다'라는 동사처럼 '청춘에 질시하다'라고 하였는데 사실 '청춘을'이라고 하는 것보다 이것이 훌륭합니다. 언어습관은 우리에게 금하지만, 시인은 과감하게 말할 권리가 있고 그는 그렇게 말했습니다. ─ **X 21** 그리하여 한 사람에게 연민과 질투함이 동시에 일어납니다. 다른 사람의 불행에 아파하는 사람은 동시에 다른 사람의 행운도 아파하기 때문입니다. 예를 들어 테오프라스토스는 친구 칼리스테네스의 죽음을 애통해하면서 동시에 알렉산드로스의 행운에 괴로워했다고 합니다.[170] 테오프라스

---

169   기원전 170년경에 태어난 로마의 극작가다.

170   칼리스테네스는 알렉산드로스 대왕과 함께 어린 시절 아리스토텔레스에게서 동문수학한 친구이며, 알렉산드로스 대왕과 아시아 원정에 동행하였으

토스가 말하길, 칼리스테네스는 어마어마한 권력과 행운을 누리는 사람에게 대항하였는데, 그 사람은 그의 행운을 어떻게 사용해야 할지 전혀 모르던 인물이었습니다. 따라서 연민이 다른 사람의 불행 때문에 느끼는 상심이라고 할 때, 질시는 다른 사람의 행운 때문에 느끼는 상심이라 하겠습니다. 그리하여 어떤 사람에게 연민이 일어날 때 그에게는 또한 질시도 일어나는 겁니다. 하지만 질시는 현자에게 일어나지 않으며, 따라서 연민도 일어나지 않습니다. 하지만 만약 현자가 상심해 버릇했다면 또한 연민의 버릇도 생겨났을 겁니다. 따라서 현자는 상심과 무관합니다.

22 이상이 스토아학파의 주장인데 좀 억지스러운 추론입니다. 따라서 좀 더 폭넓고 상세하게 논의해야 합니다. 그런데 우선 다루어야 하는 것은 매우 용감하고 말하자면 사내다운 논리와 주장을 펼치는 이들의 의견입니다. 우리 친구 소요학파의 ― 그들은 다른 어떤 학파보다 풍부하게 학문적으로 진지하게 주장하는데 ― 주장처럼 영혼에 보이는 질병이나 격정의 '적당함 *mediocritas*'을 나는 별로 옳게 보지 않습니다.[171] 모든 악은 그것이 적당한 것일지라도 악이기 때문입니다. 반면 우리는 현자가

나 이후 반역죄로 사형되었다.

171 스토아학파의 'ἀπάθεια'와 구별하여 소요학파는 'μετριοπάθεια'를 주장하였는데, 후자를 번역하면서 키케로는 '격정의 적당함 *mediocritas perturbationum*'이라는 용어를 만들어냈다.

어떤 악도 갖지 않는다는 것을 주장합니다. 예를 들어 비록 적당한 병에 걸릴지라도 병든 육체는 건강한 육체가 아닌 것처럼, 영혼도 적당한 병에 의해서 건강을 잃습니다. 따라서 다른 많은 것에서 그러했듯 우리가 번민과 고민과 염려를 병든 신체와의 유사성에 따라 '상심 *aegritudo*'이라 부른 것은 훌륭한 일입니다. **23** 희랍사람들은 대부분 같은 단어로 모든 영혼의 격정을 부릅니다. 즉 그들은 '파토스 πάθος'를, 다시 말해 질병을 영혼의 모든 격앙에 사용합니다. 우리는 사정이 나은 편인데, 육체의 병과 매우 유사한 영혼의 '상심 *aegritudo*'이 있습니다. 하지만 욕망은 병과 닮지 않았고, 고조되어 열광하는 영혼의 쾌락인 무절제한 희열도 병과 닮지 않았습니다. 공포 자체도 질병과 별로 닮지 않았고 오히려 상심에 가깝습니다. 육체의 병약처럼 영혼의 상심이 고통과 나누어지지 않는 이름을 갖는 것은 당연합니다. 우리는 이 고통의 근원을 설명해야만 하는데, 육체에 병을 일으키듯 영혼에 상심을 일으키는 원인을 말입니다. 의사가 질병의 원인을 찾아내어 치료방법을 알아냈다고 생각하는 것처럼, 그렇게 우리는 상심의 원인을 알아냄으로써 치료 가능성을 확보하게 될 겁니다.

XI 24 그리하여 상심의 원인을 포함하여 나머지 모든 격정의 원인은 전적으로 억견인데, 격정은 크게 네 가지 종류로 나뉘며 세부적으로 더 많이 나누어집니다. 즉, 모든 격정은 영혼의 격동으로 이성을 결여하거나 이성을 경시하거나 이성에 불복하는 것이며, 이 격동은 선악에 대한 억견에 따라 두 가지로 나뉘며, 똑같이 다시 나뉘어 격정은 네 가지 종류가 됩니다. 즉, 선의 억견 때문에 두 가지 격정이 생기는데, 하나는 '열광하는 쾌락', 다시 말해 과도하게 흥분된 희열 *laetitia*인데, 어떤 커다란 선이 지금 여기 있다는 억견에 기인하는 것입니다. 다른 하나는 '욕망 *cupiditas*'인데 ― 제대로는 가령 '욕정 *libido*'이라 부를 수 있다 ― 어떤 예상되는 커다란 선을 이성에 불복하여 과도하게 추구하는 것입니다. **25** 따라서 열광하는 쾌락과 욕망, 이 두 가지 종류는 선의 억견으로 격동되며, 나머지 두 가지 종류, '공포 *metus*'와 '상심'은 악의 억견으로 격동됩니다. 공포는 커다란 악이 다가온다는 억견이며, 상심은 커다란 악이 지금 여기 있다는 억견, 그것 때문에 고통이 당연하다 싶을 만큼, 다시 말해 고통받는 사람이 고통받을 수밖에 없겠다고 생각할 만큼 생생한 악의 억견입니다. 어리석음이 인간의 삶에 복수의 여신들과 같은 이런 격정들을 불러오고 불러일으킬 때 온 힘을 다하여 이것들에 대항해야 합니다. 만약 인생에 주어진 것을 조용하고 평화롭게 영위하고자 한다면 말입니다.

그러나 나머지는 다른 기회에 다루기로 하고, 지금은 우리가 할 수 있는 한 상심을 몰아냅시다. 이를 논해봅시다. 당신은 현자에게 상심이 일어나는 것으로 보인다고 말했는데, 나는 이를 전적으로 부정합니다. 상심은 혐오스럽고 비참하고 가증스러운 것인데, 이를 모든 노력으로, 말하자면, 돛과 노를 동원하여 벗어나야 합니다. **XII 26** 당신이 보기에 저 사람은 어떻습니까?

　탄탈로스의 손자, 일찍이 장인 오이노마오스 왕에게

　히포다메아를 강제로 빼앗아 혼인했던 펠롭스의 아들이?[172]

튀에스테스는 유피테르의 증손자였습니다. 이 정도로 내던져지고 이 정도로 깨진 겁니까? 그는 말했습니다.

　'이방인이여, 내게 오지 말라! 그대로 거기에.

　나나 내 그림자라도 건드려 불행이 닥치지 않도록.

　그렇게 커다란 범죄의 힘이 내 몸뚱이에 붙어 있구나.'[173]

튀에스테스여, 당신은 다른 사람이 저지른 범죄의 힘 때문에 당신 자신을 처벌하며 세상 빛을 빼앗을 겁니까?[174] 어떻습니까? 당신은 태양신의 아들이 아버지 태양에 어울리지 않는다고 생각

172　엔니우스, 『튀에스테스』 357행.
173　엔니우스, 『튀에스테스』 349행.
174　튀에스테스는 형 아트레우스가 저지른 범죄 때문에 그렇게까지 슬퍼하고 실망할 아무런 이유가 없다고 키케로는 말하고 있다.

하지 않습니까?[175]

> 두 눈은 퀭하고 몸은 바짝 말랐구나.
> 눈물은 창백한 얼굴을 적셔 상하게 했다.
> 입 주변에 수염이 자라나 뻣뻣하고
> 깎지 않은 가슴은 털의 홍수로 지저분하다.[176]

어리석은 아이에테스여, 당신은 이 악들을 당신 자신에 더하였구려. 이 악들은 불행이 당신에게 가져왔던 악이 아니며, 영혼의 부기는 가라앉아 이미 옛것이 되었습니다. ― 내가 주장하려는 바는 상심이 생생한 악의 억견이라는 겁니다. ― 당신은 아마도 딸 때문이 아니라 왕위의 열망으로 슬퍼하고 있습니다. 당신은 그녀를 미워했으며 이는 아마도 정당한 일이었습니다. 당신은 왕위를 잃고 평정심을 잃었습니다. 자유민을 다스리지 못하게 되었다는 슬픔으로 자신을 소진하는 사람의 통한은 수치스러운 것입니다. **27** 참주 디오뉘시오스는 쉬라쿠사이에서 추방되어

---

175 메데아의 아버지 아이에테스는 흔히 태양신의 아들로 알려져 있다. 여기서 키케로는 그가 슬퍼할 아무런 이유가 없다고 말한다. 우선 딸 메데아와 이아손에게 황금 양털을 빼앗겼기 때문이지만 그건 이미 오랜 시간이 지난 일이다. 또 왕위를 빼앗겼다는 것 때문에 슬퍼할 아무런 의미가 없다.
176 작가 미상, 비극 단편 189행.

코린토스에서 아이들을 가르치고 있었습니다. 그는 그나마 권력이라도 없이 지낼 수는 없었던 겁니다. 하지만 그 오만함을 사람들이 참지 않을 때, 이들과 전쟁을 했던 타르퀴니우스의 행위보다 파렴치한 것이 있겠습니까? 그는 베이이 사람들의 무기로도, 라티움 사람들의 무기로도 왕위를 되찾을 수 없게 되자 쿠마이로 도망쳐 가서 그곳에서 노년과 상심 가운데 생을 마쳤다고 전합니다. **XIII** 그러므로 당신은 현자가 상심에, 다시 말해 불행에 시달리는 것이 가능하리라 생각합니까? 모든 격정이 불행이라고 할 때, 상심은 고문입니다. 욕망은 불길을, 열광하는 희열은 경솔함을, 공포는 비굴을 가져오지만, 상심은 좀 더 커다란 것들, 초췌와 고초와 괴로움과 추함을 동반하며 영혼을 물어뜯고 잠식하여 완전히 파괴합니다. 만일 마침내 이를 벗어버리고 떼어내지 못한다면 우리는 불행을 면하지 못할 겁니다.

에피쿠로스와 퀴레네학파

28 따라서 상심은 무언가 커다란 나쁜 일이 닥쳐왔다고 생각하는 인상 때문에 생기는 것이 분명합니다. 에피쿠로스는 악의 억견이 자연적으로 상심이라고 생각했습니다. 그래서 어떤 사람이 무언가 좀 큰 악에 주목하여 만약 그것이 자신에게 닥쳤다는

억견을 가질 때, 그는 바로 상심에 빠진다는 겁니다. 반면 퀴레네학파는 모든 악이 아니라 예기치 못한 갑작스러운 악이 상심을 일으킨다고 생각했습니다. 실로 이는 적잖이 우리의 상심을 키우는데, 모든 갑작스러운 일이 좀 더 심각해 보입니다. 따라서 다음의 칭송도 합당하다고 하겠습니다.[177]

나는 자식들을 낳아, 자식들이 죽을 줄 알았으며 알면서도 키웠다.
나중에 자식들을 트로이아로 보내니, 희랍을 막으라 하였으되
나는 자식들을 잔치가 아닌 죽음의 전쟁으로 보낸 줄 알고 있었다.

XIV 29 장차 닥쳐올 악의 이런 대비는 악의 도래를 한결 가볍게 만듭니다. 악이 곧 다가올 것이라고 오래전부터 알고 있었기 때문입니다. 그리하여 에우리피데스에서 테세우스의 발언은 칭송을 받습니다.[178] 이를 우리가 종종 그랬듯이 라티움어로 옮겨 본다면 이렇습니다.

나는 박식한 자에게 이를 들어 기억하노니.
장래의 불행을 나는 숙고하곤 하였다.

---

177 엔니우스의 『텔라몬』 312행 이하에서 텔라몬은 두 아들을 전쟁터로 보낸다.
178 에우리피데스의 전해지지 않는 비극작품을 가리킨다. 이 구절은 플루타르코스의 *Moralia*에 인용되어 있다.

아픈 죽음을 혹은 망명의 슬픈 도주를

혹은 항상 고통의 무게를 생각하곤 하였다.

어쩌다가 우연히 재난이 달려든다면

준비 못한 나를 근심이 찢어놓지 못하도록.

30 테세우스가 박식한 자에게 들었다고 하는 이 말은 바로 에우리피데스가 자신을 염두에 두고 한 말입니다. 당시 그는 아낙사고라스의 제자였는데 아낙사고라스는 아들의 죽음을 통고받고 다음과 같이 말했다고 합니다. "나는 내가 낳은 자식이 죽을 운명의 인간임을 알고 있었다." 이 말은 미처 생각하지 못한 사람들에게 일어난 일이 혹독하다는 것을 알립니다. 따라서 이를 통해 분명한 것은 악이라고 생각되는 모든 것은 예측하지 못했을 때 더욱 가혹하다는 겁니다. 예측하지 못함 하나가 상심을 더 없이 크게 만드는 것은 아니지만, 그럼에도 예견과 마음의 준비는 고통을 줄이는데 크게 유효하므로 인간에게 닥치는 모든 일을 늘 마음속에 준비하기를! 따라서 인간 만사를 깊게 통찰하고 고찰하는 것, 불행이 닥쳤을 때 당황하지 않는 것, 아직 일어나기 전이라고 앞으로도 일어나지 않으리라 생각하지 않는 것이야말로 탁월한 신적 지혜입니다.

그러므로 모두는 일이 매우 순조로울 때는 더욱더

스스로 난관을 어떻게 뚫고 나갈지 염려해야 한다.

위험, 손해를 출타하였다 돌아오는 길에도 늘 생각하고,

혹은 아들의 범죄 혹은 아내의 죽음 혹은 딸의 와병은

흔한 일임을 늘 생각하여, 닥쳤을 때 갑작스러울 것이 없도록.

기대하지 않은 일들은 모두 덤이라고 여겨야 한다.[179]

XV 31 따라서 테렌티우스가 철학에서 배워 이를 매우 적절히 말하였는데, 그 원천인 우리가 이보다 훌륭하게 말하거나 확고하게 판단하지 못하겠습니까? 이와 관련하여 늘 한결같던 표정, 크산티페가 묘사하곤 하였다는 남편 소크라테스의 표정이 있기 때문입니다. 크산티페는 그가 늘 같은 얼굴로 집을 나서고 같은 표정으로 돌아왔다고 합니다. 이는 마르쿠스 노(老) 크라수스[180]의 표정이 아니라, — 루킬리우스는 크라수스가 평생 딱 한 번 웃었다고 말합니다 — 조용하고 온화한 표정이었습니다. 우리는 그렇게 들었습니다. 하지만 당연히 그의 표정은 늘 한결같았는데, 표정을 결정하는 정신에 변화가 없었기 때문입니다. 그러므로 나는 퀴레네학파에게 불행과 사건에 대항할 무기를 받아들

---

179 테렌티우스, 『포르미오』 241~246행.

180 마르쿠스 리키니우스 크라수스는 기원전 126년 법무관을 지낸 사람으로 루킬리우스는 그의 이런 표정을 풍자하였다.

여, 이로써 사건들의 갑작스러운 엄습을 매일 매일의 대비로 완화하고자 합니다. 이와 동시에 나는 악이 자연이 아니라 억견에 달렸다고 판단합니다. 만일 악이 사태에 달려 있다면, 예측한들 악이 왜 가벼워지겠습니까?

에피쿠로스학파의 의견을 반박함

32 우리가 먼저 에피쿠로스의 견해를 검토한다면, 같은 문제에 관해 좀 더 엄밀하게 설명될 수 있는 것이 있습니다. 에피쿠로스는 자기가 악에 처했다고 생각하는 사람은 모두, 앞서 예측하고 예견했던 악이든 이미 오래된 악이든, 필연적으로 상심에 처했다고 생각합니다. 악은 오랜 시간으로 약화하지도, 대비함으로 경감되지도 않으며, 닥쳤을 때 모든 악은 충분히 혐오스러운 것인데, 올지도 오지 않을지도 모르는 악을 생각하는 것은 어리석다고 합니다. 무언가 나쁜 일이 생겨날 수도 있다고 늘 생각하는 사람에게 그것 자체가 영원한 악이 될 것이라고 합니다. 하지만 만약 그런 일이 발생하지 않는다면 쓸데없이 자발적 불행을 감내한 꼴인데, 그리하여 악의 경험으로나 생각으로나 결국 늘 고통 받는 꼴이라고 말합니다. **33** 하지만 에피쿠로스는 상심의 경감을 두 가지, 번민을 품는 데에서 퇴각함과 쾌락을 사색하

는 데로 소환함에 둡니다. 그리하여 그는 영혼이 이성에 복종하여 이성이 이끄는 대로 따를 수 있다고 생각합니다. 따라서 이성은 번민의 주시를 금하며, 고통스러운 생각을 뜯어말리며, 불행을 응시하는 시선을 마비시킵니다. 이성은 불행에서 퇴각하도록 신호를 보내고 다시 여러 가지 쾌락을 바라보고 온정신을 다하여 어루만지라고 재촉하고 촉구합니다. 에피쿠로스는 현자의 삶이 지나간 쾌락을 추억하고 장차 올 쾌락을 기대하면서 쾌락으로 가득 채워지리라고 생각합니다. 이를 우리는 우리 방식으로 말했고, 에피쿠로스학파는 그들의 방식으로 말합니다. 이제 그들이 말한 것을 살펴봅시다. 그들이 말하는 방식은 무시합시다.

XVI 34 우선 그들은 미래의 일을 대비하는 것을 비난하는 잘못을 범합니다. 상심을 약화하고 완화하는 데는, 일어날 수 없는 일은 없음을 평생 생각하는 것, 인간 조건의 숙고, 삶의 원칙과 그 복종의 연습 이상은 없기 때문입니다. 이는 우리를 늘 슬퍼하게 하는 것이 아니라 전혀 슬퍼지지 않게 합니다. 사물의 본성을, 인생의 길흉화복을, 인간의 유약함을 생각하는 사람은 이를 생각할 때 비애가 없으며, 이는 더없이 충실하게 지혜의 과업을 수행하는 겁니다. 이로써 두 가지 일이 성취되는데, 인간사를 숙고함으로써 철학의 고유한 의무를 완수하며 다른 한편 삼중의 위로로 불행에서 회복됩니다. 우선 일어나리라 오랫동안 생각했던 일 말고 어떤 일도 일어나지 않는다[181]는 생각 때문에 ― 이 생각 하나는 모든 번민을 줄여주고 씻어내 줍니다 ㅡ, 다음으로 인간사는 인간적인 방식으로 견뎌야 한다는 이해 때문에, 마지막으로 악은 오직 잘못이 있을 때 생겨나는데, 인간이 어찌할 수 없는 일에 잘못을 물을 수는 없다는 통찰 때문에 회복됩니다.

35 악을 생각하는 일로부터 우리를 소환하는 에피쿠로스의 퇴각명령은 무의미합니다. 우리가 악이라고 생각하는 일들이 우리를 아프게 할 때, 이를 모른 체한다거나 이를 잊는다는 것은 우리 능력 밖의 일이기 때문입니다. 이것들이 물어뜯고 괴롭히고 찔러대고 불로 지지고 숨 쉴 기회를 주지 않는데, 당신은 잊으라 명하는 겁니까? 이는 자연에 반하는 일입니다. 당신은 자연이 우리에게 허락한, 익숙해진 고통의 조력자를 빼앗는 겁니까? 세월과 시간이 제공하는, 참으로 느리지만, 그럼에도 대단한 약이 있습니다.

에피쿠로스의 최고선

당신은 선은 생각하고 악은 잊으라 명합니다. 만약 선으로 인간에게 제일 적합한 것을 당신이 생각했다면, 당신의 주장은 무

181　Pohlenz의 추정을 따라 〈*nihil ei accidit nisi quod*〉를 넣어서 읽었다.

언가 의미 있는, 큰 철학자에게 어울릴 만한 것이었을지도 모릅니다. **XVII 36** 피타고라스 혹은 소크라테스 혹은 플라톤이 내게 이렇게 말한다면, '어째서 누워 있는가? 어째서 슬퍼하는가? 왜 운명에 굴복하는가? 운명은 너를 잡아 뜯고 쏘아댈 수 있을지 모르지만, 결코 강한 힘을 깨뜨리지는 못했다. 강한 힘은 덕에 있다. 만일 잠들어 있다면 덕을 깨워라. 그리하면 너에게 제일 먼저 용기가 생겨날 것이니, 이는 인간에게 닥칠 수 있는 모든 일을 가볍게 생각하고, 아무렇지도 않게 여기게 할 만큼 커다란 용감함을 너에게 넣어 줄 것이다. 또 너에게 절제가 생겨날 것이고, 이는 절도와 같은 것이며 방금 내가 건실이라고 불렀던 것이니, 이는 네가 추하고 쓸모없는 짓을 하지 않도록 할 것이다. 약해빠진 남자보다 쓸모없고 추한 것이 무엇인가? 정의는 결코 네가 그렇게 행하는 것을 허락하지 않을 것이다. 이 문제와 정의는 무관한 것처럼 보이지만, 그럼에도 정의는 두 가지 측면에서 네가 불의하다고 말할 것이다. 네가 필멸의 인간으로 태어나 불멸하는 신적인 조건을 요청하며 남의 것을 추구하기 때문이고, 네가 잠시 사용하도록 받은 것을 되돌려주는 것을 매우 힘들어하기 때문이다. **37** 현명함에 너는 무엇이라 대답하겠는가? 현명함은 네게 잘 살기 위해서, 그리하여 행복하게 살아가기 위해서 덕 자체만으로 충분하다고 말하고 있다. 만일 덕이 외부에 매달려 있다면, 자신에게서 생기고 자신에게로 회귀하지 못한다면, 자신의 것을 자기 안에 갖지 못하고 모든 것을 다른 곳에서 구한다면, 말로 덕을 그렇게 높이 칭송하거나, 실제로 덕을 그렇게 열심히 추구할 이유는 없지 않을까 싶다.' 에피쿠로스여, 만일 이런 선으로 당신이 나를 소환한다면 나는 복종하고 따르며 당신을 나의 사령관으로 삼으며, 악을 악으로 여기지 말아야 한다고 생각하므로 그만큼 더 쉽게 당신이 명한 대로 악은 잊습니다. 그러나 당신은 내 생각을 쾌락으로 이끕니다. 어떤 쾌락입니까? 내 생각에 육체적 쾌락이며, 혹은 육체로 인해 상기나 기대를 통해 생각하게 되는 그런 쾌락입니다. 다른 무엇이 있습니까? 내가 당신 견해를 제대로 설명하지 못한 겁니까? 에피쿠로스학파의 사람들은 내가 에피쿠로스의 말을 이해하지 못한다고 말하곤 하기 때문입니다. **38** 그는 이렇게 말합니다. 그리고 날카로운 축에 드는 저 제논은[182] 에피쿠로스학파 가운데는 제일 날카로운 사람으로, 그의 노년에 나는 아테나이에서 그의 강의를 들었는데 큰 목소리로 주장하면서, 현재의 쾌락을 즐기는 사람, 평생 혹은 인생 대부분 고통이 끼어들지 않고 쾌락을 즐길 수 있으리라 확신하는 사람은 행복한 사람이라고 가르치곤 했습니다. 또 고통이 끼어들더라도 고통이 아주 큰 경우는 고통이 짧을 것

---

182 에피쿠로스학파의 제논은 키케로의 동시대인이다. 기원전 78/79년에 키케로는 아테나이에 머물렀다.

이며, 고통이 길게 늘어질 경우는 악(惡)보다 쾌(快)를 더 많이 가질 것이라고도 했습니다. 또 이를 생각하는 사람은 행복할 것인데, 특히 이전에 경험한 선에 만족하며 죽음도 신들도 두려워하지 않을 때라 했습니다. 제논의 말로 설명된, 에피쿠로스가 말하는 행복한 삶의 전형을 당신은 들었으며 이를 누구도 부정할 수 없을 겁니다.

XVIII 39 어떻겠습니까? 이런 삶에 대한 결심과 생각이 과연 조금 전에 내가 언급했던 튀에스테스나 아이에테스를, 고향에서 내쫓겨 가난한 삶을 이어가던 텔라몬을 편하게 할 수 있습니까? 그를 두고 이렇게 경악했습니다.

이것이 그 텔라몬인가? 한때 명성이 하늘을 찌르던,

희랍인들이 고개를 돌려 그의 얼굴을 쳐다보던 그 사람인가?[183]

40 같은 시인의 말마따나 어떤 사람이 '처지와 함께 정신도 동시에 추락한다면', 옛날의 진지한 철학자들로부터 약을 구해야 하며, 이 쾌락주의자들로부터는 아닙니다. 과연 이들이 말하는 선의 많음은 무엇입니까? 최고선이 고통의 부재라고 합시다. ─ 이것을 쾌락이라고 부르지는 않는데, 지금 이 모두를 설명하

---

183 작가 미상, 비극 단편 93.

는 것은 불필요합니다. ― 그것은 우리가 그것을 얻을 때 슬픔을 덜 수 있을 그런 겁니까? 최고악이 고통이라고 합시다. 고통 속에 있지 않은 사람이 악이 없으면, 그는 곧 최고선을 누리는 겁니까? **41** 에피쿠로스여, 우리가 쾌락이라고 말할 때 그것은 당신이 뻔뻔스럽게 말하는 그런 것임을 우리가 어찌 고백하지 않겠으며, 어찌 주저하겠습니까? 당신이 사용하는 말입니까, 아닙니까? 당신의 모든 가르침을 담은 책에서 ― 내가 지어냈다고 남들이 생각하지 않도록 내가 다만 번역자의 과업만을 수행할 것인데 ― 당신은 이렇게 말합니다. "나는 내가 선이라고 여길 것이 전혀 없다. 음식을 맛보는 데서 얻는 쾌락들을 제거한다거나, 사랑하는 데서 얻는 쾌락들을 제거한다거나, 노래를 듣는 데서 얻는 쾌락들을 제거한다거나, 형상에서 눈으로 지각하는 우아한 움직임의 쾌락들이나 인간 신체 전체의 어떤 감각을 통해서든 생겨나는 여타의 쾌락들을 제거한다면 말이다. 정신의 희열만이 선이라고는 말할 수 없다. 앞서 말한 이 모든 것을 누린다면 자연은 고통이 없으리라는 기대로 정신은 희열을 느낀다고 나는 알고 있기 때문이다." **42** 이런 주장을 통해 누구든지 에피쿠로스가 이해한 쾌락이 무엇인지를 알 수 있을 겁니다. 이어서 그는 말합니다. "종종 나는 현자라고 불리는 사람들에게, 그들이 헛소리를 쏟아내고 싶은 것이 아니라고 할 때, 쾌락들을 제거한다면 선에 무엇이 남는가를 물었다. 나는 그들의 말을 전혀 이해할 수 없었다. 덕과 지혜를 과시하고자 할 때, 그들은 다만 내가 앞서 말한 쾌락들을 얻을 방법만을 말할 것이다." 이어지는 부분들에도 똑같은 생각이 담겼으며, 최고선을 다룬 그 책 전체에는 이런 말과 생각이 가득합니다. **43** 당신은 상심을 덜어준답시고, 텔라몬을 이런 삶으로 소환하겠으며, 친구들 가운데 하나가 슬퍼하는 것을 보았을 때 소크라테스 대화편이 아니라 맛있는 철갑상어를 가져다주겠습니까? 플라톤의 목소리가 아니라 수력 풍금 소리를 들으라고 권고하겠습니까? 바라보라고 여러 가지 꽃들을 가져다주겠습니까? 꽃다발을 코 밑에 들이대겠습니까? 향유를 태우고 장미와 화관을 쓰라고 명하겠습니까? 하지만 무언가를 더 보탠다면……그러면 당신은 모든 슬픔을 잘도 제거하겠습니다. **XIX 44** 이것들을 에피쿠로스는 시인해야 할 것입니다. 혹은 내가 방금 글자 그대로 옮긴 바로 그것들을 그의 책에서 제거하거나 아니면 아예 책 자체를 내버려야 할 겁니다. 책이 쾌락들로 채워져 있기 때문입니다. 그리하여 다음과 같이 말하는 사람을 어떻게 상심에서 해방할 수 있을까를 물어야 합니다.

하늘에 맹세코, 내겐 지금 가문이 아니라 운이 없는 거다.
내겐 왕국이 있었으니, 그대는 알리라, 얼마나 높은 자리에서
얼마나 큰 재산에서, 어떤 권세에서 내 운이 미끌어졌는지.[184]

어떻습니까? 이 사람에게 꿀 포도주 한 잔을 들이대야 합니까?
비탄을 멈추도록 말입니다. 아니면 뭐든 그런 종류의 어떤 것을
해주어야 합니까? 같은 시인의 다른 작품에서 보십시오. "커다
란 재산을 잃어, 헥토르여, 당신의 힘이 필요합니다."[185] 우리는
이 사람을 도와야 합니다. 그 여인이 도움을 요청하니 말입니다.

어떤 보호를 나는 청하고 구하는가? 혹은 이제 어디서
망명이나 도주의 도움을 얻어야 하는가?
성채와 도시를 빼앗겼다. 어디에 빌까? 어디에 기대나?
집안에 조상의 제단은 내게 없어, 파괴되고 흩어졌으니.
신전은 화염에 불타고, 높은 담벼락은 그을리고
망가졌으며 전나무 들보는 결딴나 버렸다.[186]

그 뒤를 당신도 알고 있습니다. 특히 다음과 같은 것은 말입니다.

아버지여, 조국이여, 프리아모스의 집이여!
크게 소리 지르던 돌쩌귀 문으로 지켜진 신전이여!
나는 이방의 보화로 가득했던 너를 보았다.

---

184   엔니우스, 『튀에스테스』 354행.
185   엔니우스, 『안드로마카』 85행.
186   엔니우스, 『안드로마카』 6행.

부조세공으로 잘 짜인 천장과

황금과 상아로 화려하게 치장된 너를.[187]

45 이 얼마나 위대한 시인인가! 그가 에우포리온을 찬양하는 우리의 시인들에 의해 멸시받고 있긴 하지만 말입니다.[188] 그는 예상하지 못한 갑작스러운 모든 일은 더욱 힘겹다고 생각합니다. 그래서 영원할 것이라고 보이던 왕가의 재산을 치켜세우고 나서 그는 무얼 덧붙입니까?

나는 보았다. 이 모든 게 불타는 걸,

프리아모스가 무력에 생명을 잃는 걸,

유피테르의 제단이 피로 더럽혀진 걸.[189]

46 굉장한 시입니다. 사건과 표현과 운율로써 슬픔을 드러내고 있기 때문입니다. 그럼 이제 이 여인에게 상심을 덜어줍시다. 어떻게 하면 되겠습니까? 여인을 새털로 만든 침대에 누이고,

---

187 엔니우스, 『안드로마카』 92행 이하.
188 에우포리온은 칼키스 사람으로 기원전 3세기에 활동한 알렉산드리아 학자 시인들 가운데 한 명이다. 키케로 당시에 사람들은 에우포리온을 로마의 시인 엔니우스보다 좋아했다.
189 엔니우스, 『안드로마카』 97행 이하.

여자 악공을 옆에 부르고, 향수를 부어주고, 향유[190] 접시를 태우고, 달콤한 음료와 음식을 찾아보아야겠습니까? 이것들이 과연 선입니까? 깊고 깊은 상심을 덜어내기 위해서 말입니다. 당신은 조금 전에 다른 것은 모르겠다 말하고 있었습니다. 혹여 선이 무엇인지 합의한다면, 비애로부터 후퇴하여 '선'을 생각하도록 소환되어야 한다는 것에 나는 에피쿠로스와 합의할 수 있을지 모릅니다.

XX 어떤 이는 말할 겁니다. '어떠한가? 그대는 에피쿠로스가 그것들을 바랐다고 생각하는가? 혹은 그의 견해들이 무절제했다고 생각하는가?' 나는 전혀 그렇게 보지 않습니다. 나는 그가 많은 엄격한 것, 탁월한 것을 언급하였다고 알고 있습니다. 그래서 내가 종종 말했다시피 그의 품성이 아니라 날카로운 지성이 문제입니다. 그는 그가 방금 칭송했던 쾌락들을 멀리합니다. 하지만 나는 그가 무얼 최고선이라고 생각하는지를 상기하고자 합니다. 그는 쾌락이란 단어를 사용했으며, 이로써 무얼 말하는지도 설명했습니다. 그는 말합니다. "맛과 성교와 축제와 노래, 눈에 즐거운 형상이 쾌락이다." 내가 지어내는 겁니까? 내가 거짓말하는 겁니까? 그렇다면 기꺼이 논박을 당하겠습니다. 모든 탐구에서 진리를 밝히려는 것이 아니라면 내가 왜 수고를 하겠습니까?

---

190 Pohlenz는 〈*odorum*〉을 삽입하였다.

에피쿠로스 옹호자들에게 대답함

47 '하지만 또한 에피쿠로스는 고통 제거로 쾌락이 증가하지는 않지만, 최고의 쾌락은 고통 없음이라고 하네.' 짧은 말이지만, 커다란 오류가 셋이나 됩니다. 먼저 이는 자기모순입니다. 감각이 쾌락으로 간지럽히지 않으면 누구도 선을 생각하지 못한다고 방금 말했으면서, 그런데 지금은 최고의 쾌락은 고통 없음이라고 말하고 있습니다. 이보다 더 자기 모순적일 수 있습니까? 다음 오류는 이렇습니다. 첫 번째로 즐거움, 두 번째로 괴로움, 세 번째로 즐거움도 괴로움도 아닌 것, 이상 셋이 자연에 있다고 할 때 그는 첫 번째와 세 번째를 같은 것으로 놓고 고통 없음과 쾌락을 구별하지 않습니다. 마지막 오류는 다른 사람들에게도 공통되는데, 덕을 아주 열심히 추구하여 덕을 얻기 위해 철학을 탐구했으면서도 에피쿠로스는 최고선을 덕과 분리하였습니다. **48** '하지만 그는 종종 덕을 칭송하네.' 가이우스 그락쿠스도 엄청나게 퍼주고 국고를 물 쓰듯 하면서도 말로는 국고를 아꼈다고 했습니다. 하는 행동을 보는 것이지, 왜 하는 말을 듣겠습니까? 루키우스 피소 프루기는 늘 그락쿠스의 곡물법에 반대하였습니다.[191] 그런데 곡물법이 통과되자 전직 집정관 피소는

---

191 곡물법 *Lex frumentaria*은 기원전 123년 셈프로니우스 그락쿠스가 제안한

그에게 배당된 곡물을 받으러 갔습니다. 그락쿠스는 군중 가운데 서 있는 피소를 알아보고 로마 시민들이 듣는 가운데 물었습니다. 반대하더니 이제 그 법률에 따라 곡물을 받으러 온 것은 일관된 처사냐고 말입니다. 그러자 피소가 대답했습니다. '그락쿠스여, 나는 내 재산을 당신이 사람마다 나누어주는 것을 받아들일 수 없네. 하지만 그렇게 한다면 나는 내 몫을 챙겨야겠네.' 이로써 진중하고 지혜로운 피소는 셈프로니우스 법에 따라 공공재산이 낭비되고 있음을 분명히 선포한 것이 아닙니까? 하지만 그락쿠스의 연설문들을 읽어보십시오. 그러면 당신은 그가 국고의 수호자라고 말할 겁니다. **49** 에피쿠로스는 덕으로 살지 않으면 즐겁게 살 수 없다고 말했으며, 현자에게 운은 어떤 힘도 없다고 말했으며, 넉넉한 살림보다 가난한 살림을 앞세웠으며, 현자에게 행복하지 않은 때는 없다고 말했습니다. 이 모든 것은 참으로 철학자다운 말들입니다만, 그의 쾌락과는 모순되는 것입니다. '그는 당신이 말하는 쾌락을 주장하지 않네.' 그가 무엇이라고 말하든, 분명 그는 덕은 조금도 포함되지 않은 것을 쾌락이라고 말합니다. 그럼, 내가 그의 쾌락을 이해하지 못한다면 고통은 어떻습니까? 나는 주장하노니, 고통이 최고악이라고 판단하는

법률로 저렴한 가격의 곡물을 시민들에게 제공하려는 목적으로 제정되었다. 흔히 '셈프로니우스 법'이라고도 불린다.

사람은 덕을 언급할 자격이 없습니다.

XXI 50 에피쿠로스학파의 어떤 이들은 참으로 대단한 사람들인데 ─ 이들은 누구보다 악의적이지 않은 족속으로 ─ 내가 편파적으로 에피쿠로스에 반대한다고 불평합니다. 나는 믿거니와 우리는 명예나 권위를 두고 싸우고 있습니다. 나는 최고선이 영혼에 있다고, 그는 육체에 있다고 생각합니다. 나는 덕에 있다고, 그는 쾌락에 있다고 합니다. 이들은 싸우자고 하며 이웃들에게 도움을 요청합니다. 즉시 달려올 이웃들이 많기 때문입니다. 하지만 나는 전혀 그럴 뜻이 없다고, 이들이 그렇게 주장했다면 그 주장을 받아들인다고 말할 사람입니다.[192] **51** 어떻습니까? 카르타고 전쟁을 두고 토론은 어떠했습니까? 바로 이 문제로 마르쿠스 카토와 루키우스 렌툴루스는 의견이 갈렸지만, 그들 사이에 싸움은 없습니다.[193] 그런데 에피쿠로스학파의 이 사람들은 지나치게 발끈하는데, 그것도 전혀 열낼 일이 아닌 주장을 두고 말입니다. 그들은 원로원에서나 시민집회에서나 군인들 앞에서나 호구감찰관들 앞에서 감히 그 주장을 말할 수 없을 겁니다. 에피쿠로스학파와는 다른 기회에 다시 논의하기로 하고,

---

192 '일단 결정된 사안은 다시 논하지 말라 *actum ne agas*'라는 속담을 흉내내고 있다.
193 카토는 카르타고를 파괴해야 한다고 주장한 반면, 렌툴루스는 그 반대편에 섰다고 키케로는 여기서 말하고 있다. 하지만 스키피오 나시카가 일반적으로 카토의 반대편에 선 사람으로 알려져 있다.

나는 이들과 싸움을 벌이지 않을 것이며, 진실을 말하면 기꺼이 이들을 따를 마음입니다. 다만 충고해둘 것은, 만일 진실로 현자가 모든 것을 육체에 돌린다면, 혹은 좀 더 점잖게 말하여, 오로지 이익되는 것만을 한다면, 혹은 모든 것을 자신의 유익으로 환원한다면, 이는 갈채받을 만하지 못하므로 은밀히 즐길 뿐 내세우지 말아야 합니다.

퀴레네학파를 반박함 : 예측과 상관없이 슬픔을 견뎌낼 수 있다

XXII 52 퀴레네학파의 의견이 남았습니다. 예측하지 못하게 일이 일어날 때 상심이 생겨난다고 이들은 생각합니다. 내가 앞서 언급했다시피 이것은 매우 중요한 일입니다. 내가 아는 한, 예견하지 못한 일은 더욱 가혹하게 때린다고 심지어 크뤼십포스조차도 생각합니다. 하지만 이것이 전부는 아닙니다. 적들의 갑작스러운 출현이 예측된 출현보다 훨씬 더 큰 혼란을 일으키며, 바다의 갑작스러운 폭풍이 사전에 예측된 폭풍보다 항해자들을 더욱 심각하게 위협하는데, 이런 종류의 일은 많습니다. 하지만 만약 예측하지 못한 일들의 본질을 꼼꼼히 숙고해 보면, 모든 갑작스러운 일이 그저 크게 보일 뿐임과 그 이유는 두 가지임을 알게 됩니다. 우선, 일어난 일들이 얼마나 큰일인지를 우리가 생각할 시간적 여유가 없기 때문이며, 다음으로, 예견했다면 조심할 수도 있었다고 생각하며 잘못 아닌 잘못의 자책으로 덧붙여진 악이 상심을 더욱 크게 하기 때문입니다. **53** 이렇다는 사실을 시간이 증명하는데, 흐르는 시간은 상심을 완화하여, 악은 예전과 다름없이 그대로지만, 상심은 줄어들고, 더 나아가 대부분 사라집니다. 많은 카르타고 사람은 로마에서 노예로 살았으며 마케도니아인들도 그들의 왕 페르세스가 붙잡히고 나서 그러했습니다.[194] 또한, 나는 젊은 날 펠로폰네소스에서 머물 때 어떤 코린토스인들을 보았습니다.[195] 이들도 마치 안드로마케처럼 탄식할 수 있었습니다. '나는 보았다. 이 모든 게……'[196] 하지만 아마도 이들은 탄식을 늘어놓길 벌써 그만두었던가 봅니다. 이들의 얼굴이며 말씨며 모든 여타의 동작이나 자세를 보면 아르고스 사람 혹은 시퀴온 사람이라고 말했을 텐데, 갑자기 눈에 들어온 코린토스의 폐허는 코린토스인들에게보다 오히려 내게 더 큰 충격을 주었습니다. 이들의 마음은 오랜 반추로 세월의 굳은살이 박

---

194 코린토스와 카르타고는 기원전 146년에 파괴되었다. 마케도니아도 기원전 167년에 정복되었다.

195 기원전 79/78년경에 키케로는 아테나이에 머물고 있었다.

196 앞의 19, 45절의 인용문을 보라.

였던 겁니다. **54** 나는 클레이토마코스의[197] 책을 읽었는데 그는 이 책을 카르타고가 멸망했을 때 포로로 잡혀간 동포들에게 그들을 위로할 목적으로 보냈습니다. 책에 카르네아데스의 논변이 있었는데 이 논변을 그가 받아 적었다고 합니다.[198] 이는 조국이 패망하면 현자는 상심에 빠질 것으로 보인다고 전제하고, 이에 대한 카르네아데스의 반박을 기록한 것입니다. 철학자는 오래된 재앙이었다면 필요치 않았을 강력한 처방을 현재의 재앙에 제시하였는데, 만약 몇 년 후에 그 책을 잡혀간 동포들에게 보냈다면 상처가 아닌 고작 흉터만을 치료했을 겁니다. 조금씩 차츰 세월을 지나면 고통은 약해지기 마련입니다. 사태 자체가 흔히 변하거나 변할 수 있기 때문이 아니라 — 진작 이성이 가르쳐주었어야 할 것을 인제야 경험이 깨우쳐 주는데 — 크게 보였던 것이 실제는 작은 일이었기 때문입니다.

XXIII 55 어떤 이는 말할 겁니다. '그렇다면 슬픔에 빠진 사람들의 고통을 덜어주려고 할 때 흔히 사용하는 설명이나 위로가 도무지 왜 필요할까? 보통 우리는 어떤 일도 예측하지 못한 일이 아니라고 생각해야 한다고 말할 준비가 되어있으니 말이다. 혹

---

197 카르타고 사람으로 카르네아데스의 제자다. 카르네아데스를 이어 기원전 127년 아카데미아의 수장이 된다.

198 카르네아데스는 책을 남기지 않았으며 다만 제자들이 그의 대화를 기록으로 남기고 있다.

은 그런 일이 인간에게 필연적으로 닥칠 것으로 인지한 사람은 어떻게 불운을 더 잘 견디게 될 것인가? 이 말은 악의 총합 가운데 무엇도 덜어내지 못하며, 다만 예측하지 못한 일이 일어난 건 아님을 알려줄 뿐이니 말이다.' 그럼에도 이런 유의 말은 위안의 힘이 없지 않고, 어쩌면 가장 큰 힘이 있습니다. [따라서 예측하지 못한 일들은 상심이 전부 거기서 생겨난다고 할 그런 힘을 가진 것은 아닙니다. 그런 일들의 타격이 아마도 더 가혹하겠지만, 그렇다 해서 일을 실제보다 커 보이게 하지는 않습니다. 단지 최근 일이기에 더 커 보이는 것일 뿐, 갑작스럽기 때문이 아닙니다.][199] **56** 그러므로 악으로 보이는 일에서건 선으로 보이는 일에서건 진리를 찾는 방법은 두 가지입니다. 그래서 우리는 우선 사태 자체의 성격과 크기를 묻습니다. 예를 들어 우리는 때로 자연이 요구하는 것이 얼마나 작은지, 얼마나 사소한지를 보여주며 가난의 짐을 토론을 통해 덜어냅니다. 다음으로, 우리는 논의를 토론의 정교함에서 예증으로 돌리는 겁니다. 여기에서 소크라테스가, 여기에서 디오게네스가, 여기에서 카이킬리우스의 이 말이 언급됩니다.[200] "때로 지저분한 외투를 걸쳤어도 지혜로

---

199 [따라서……아닙니다]는 여기가 아니라 다른 곳에 더 적합한 것으로 여기에 잘못 끼워 넣어진 것으로 보인다. 52~54절 논의의 뒤로 이동해야 할 것으로 보인다.

200 카이킬리우스 단편 266.

다." 가난이 하나의 같은 힘을 가졌으되, 가이우스 파브리키우스에게 가난은 견딜 만한 것이었으며 다른 이들은 견딜 수 없다고 하는 것인지, 그 이유를 말할 수 있습니까? **57** 이 두 번째 방법은, 무슨 일이 일어났든지 그것이 인간적임을 가르쳐주는 첫 번째 위로 방법과 닮았습니다. 이 논의는 인간 이해를 담고 있으며 다른 사람들이 견뎌냈고 견뎌내는 일이라면 견뎌낼 수 있는 것임을 알려주기 때문입니다. **XXIV** 가난이 문제가 될 때 가난을 견디는 많은 사람을 떠올립니다. 공직 경멸이 문제가 될 때 공직에 나가지 않고 바로 그 때문에 더 행복했던 많은 사람을 언급하며, 개인의 여가를 공적 의무보다 앞세운 사람들의 삶을 하나하나 호명하며 칭송합니다. 또한, 아주 강력했던 왕의 아나파이스투스 시구를 잊지 않습니다. 왕은 어떤 노인을 칭송하여 노인이 죽는 날까지 세상에 알려지지 않은 채 아무도 모르게 살다 갈 것이기 때문에 행복하다고 말합니다.[201] **58** 마찬가지로 예화의 상기에서 자식을 잃은 사람들도 열거되는데, 몹시 힘겨워하는 이들의 슬픔은 다른 사람들의 예를 통해 가벼워집니다. 다른 사람들의 견뎌냄은 일어난 일이 생각했던 것보다 훨씬 더 작은 일임을 생각하게 합니다. 성찰하는 사람들은 점차 그런 생각이 얼마

---

201   에우리피데스, 『아울리스의 이피게네이아』 16행 이하에서 아가멤논 왕이 하는 말이다.

나 잘못된 것인지를 알게 됩니다. 그리하여 텔라몬도 똑같은 생각을 이렇게 선포합니다. "나는 자식들을 낳아······."[202] 테세우스는 "장래의 불행을 나는 숙고하곤 하였다"라고 하고,[203] 아낙사고라스는 "나는 내가 낳은 자식이 죽을 운명의 인간임을 알고 있었다"라고[204] 했습니다. 이들 모두는 인간사의 오랜 성찰로 인간사가 사람들이 생각하는 것처럼 두려워해야 할 것이 아님을 깨달았기 때문입니다. 나는 미리 연습하는 사람들에게, 세월이 치료하는 사람들과 거의 똑같은 일이 일어난다고 생각합니다. 다만 다른 것은 전자의 사람들을 일종의 합리성이 치료하고, 아주 큰 악이라고 생각되던 것일지라도 결코 행복한 삶을 뒤엎을 수 없다는 사태를 파악하게 하여 후자의 사람들을 자연이 치료한다는 점입니다. **59** 따라서 결론적으로, 예측하지 못한 상황의 타격이 더 클 수는 있지만, 퀴레네학파가 생각하는 것처럼 똑같은 일이 두 사람에게 벌어졌는데, 일이 생기는 것을 예측하지 못한 사람만이 유독 상심에 빠지는 것은 아닙니다.

전하는바, 몇몇 사람들은 인간들이 처한 공통의 조건을 들었을 때, 영원히 악에서 벗어날 수 없다는 법에 따라 우리가 세상에 태어났음을 들었을 때 슬퍼하며, 남들보다 더 고통스러워했

---

202 앞의 13, 28절을 보라.
203 앞의 14, 29절을 보라.
204 앞의 14, 30절을 보라.

다고 합니다. **XXV** 그래서 우리 안티오코스의[205] 저술을 통해 내가 아는 바에 따르면, 카르네아데스는 크뤼십포스를 비난하곤 했는데 크뤼십포스가 에우리피데스의 시구를 칭송했기 때문입니다.[206]

죽을 운명의 누구도 고통과 질병을 면한 이가
없다. 많은 이는 자식을 묻어야 했으며
다시 낳아야 했다. 죽음은 모두에게 정해진 것이니.
인간은 이에 염려하지만, 그것은 다 부질없는 일.
흙은 흙으로 돌아가야 하고, 그때 모두에게 생명은
곡식처럼 거두어져야 하나니. 이는 필연이 명하는 바.

60 카르네아데스는 이런 유의 주장은 상심을 경감시키는 것과 무관하다고 말하였습니다. 우리가 잔인한 필연성에서 벗어날 수 없다는 것 자체가 고통이기 때문이라고 그는 말하였으며, 또 타인이 겪은 악을 상기시키는 그런 말은 악의적인 사람들을 위로하는 데나 적합합니다. 하지만 나는 전혀 다르게 생각합니다.

---

205 안티오코스는 쉬리아 태생으로 필론의 제자였다. 키케로와 알고 지냈으며 스토아학파와 소요학파의 체계를 아카데미아학파의 것과 조화시키려고 노력하였다.
206 에우리피데스, 『휩시퓔레』 단편 757행 이하.

인간의 조건을 받아들여야 하는 필연성은 흡사 신에게 도전하지 말라 금하며 인간이기를 일깨워주기 때문입니다. 이 생각은 슬픔을 크게 덜어줍니다. 또 예화의 열거는 악의적인 영혼을 즐겁게 하기 위함이 아니라, 탄식하는 사람이, 많은 사람이 절제하며 침착하게 견뎌냈음을 알게 됨으로써 슬픔을 자신도 견뎌내야 한다고 생각하게 하기 위함입니다.

61 무너져서 상심의 크기 때문에 자신을 지탱하지 못하는 사람들에게 모든 방법을 동원하여 지지대를 덧대어야 합니다. 그래서 크뤼십포스는 '뤼페 λύπη'라고 불리는 상심이 흡사 인간 전체의 '붕괴'에서 유래했다고 생각합니다.[207] 내가 처음에 말했던 것처럼 이 모든 상심은 상심의 원인이 밝혀짐으로써 모두 척결될 수 있을 겁니다. 그런데 원인은 다름이 아니라 커다란 악이 지금 우리를 위협한다는 억견과 판단입니다. 그리하여 더없이 심한 통증이 있는 육체의 고통은 치유가 있으리라는 희망으로 견뎌내게 되며, 훌륭하고 빛나는 삶을 살아왔던 세월은 커다란 위로를 가져다주는데, 상심은 이렇게 살아온 사람들을 건드리지 못하며, 혹은 그들을 찌르는 영혼의 고통은 매우 미미합니다.

---

207   크뤼십포스는 '파괴하다 λύειν'을 '상심 λύπη'의 어원으로 생각하였던 것 같다.

애도가 의무라는 편견을 반박함

XXVI 그러나 커다란 악이라는 이 억견에, 일어난 일에 고통스러워하는 것이 당연한 일이고 올바른 일이고 의무에 속한다는 생각이 덧붙여질 경우, 마침내 상심이라는 심각한 격정이 야기됩니다. **62** 이 억견에서 여러 종류의 가증스러운 애도가 생겨나는데, 예를 들어 머리에 재를 뒤집어쓰기, 여인들이 자신들의 뺨을 할퀴기, 가슴 치기, 허벅지 때리기, 머리 쥐어박기 등이 있습니다. 그리하여 호메로스와 아키아누스의 아가멤논은 "계속해서 슬퍼하며 덥수룩한 머리를 잡아 뜯었다."[208] 이와 관련하여 비온[209]의 유명한 농담이 있습니다. "슬퍼하며 머리를 잡아 뜯는 왕은 얼마나 어리석은가! 마치 대머리가 슬픔을 치료하기라도 하듯." **63** 그러나 이 모든 것은 그러는 것이 옳다고 생각한 사람들이 행하는 것입니다. 아이스키네스는 데모스테네스가 딸이 죽은 지 겨우 엿새밖에 지나지 않아 희생물을 바치며 감사의 축제를 지냈다고 비난했습니다.[210] '이 얼마나 대단한 연설술이며, 이 얼마나 대단한 능변인가! 어떤 명구를 만들며, 어떤 말을 토하는가! 연설가는 하고 싶은 대로 무엇이든지 허용된다고 알라는 것

---

208 『일리아스』 X, 15행. 아키우스의 비극에도 등장한다.
209 퀴레네학파의 철학자로 기원전 3세기에 활동하였다.
210 아이스키네스 연설 3. 77.

인가!' 이 비난을 누구도 용납하지 않았을지 모르는데, 선량한 사람들은 친족의 죽음을 맞아 매우 슬프게 애도해야 한다는 생각이 우리의 영혼 속에 깊이 자리 잡지 않았다면 말입니다. 이런 이유에서 마음이 고통스러울 때 어떤 사람들은 혼자 있고자 합니다. 예를 들어 호메로스는 벨레로폰을 두고 말합니다.

비탄에 잠겨 알레이온 들판을 방황하던 불행한 그는
제 심장을 갉아 먹으며 사람들이 다니는 길을 피했다.[211]

또한, 니오베가 돌이 되었다고 하는데,[212] 실의에 빠져 계속해서 말을 하지 않았기 때문이라고 나는 생각합니다. 한편, 헤쿠바는 정신의 광란과 광증 때문에 개가 되었다고 사람들은 생각합니다. 한편 예를 들어 엔니우스의 작품에 등장하는 유모처럼, 슬픔 가운데 혼자 중얼거리기를 즐기는 사람들이 종종 있습니다.

말하고자 하는 욕망이 가련한 나를 지금 사로잡았으니
하늘과 땅에 메데아의 시련을 이야기하고자 한다.[213]

211 『일리아스』 VI, 201행 이하.
212 『일리아스』 XXIV, 617행 이하.
213 엔니우스, 『메데아』 257행 이하.

XXVII 64 이 모든 것을 사람들은 올바르고 참된 의무라고 생각하면서 고통 가운데 행합니다. 이것이 마치 의무의 판결에 따른 것인 듯 행해진다는 것이 극명하게 드러나는데, 애도를 표하려는 어떤 사람이 뭔가 너무 차분하게 행하거나 혹은 너무 유쾌한 것을 말하기라도 하면, 마치 애통을 멈춘 죄를 지은 것처럼 하고, 얼른 다시 슬픈 자세를 취하니 말입니다. 실로 어머니들과 선생님들은, 집안에 애도할 일이 생겼음에도 아이들이 뭔가 유쾌한 일을 행하거나 말하기라도 하면, 아이들을 나무라며 말뿐 아니라 회초리로 억지로 통곡하게 합니다. 어떻습니까? 애도가 끝나고 통곡이 소용없음을 알게 될 때, 그때 모든 것이 그저 의지 때문이었음이 분명해지지 않겠습니까? **65** 테렌티우스의 '저 자신을 벌주는 사람'은 어떻습니까?[214]

크레메스여, 나는 결심하였다. 불행하게 살기로.
그러는 만큼 난 내 아들에게 잘못을 덜 범하는 것이다.

불행하게 사는 것이 이 사람의 결심입니다. 과연 누가 원하지 않으면서 결심하겠습니까? "어떤 악을 당하든 당연하다고 나는

---

214   테렌티우스, 『저 자신을 벌주는 사람』 147~148행.

생각한다."[215] 이 사람은, 지금 불행하지 않다면, 악을 당연히 당해야 한다고 생각합니다. 따라서 당신은 악이 억견에 속하고 자연에 속하지 않음을 압니다. 사태 자체 때문에 애도가 금지된 사람들은 어떻습니까? 예를 들어 호메로스에서 일상적 죽음과 많은 사람의 사망은 비애에 둔감하게 합니다. 호메로스에서 이렇게 말해집니다.[216]

너무나 많은 사람이 날마다 쓰러지는 것을 우리는
보나니, 누구도 비애에서 벗어날 수 없을 만큼.
그리하여 우리는 굳건한 마음으로 죽은 이들을
묻어주되, 하루만 울고 애도를 그쳐야 마땅하오.

66 따라서 우리가 형편에 따라 원할 때 고통을 떨치는 것은 우리 능력에 달렸습니다. 우리 능력에 달렸다고 할 때, 걱정과 상심을 내려놓기 위해 우리가 따르지 못할 형편이 뭐가 있겠습니까? 그나이우스 폼페이우스가 상처를 입고 쓰러지는 것을 본 사람들은 더없이 끔찍하고 불행한 장면에 잔뜩 겁을 먹었지만, 자신들이 적들의 군함에 포위당한 것을 발견하였기에 유일하게

---

215 테렌티우스, 『저 자신을 벌주는 사람』 135행.
216 『일리아스』 XIX, 226행 이하.

할 수 있었던 것은 그저 노를 저으라고 격려하여 도주하여 목숨을 구하는 것뿐이었음은 익히 알려져 있습니다.[217] 그리하여 튀로스에 도착한 후에 비로소 가슴을 치며 통곡하기 시작하였다고 합니다. 두려움이 이들에게 상심을 접어두도록 할 수 있었던 것인데, 그렇다면 이성이 현자에게[218] 그렇게 하지 못하겠습니까? **XXVIII** 그것이 전혀 이롭지 못하며 쓸모없는 것임을 분명히 아는 것보다 고통을 내려놓는 데 더 좋은 것이 무엇입니까? 따라서 내려놓을 수 있는 것은 겪지 않을 수도 있는 겁니다. 그러므로 상심을 겪는 것은 의지와 판단 때문임을 고백해야 합니다. **67** 이를 또한 말해주는 것은 때로 많은 일을 겪었기에 무슨 일이 생기든 쉽게 이겨내며 이미 자신이 역경에 맞서 더욱 굳건해졌다고 생각하는 사람들의 인내심입니다. 예를 들어 에우리피데스의 저 사람처럼 말입니다.[219]

슬픔의 날이 내게 지금 처음 찾아 왔고,

고난의 바다를 내내 항해했던 것이 아니라면

그것은 슬퍼할 만한 이유겠지만, 마치 망아지들이

재갈을 처음 물고 첫 당김에 놀라는 것처럼.

217 이집트에서 기원전 48년에 있었던 일이다.
218 "현자에게 *ab sapienti viro*"는 R. Bentley의 추정이다.
219 에우리피데스, 『프릭소스』 단편 821.

하지만 불행에 단련된 나로선 무뎌졌도다.

이렇게 불행에 지치면 상심이 가벼워지는 것을 보면서, 사태 자체가 슬픔의 이유나 원천이 아님을 반드시 알아야 합니다. **68** 최고의 철학자들이지만, 아직 지혜를 얻지 못한 철학자들은 자신들이 최고악을 겪고 있음을 알지 않겠습니까? 그들은 아직 어리석은 상태에 있고 어리석음보다 더 큰 악은 없기 때문입니다. 하지만 그들은 통곡하지 않습니다. 무엇 때문입니까? 이런 유의 악에, 아직 현자가 아님을 고통스러워하는 것이 올바르고 공정한 일이며 의무라는 억견이 덧붙어 있지 않기 때문입니다. 그런데 우리는 이 억견을 상심 중 가장 큰 상심인 애도의 상심에는 덧붙입니다. **69** 그리하여 아리스토텔레스는 옛 철학자들이 그들의 재능으로 철학이 완성되었다고 생각한다고 비판하며 말합니다. '정작 그들은 아주 어리석은 사람들이거나 아주 많이 잘난 체하는 사람들이었다. 그렇지만 몇 년 동안 철학은 크게 발전하였고 머지않아 철학의 문제는 완전히 해결되리라고 나는 생각한다.'[220] 하지만 테오프라스토스는 숨을 거두며 자연을 고발했다고 전해집니다. '사슴과 까마귀에게는 그다지 중요하지 않은 긴 수명을 부여하면서, 그것이 매우 중요했던 인간들에게는 그렇

220　아리스토텔레스 단편 53.

게 짧은 삶을 주었다. 만약 인간의 삶이 조금만 더 길었다면, 모든 학문이 완성되고 모든 학과로 인간의 삶을 가르칠 수 있었을 텐데.'[221] 그는 겨우 그것들을 보기 시작했는데 이제 죽어야 한다며 한탄하였습니다. 어떻습니까? 모든 철학자 가운데 가장 훌륭하고 가장 큰 권위를 갖춘 자마다 자신이 많은 것을 알지 못하며 많은 것을 계속해서 배워야 한다고 고백하지 않습니까? **70** 그들은 어리석음의 한가운데에 — 이보다 더 큰 악은 없습니다 — 자신들이 봉착하였음을 알면서도 상심에 눌리지 않습니다. 고통이 의무라는 생각이 끼어들지 않기 때문입니다. 애도가 남자답지 못하다고 생각한 사람들은 어떻습니까? 집정관을 역임한 아들을 매장한 퀸투스 막시무스, 겨우 며칠 만에 두 아들을 잃었던 루키우스 파울루스, 법무관으로 당선된 아들을 잃었던 마르쿠스 카토,[222] 또 우리는 우리의 책 『위로』에 모아놓은 나머지 사람들은 그러하였습니다. **71** 애도와 비애는 남자에게 적합한 것이 아니라는 생각 이외의 다른 무엇이 이들을 위로했습니까? 남들이

---

221 디오게네스 라에르티오스, 『유명한 철학자들의 생애와 사상』 5권 40~41 이하에 테오프라스토스의 마지막 순간이 기록되어 있으나, 여기와 같은 주장은 보이지 않는다.

222 퀸투스 파비우스 막시무스는 기원전 218년의 독재관으로 한니발 전쟁에서 지연 작전을 펼친 사람으로 유명하다. 루키우스 아이밀리우스 파울루스는 마케도니아를 정복한 사람이다. 마르쿠스 포르키우스 카토는 감찰관으로 유명한 인물이다.

올바른 일이라고 생각하여 상심에 빠져들곤 할 때, 이들은 이를 추한 일이라고 생각하여 상심을 멀리했습니다. 이로부터 상심은 자연이 아니라 단지 억견에 근거한다는 것이 확인됩니다.

소요학파의 반박에 답함

XXIX 반대자들은 말합니다. '도대체 자신의 의지로 슬퍼할 만큼 정신 나간 사람이 있겠는가? 자연이 고통을 가져온다. 사람들이 전하는바, 당신들의 크란토르도 자연에 복종해야 한다고 생각한다. 자연은 짓누르며 압박하며 자연에 저항하는 것은 불가능하기 때문이다.'[223] 그리하여 소포클레스에서 오일레우스는 아이아스가 죽었을 때 아이아스의 아버지 텔라몬을 위로하였더니, 이제 자신의 아들이 죽었다는 소식을 듣고 부서져 버렸습니다. 그의 달라진 생각이 이렇게 말해집니다.[224]

누구도 그토록 큰 지혜를 갖고 있지 못하여

다른 사람들의 고통은 말로 덜어주더니만

223 앞의 12절에서 크란토르는 아카데미아학파의 일원으로 언급된다.
224 소포클레스 단편 666.

운이 바뀌어 운명의 공격이 그를 향할 때

그는 자신의 갑작스러운 몰락으로 좌절하는구나.

다른 사람들에게 했던 말이나 조언은 잊고서.

이 주장을 하는 사람들은 자연에 저항해보았자 아무 소용없음을 증명하고자 합니다. 그렇지만 이들도 동의하는바, 사람들은 자연이 요구한 것보다 더 크게 상심을 겪는다는 점입니다. 이제 우리가 이들이 물었던 물음을 다시 이들에게 묻습니다. 이 무슨 광기입니까?

72 그런데 이렇게 고통을 겪는 데는 여러 가지 이유가 있습니다. 먼저 악에 대한 억견인데, 악을 보고 악이라고 확신할 때 상심이 필연적으로 뒤따릅니다. 다음으로 망자들을 위해 크게 애도해야 망자들이 고마워할 것이라는 생각입니다. 여기에 여인들이 믿는 일종의 미신이 추가됩니다. 여인들은 불멸의 신들이 채찍을 내리칠 때 이에 상처 입고 쓰러졌다고 고백해야 신들을 좀 더 쉽게 달랠 수 있다고 생각합니다. 하지만 대부분은 이것이 서로 얼마나 모순되는지를 알지 못합니다. 담담히 죽음을 맞이하는 사람들을 그들은 칭찬하는 한편, 타인의 죽음을 담담히 지켜보는 사람들은 비난받아야 한다고 생각합니다. 사랑의 대화에서 흔히 자신보다 상대를 더 많이 사랑한다고 말해지는 것이 어떻게든 마치 실제 가능한 것처럼 말입니다. **73** 우리에게 마땅히 아

주 소중한 사람이어야 할 사람들을 우리 자신만큼 사랑하는 일, 이는 훌륭한 일이며, 참으로 올바르고 참된 일이기도 합니다. 하지만 우리 자신보다 많이는 불가능한 일입니다. 우정에서 친구가 자신보다 나를, 나 자신보다 내가 친구를 사랑하는 것은 열망해서는 안 될 일입니다. 만일 이런 일이 일어난다면 인생과 모든 의무에 혼란이 뒤따릅니다. **XXX** 하지만 이 문제는 다른 기회에 다루기로 합시다. 지금은 다만 친구를 먼저 보낸 일에 우리 불행을 덧붙이지 않는 것으로 충분합니다. 죽은 친구들이 느낄 수 있다고 상정하자면, 친구들이 기대하는 것보다 많이 혹은 아무튼 우리 자신보다 더 많이 그들을 사랑하는 일이 일어나지 않도록 말입니다. 사람들 대부분이 위로에서 전혀 위안을 얻지 못한다고 하는 주장과, 이에 덧붙여 남을 위로하던 사람들도 정작 운명이 자신들을 공격하면 자신들이 불행하다고 고백한다는 주장은 논박됩니다. 이는 자연의 결함이 아니라 그들의 잘못이기 때문입니다. 이 어리석음을 마음껏 비난할 수 있습니다. 왜냐하면, 위안을 얻지 못하고 자신을 불행으로 초대하는 사람과, 타인에게 위로를 건넸던 것과 달리 자신의 불운을 견디지 못하는 사람은, 탐욕스러운 사람이면서 남의 탐욕을 비난하고, 명예를 추구하는 사람이면서 남의 명예욕을 비난하는 대부분 사람과 다르지 않게 결함 있는 사람이기 때문입니다. 실로 다른 사람들의 결함은 짚어내면서 자신의 결함은 망각하는 것이야말로 어리석음의 본질입니다. **74** 하지만 여기서 당연히 아주 분명하게 강조해야 할 것은, 세월에 의해 상심이 사라진다는 것이 분명할 때, 이 힘은 시간이 아니라 오랜 시간의 생각에 있다는 점입니다. 만약 사건이 같고, 사람이 같고, 고통을 가져오는 무엇도 바뀌지 않았고, 고통을 느끼는 사람이 바뀌지 않았다면, 고통 중에 어떤 것이 어떻게 변경될 수 있습니까? 따라서 실제로는 아무런 악도 없다는 오랜 시간의 생각이 고통을 치료하는 것이지, 시간의 경과 자체가 아닙니다.

XXXI 이때 내게 적당함이 제시됩니다.[225] 만약 적당함이 자연적이라면 위로가 왜 필요합니까? 자연 자체가 한계를 제시할 것이기 때문입니다. 만약 적당함이 억견 때문에 생긴 것이라면 이 억견을 송두리째 제거합시다.

상심은 현재의 악에 대한 억견이며, 이 억견에는 상심을 겪어야 한다는 것도 들어 있음을 충분히 말했다고 나는 생각합니다. **75** 이 정의에 제논은 올바르게 생생함을 덧붙이는데, 상심은 현재의 악에 대한 생생한 억견입니다. 하지만 생생함이라는 말은, 조금 전에 일어난 일만이 아니라, 억견 때문에 생긴 악에 싱싱함과 어떤 푸르름이 유지되도록 하는 어떤 힘이 남아 있는 동안은 생생하다는 것으로 그들은 해석합니다. 예를 들어 카리아 왕 마

---

225   앞의 10, 22절에서 논의되었던 '격정의 적당함'을 보라.

우솔로스의 아내 아르테미시아는 남편을 위해 할리카르나소스의 유명한 무덤을 만들었는데, 여인은 살아가는 내내 애도 가운데 살았으며 마침내 애도에 지쳐 시들었습니다. 여인에게 악의억견은 매일매일 생생하다고 불리고, 세월과 함께 시들면 그때더는 생생하다고 불리지 않습니다.

슬픔의 위로

그러므로 위로자의 의무는 이러합니다. 상심을 근본적으로 제거하거나 가라앉히거나 최대한 덜어내거나 억눌러 더는 흘러나오게 하지 않거나 혹은 다른 데로 주의를 돌리게 하는 겁니다. **76** 어떤 이들은 위로자의 의무는 오로지 하나, 악이라고 생각된악이 전혀 악 아님을 가르치는 것으로 생각하는데, 이것을 클레안테스가 지지합니다. 소요학파처럼 악은 크지 않다고 가르치는 것으로 생각하는 이들도 있습니다. 에피쿠로스처럼 악에서떼어내어 선으로 끌고 가려는 이들도 있습니다. 〈퀴레네학파처럼……〉[226] 어떤 악도 예측하지 못하게 일어나지 않음을 증명하는 것으로 충분하다고 생각하는 이들이 있습니다. 하지만 크뤼

226 Pohlenz의 수정을 따름.

십포스는 위로에서 제일 중요한 것은 슬퍼하는 자에게서, 그가 정의롭고 당연한 의무를 수행한다고 생각하는 억견을 없애는 것으로 판단합니다. 또한, 모든 유의 위로를 — 사람마다 달리 충격을 받기 때문입니다 — 모은 사람들이 있는데, 우리는 우리의 『위로』에 언급된 거의 모든 것을 오직 위로 하나에 집중하였습니다. 영혼은 부어 있었고, 이에 모든 치료방법이 시도되었던 것입니다. 육체의 질병에 그러한 것처럼 영혼의 질병에도 제때를 고려해야 합니다. 아이스퀼로스의 프로메테우스는

프로메테우스여, 당신이 이걸 알고 있으리라 믿노니,
이성이 분노를 치료할 수 있다는 것을.

이라는 말을 들었을 때 대답하였습니다.[227]

제때 약을 사용하고 손으로 건드려
상처가 심하게 도지게 하지 않는다면.

XXXII 77 그러므로 위로의 첫 번째 약은 악이라고 생각된 악이 전혀 악이 아니며 혹은 매우 작은 것임을 가르치는 것일 것

---

227 『결박된 프로메테우스』377행 이하.

이며, 두 번째 약은 삶의 일반 조건을, 슬퍼하는 사람의 조건에 대해 논의되어야 한다면 그 특수 조건을 가르치는 것일 것이며, 세 번째 약은 아무런 도움이 되지 않는 것을 알면서도 헛되이 슬픔에 빠져 지내는 것이 가장 큰 어리석음임을 가르치는 것일 겁니다. 클레안테스는 위로가 필요 없는 현자를 위로합니다. 당신이 슬퍼하는 사람에게 추함만이 악이라는 것을 설득한다면 그것은 슬픔이 아니라 어리석음을 그에게서 떼어내는 겁니다. 그런데 이때는 가르치기에 좋은 때가 아닙니다. 또한, 클레안테스가 가장 큰 악이라고 인정한 것 때문에 사람들이 때로 상심에 빠질 수 있음을 클레안테스가 충분히 알지 못했다고 나는 생각합니다. 우리는 뭐라 말할 겁니까? 소크라테스가 알키비아데스에게, 우리가 들은바, 알키비아데스가 전혀 인간이 아니며 명문 귀족의 알키비아데스와 무일푼의 머슴이 전혀 차이가 없음을 설득하였을 때, 알키비아데스가 괴로워 눈물 흘리며[228] 소크라테스에게 자신에게 덕을 전수해주어 추함을 쫓아달라고 탄원하였을 때, 클레안테스여, 이에 우리는 뭐라 말할 겁니까? 알키비아데스를 상심하게 했던 그것이 사실 악이 아니었다고 말할 겁니

---

228 플라톤, 『향연』 215e 이하에서 알키비아데스는 소크라테스가 그를 두고 아직 많이 부족하면서도 그 자신에 관심을 기울이지 않는 사람임에 동의하도록 만들었다고 말한다. "인간이 아님"을 '인간이라면 마땅히 그러해야 할 모습을 보여주지 못함'으로 해석한다면 위의 증언과 일맥상통한다.

까? **78** 어떻습니까? 뤼콘의 설명은 어떠합니까?[229] 그는 상심을 최소화하기 위해 상심이 사소한 것에 의해 생겨나는 것으로 운과 육체의 불편에 의한 것일 뿐, 영혼의 악에 의한 것이 아니라고 말합니다. 그럼 어떻습니까? 알키비아데스가 고통스러워했던 일은 영혼의 결함과 악에서 발생한 것이 아닙니까? **XXXIII** 에피쿠로스의 위로는 이미 앞서 충분히 논의되었습니다. **79** 아주 강력한 위로는 아니지만, 흔히 사용되어 종종 효과를 보는 위로가 있는데, '네게만 생긴 일이 아니다' 입니다. 이는 말했듯이 효과는 있지만 아무 때나 통하는 것도 아무에게나 통하는 것도 아닙니다. 이를 거부하는 사람들도 있기 때문입니다. 어떻게 위로가 전달되는지가 중요합니다. 현명하게 이겨낸 사람들 각각이 어떤 불편을 겪는지가 아니라, 어떻게 이겨냈는지가 보여야 하기 때문입니다. 크뤼십포스의 위로가 진실성에서 가장 강력하지만, 상심의 상황에 이를 사용하기란 어려운 일입니다. 슬퍼하는 사람에게 그가 그의 판단에 따라, 마땅히 슬퍼해야 한다는 생각에서 슬퍼하는 것임을 입증하는 일은 만만한 일이 아닙니다. 따라서 당연히 소송에서 늘 같은 쟁점을 ― 우리는 논쟁의 종류를 쟁점이라고 부르는데 ― 사용하지 않고, 상황에 따라, 논쟁 성격에 따라, 사람에 따라 알맞은 논거를 제시하는 것처럼, 그렇게 상심

---

229   프뤼기아의 트로아스 출신으로 기원전 3세기 소요학파의 수장이었다.

을 덜어주는 데도 어떤 사람이 어떤 치유를 받아들일 수 있는지를 알아야 합니다.

80 당신이 애초에 제시했던 주제로부터, 어찌 된 영문인지 모르겠으나 논의가 멀리 벗어나고 말았습니다. 당신은 현자에 관하여 물었는데 말입니다. 현자는 추함이 아닌 한 어떤 것도 악으로 여기지 않을 수 있으며, 혹은 지혜에 덮여 드러나지 않게 될 만큼 작은 악이라고 여길 수 있습니다. 현자는 억견으로 꾸며내지 않고, 상심에 빠지지 않고, 자신을 더없이 크게 괴롭히며 애도로 소진하는 것을 — 이보다 잘못된 것이 있을 수 없는데 — 옳다고 생각하지 않습니다. 하지만 우리 논의는, 내가 보기에, 추함이라고 불릴 수 있는 것을 제외하고 무슨 악이 있는가라는 원래의 질문을 지금은 탐구하지 않았지만, 그럼에도 상심 속의 악은 무엇이든 자연에 따른 것이 아닌, 다만 의지의 판단과 억견의 잘못에 따라 생겨났음을 우리가 알도록 가르쳐 주었습니다.

81 이렇게 하여 우리는 모든 상심 가운데 단연 가장 큰 것을 다루었는데, 이것이 제거될 때 나머지 것들의 치료법은 그다지 힘들이지 않고 찾을 수 있다고 생각합니다. **XXXIV** 가난에 관해, 명예와 명성이 없는 삶에 관해 사람들이 말하곤 하는 분명한 것들이 있기 때문이며, 또한, 망명, 조국의 멸망, 굴종, 장애, 실명(失明), 그리고 재앙이라고 불리는 것을 포함한 모든 사건에 관한 각각의 분명한 것들이 있기 때문입니다. 이것들을 희랍사람들은

각각의 학파로 그리고 각각의 저술로 분류하였습니다. 그들은 일을 만들기 때문입니다. (그렇지만 논의들은 흥미진진함으로 가득합니다). **82** 하지만, 의사들이 육체 전체를 돌보면서도 아프면 신체의 아주 작은 일부일지라도 그것을 치료하는 것처럼, 그렇게 철학은 상심 전체를 제거하면서, 다른 한편 어떤 오류가 어딘가에서 생겨났다면, 가난이 갉아먹었다면, 오명이 쏘아댔다면, 망명의 그림자가 드리웠다면, 혹은 방금 언급한 것 가운데 어떤 것이 생겨났다면, 이를 없애줍니다. 비록 각각의 사태들에 고유한 위로가 있겠지만 ― 그것들을 당신이 원한다면 듣게 될 것인데 ― 그것들은 모두 같은 근원으로 환원되어야 합니다. 즉, 현자에게서 모든 상심은 멀리 있는데, 상심이란 공허한 것이고, 헛되이 겪는 것이며, 자연에서가 아니라, 우리가 그렇게 해야 마땅하다고 확정할 때의 판단에서, 억견에서, 고통으로의 어떤 초대에서 생겨난 것입니다. **83** 따라서 전적으로 의지에 따른 것이므로, 이것을 떨쳐버린다면 슬픔의 상심은 사라질 겁니다. 물론 그래도 영혼의 어떤 통증과 위축은 남게 됩니다. 사람들은 이것을 자연적이라고 해도 좋은데, 다만 이것이 심각하고 끔찍하고 비통한 상태를 일컫는, 지혜와 함께하지 않는, 말하자면 절대로 지혜와 함께 살 수 없는 상심이라는 이름과는 무관한 한에서 말입니다. 하지만 상심의 뿌리는 무엇이며 얼마나 널리 퍼져 있으며 얼마나 쓰라립니까! 줄기를 꺾어버리고 모든 뿌리를 뽑아내야 할 것이며, 필요하다면 각각의 논의를 통해 그렇게 해야 합니다. 우리에게는 어찌 된 것이든 여가가 있기 때문입니다. 모든 상심의 원리는 하나이지만, 이름은 아주 많습니다. 질시가 상심의 하나라면 시샘, 시기, 연민, 염려, 슬픔, 비애, 비참, 애통, 고민, 고뇌, 번민, 낙담, 좌절도 거기에 속합니다. **84** 스토아학파는 이모두를 정의하는데, 내가 언급한 각각의 명칭은, 보이는 것처럼, 같은 사태를 지시하지 않으며, 어느 정도 서로 차이가 납니다. 그 차이는 아마도 다른 때에 다룰 겁니다. 이것들이 바로 내가 처음에 언급한[230] 뿌리들이며 끝까지 추적하여 완전히 뽑아냄으로써 다시는 어떤 것도 자라나지 못하게 해야 할 그런 겁니다. 이는 크고 어려운 일입니다. 누가 그것을 부정하겠습니까? 하지만 훌륭한 일 가운데 어렵지 않은 일이 어디 있습니까? 그러나 우리가 다만 철학의 치유를 받아들인다면, 철학은 이를 이루겠노라 공언합니다.

여기까지. 나머지는 당신들이 원하는 대로 여기서나 다른 곳에서 당신들을 위해 준비되어 있을 겁니다.

---

230 앞의 6, 13절을 보라.

제4권

격정은 억견에 기인한다

로마에서 철학이 시작됨

| 1 브루투스여, 나는 많은 분야에서 우리 로마인의 재능과 탁월함에 경탄하곤 하였는데, 특히 사람들이 매우 나중에야 희랍에서 우리나라로 들여와 열심히 추구한 저 학문에서는 더욱 그러했다. 도시가 처음 생겨나고 왕들이 세운 제도에 따라, 부분적으로는 법률에 따라 조점(鳥占)과 제례, 민회와 상소권, 원로원, 기병과 보병의 구분 및 모든 군사조직 등이 훌륭하게 정비되었고, 이후 국가가 왕의 지배에서 해방되면서 월등함을 향한 놀라운 진보와 믿기 어려운 역정이 펼쳐졌다. 여기서 우리가 물론 우리 조상들의 관습과 제도, 국가의 기강과 조직을 논하려는 것

은 아니다. 다른 곳에서 이것들은 충분히 자세히 논의하였고 특히 여섯 권의 책으로 묶은『국가론』에서 다루었다. **2** 여기서 내가 우리 조상들의 커다란 학구열을 살필 때, 무슨 이유로 철학도 외국에서 들어왔으며, 이를 열심히 추구하고 나아가 보존하고 갈고닦는가 하는 많은 문제가 생긴다. 우리 조상들은 탁월한 지혜와 고귀함을 갖춘 피타고라스를 보았고, 그는 고귀한 당신 집안의 이름 높은 조상인 루키우스 브루투스가 조국을 해방하던 시점에 이탈리아에 있었다.[231] 그런데 피타고라스의 가르침이 세상에 널리 퍼져 있었으므로, 우리나라에도 널리 알려져 있었다고 나는 생각한다. 이 추정은 개연적이지만, 여러 흔적을 통해서도 확인된다. 이탈리아에서 번영하며 대희랍(*Graecia Magna*)이라 불리는 거대하고 강력한 희랍 도시국가들이 있었으며, 이 도시들에서 먼저 피타고라스의 이름과 이후 피타고라스학파라는 이름이 대단한 명성을 누렸다고 할 때, 도대체 누가 우리 조상들이 그들의 대단한 학식에 귀를 닫아버렸다고 생각할 수 있겠는가? **3** 나아가 후대 사람들이 누마왕을 피타고라스학파의 일원이라고 여긴 것은 피타고라스학파에 대한 존경심 때문이라고 나는 생각한다. 사람들은 피타고라스의 규율과 가르침을 알고 있었고, 누대의 전승으로 누마왕의 공정성과 지혜를 들었기 때문에, 너무

---

231 『투스쿨룸 대화』제1권 16, 38절을 보라.

오래되어 시대와 연대는 몰랐지만, 지혜가 탁월했던 누마왕을 피타고라스의 제자였다고 믿었던 것이다. **II** 여기까지는 추정에 의한 것이다. 피타고라스학파의 흔적들은 많이 수집될 수 있겠지만, 여기서는 몇 가지만 언급하겠는데 이것은 이 자리의 주제가 아니기 때문이다. 피타고라스학파는 운문으로 그들의 계율을 은밀히 전승하곤 하였고, 그들의 정신을 노래와 현악기로써 사유의 긴장에서 평정으로 이끌곤 하였다고 전하는데, 매우 근엄한 카토는 그의 책 『오리기네스』에서 우리 조상들에게 이런 잔치풍습이 있었고, 식탁에 기대앉은 사람들이 돌아가며 피리연주에 맞추어 위대한 영웅들을 칭송하고 덕을 기리는 노래를 불렀다고 한다.[232] 여기서 분명한 것은 당시 이미 목소리의 높낮이로 구성된 노래와 운문이 있었다는 점이다. **4** 그렇지만 당시 운문이 지어지곤 하였음을 12표법이 분명히 보여주고 있는데, 12표법은 타인에게 피해를 주는 운문을 짓지 말라고 법으로 금하였다.[233] 신들의 향연과 정무관들의 연찬에서도 현악기가 연주되었다는 것도 학식 높았던 시대의 증거인데, 이것이 바로 내가 방금

---

232 『투스쿨룸 대화』 제1권 1, 3절 이하를 보라.
233 12표법의 8표 1항 a "비방요를 부른 자는", 8표 1항 b "어떤 자가 타인에게 치욕이나 오명을 줄 풍자가를 부르거나 작사한 경우" 등의 구절이 보인다. "12표법 대역"(최병조, 『법학』, 32, 1991, 서울대학교 법학연구소, pp. 157~176)

언급한 계율에 고유한 것이다. 또한, 아피우스 카이쿠스의 운문은 — 이를 파나이티오스가 퀸투스 투베로에게 보내는 어떤 편지에서 크게 칭찬하였다 — 피타고라스적이라고 나는 생각한다. 또한, 우리나라의 많은 제도 가운데 피타고라스학파에서 유래한 것이 많다. 하지만 이것들은 지나가고자 하는데, 우리 스스로 발견해냈다고 사람들이 생각하는 것들을 마치 우리가 다른 곳에서 배운 것처럼 보이지 않도록 하려는 것이다. **5** 앞서 제시한 본론으로 돌아가자면, 얼마나 짧은 시간 동안 얼마나 많은 위대한 시인들과 연설가들이 생겨났는가! 확실히 분명한 것은 우리 조상들은 원하기만 하면 곧 모든 것을 성취할 수 있었다는 점이다.

III 그런데 여타의 학문은 앞으로도 필요하면 다른 곳에서 이야기할 것이고 지금까지도 자주 이야기하였다. 그러나 지혜의 학문은 우리나라에서 오래된 것이지만, 그럼에도 라일리우스와 스피키오 시대 이전에는 과연 누구를 철학자로 언급할 수 있을지 나는 찾지 못했다. 내가 알기로, 이들이 젊었을 때 아테나이인들은 스토아학파의 디오게네스와 아카데미아학파의 카르네아데스를 사신으로 뽑아 로마 원로원에 파견하였는데,[234] 이들은 아테나이 국정과 전혀 연관 없는 사람들로 그중 한 명은 퀴레네 사람

---

234 기원전 155년 스토아학파의 디오게네스, 아카데미아학파의 카르네아데스, 소요학파의 크리톨라오스 등 세 명이 아테나이 사절단을 이끌고 로마를 방문하였다.

이었고 나머지 한 명은 바빌론 사람이었다. 아테나이인들이 이들을 뽑아 국가적 임무를 부여하여 학교를 떠나오게 한 것은 오로지 이들의 철학에 당시 일부 로마 지도자들이 관심이 있었기 때문이었다. 로마 지도자들은 다른 문제들은 글로 썼는데 — 일부는 시민법을, 일부는 연설문을, 일부는 조상들의 역사를 글로 적었다 — 다만 모든 학문 중 가장 중요한, 좋은 삶의 학문은 글보다는 삶을 통해 실천하였다. **6** 그리하여 소크라테스로부터 시작하여 소요학파에서, 그리고 같은 것을 다른 방식으로 이야기하는 스토아학파에서, 그리고 이들의 논쟁을 해결하려는 아카데미아학파에서 면면히 이어온 참되고 고상한 철학의 이렇다 할 라티움어 기록이 거의 없거나 아주 적다. 이는 그 철학적 물음이 너무 큰 탓이면서 동시에 로마인들이 그럴 만한 여가가 없었기 때문이거나, 문외한들에게 그런 것들이 받아들여지지 않으리라고 생각한 탓이었다. 다른 사람들이 침묵할 때 가이우스 아마피니우스가 등장하여 이를 말하였는데, 출판된 그의 책에 많은 사람이 감명을 받아 이후 그가 속한 학파에 경도되었다.[235] 그것은 이해하기에 매우 쉬웠기 때문이거나, 쾌락이라는 유혹과 미끼에 이끌렸기 때문이거나, 그보다 더 나은 것이 없던 상황에서 사람들이 있는 것을 집어 들었기 때문이다. **7** 하지만 아마피니우스

---

235 가이우스 아마피니우스는 에피쿠로스학파에 속하는 로마 철학자다.

이후로 같은 이론을 가진 많은 사람이 경쟁적으로 많은 글을 썼을 때, 그것들이 이탈리아를 온통 장악해 버렸다. 하지만 그들의 생각이 정교하지 못했는데, 이를 가장 잘 보여주는 증거는 이들의 생각을 매우 쉽게 무학자들조차도 배워 옳다고 했다는 사실이다. 하지만 오히려 당시 그들은 이것이 그들 학파가 견고하다는 증거라고 생각했다.

IV 각자는 각자가 생각하는 바를 변호하라. 판단은 각자에게 자유이기 때문이다. 우리는 이 원칙을 고수할 것이며, 철학에서 필연적으로 어떤 한 학파의 법령에 종속되어 그것에 복종해야 한다고 생각하지 않으며 각각의 문제에서 가장 개연적이라고 할 수 있는 것이 무엇인지를 우리는 계속해서 물을 것이다. 다른 때에도 자주 그러했지만, 최근 투스쿨룸 별장에 모여 토론했을 때에는 더욱 그러하였다. 사흘 동안 펼쳐진 논의들은 앞서 적어놓았고, 이제 이 책에는 나흘째 날의 토론을 적겠다. 며칠 동안 그렇게 했던 것처럼 우리가 아래쪽 산책로로 내려갔을 때,[236] 다음과 같은 논쟁이 있었다.

---

236 『투스쿨룸 대화』 제2권 3, 9절에 "오후에는 아카데미아로 내려갔다"라는 구절을 보라.

스토아학파의 격정 구분

8 선생 누군가 원한다면 토론하고 싶은 것을 제시하십시오.

학생 제가 보기엔 현자라고 해서 영혼의 모든 격정에서 벗어날 수 있는 것 같지는 않습니다.

선생 시간 때문에 당신이 내게 동의한 것이 아니라면, 어제의 토론에서 현자는 상심에서 벗어나 있는 것으로 보였습니다.

학생 물론 그런 건 아닙니다. 저는 선생님의 말씀에 전적으로 동의합니다.

선생 그렇다면 당신은 현자가 상심에 빠지지 않는다고 생각합니까?

학생 절대 빠지지 않는다고 생각합니다.

선생 따라서 상심이 현자의 영혼을 어지럽히지 못한다면 어떤 것도 그렇게 하지 못할 겁니다. 어떻습니까? 공포가 당황케 할 수 있겠습니까? 지금 부재하는 어떤 것에서 공포가 생긴다면, 지금 여기 있는 그것에서 상심이 생깁니다. 따라서 상심이 제거된다면 공포도 제거됩니다. 두 가지 격정이 남았는데, 열광적 희열과 욕망입니다. 두 가지에 현자가 빠지지 않는다면 현자의 정신은 늘 고요할 겁니다.

9 학생 저도 그렇게 생각합니다.

선생 어느 것이 더 낫겠습니까? 즉시 돛을 펼쳐 올리겠습니까? 아니면 항구를 갓 빠져나온 사람처럼 잠시 노를 저어 가겠습니까?

V 학생 무얼 말씀하십니까? 저는 알지 못하겠습니다.

선생 크뤼십포스 등 스토아학파는 영혼의 격정들을 논의할 때에 격정들을 나누고 정의하는 일에 많은 시간을 썼기 때문에, 어떻게 치료하여 영혼을 격정에서 벗어나 있게 할지의 언급 자체는 매우 소략합니다. 하지만 소요학파는 영혼을 진정시키기 위한 많은 것을 제시하지만, 나누고 정의하는 골치 아픈 문제는 치워버립니다. 그래서 나는 즉시 연설의 돛을 펼칠 것인지 아니면 우선은 변증론자들의 노를 저어 조금 나아갈 것인지를 물었던 겁니다.[237]

학생 후자를 택하렵니다. 이렇게 해야 제가 묻는 것 전체를 두 가지 모두에서 좀 더 완벽하게 살펴볼 수 있을 겁니다.

10 선생 그렇게 하는 것이 좋을 겁니다. 무언가 불분명한 게 있으면 나중에라도 질문하기 바랍니다.

---

237 *'vela orationis pandere'*와 *'dialecticorum remis propellere'*는 수사학과 철학의 방법론적 차이를 나타내는 비유로 흔히 사용된다. "펼치다 *pandere*"를 수사학과 연결한 것은 제논이었던 것으로 보인다. 키케로, 『연설가 *orator*』 32, 113 "스토아학파를 창시한 제논은 수사학과 철학이 무엇이 다른가를 손으로 설명하곤 하였다. 그는 손가락을 모으고 주먹을 쥐는 것은 변증론이라고 말하곤 하였다. 그런데 손을 펼쳐 만든 손바닥과 같은 것은 수사학이라고 말하곤 하였다."

학생 그렇게 하겠습니다. 하지만 늘 그러하듯 선생님께서는 불분명한 것이라도 희랍사람들보다 분명하게 말씀하실 겁니다.

선생 노력하겠습니다. 하지만 집중해서 들어야 합니다. 하나라도 놓친다면 전체를 이해하지 못할 테니 말입니다. 희랍사람들이 '파토스 πάθος'라고 부르는 것을 우리말로는 '격정'이라고 부르는 편이, 나는 '질병'이라고 부르는 것보다 좋습니다. 격정을 설명하기 위해 우선 옛날 피타고라스가 했던 구분을, 이어 플라톤의 구분을 따라갈 겁니다. 두 사람은 영혼을 두 부분으로 나누었는데, 이들은 하나는 이성에 참여하는 부분이라고, 하나는 그렇지 않은 부분이라고 하였습니다. 이들은 이성에 참여하는 부분에 평온, 다시 말해 잔잔하고 고요한 항심을 위치시켰으며, 다른 부분에는 분노와 욕망으로 혼란스러운 격동, 다시 말해 이성과 상반되는 적대자를 위치시켰습니다. **11** 그러므로 이를 논의의 시작으로 삼읍시다. 하지만 '격정'의 설명은 스토아학파의 정의와 분류를 따르도록 합시다. 그들은 내가 보기에 이 문제를 매우 예리하게 다룬 것 같습니다.

VI 제논은 이렇게 (파토스 πάθος라는 용어를 사용하여) '격정'은 올바른 이성에서 벗어나 자연에 반하는 영혼의 동요라고 정의합니다. 어떤 이들은 더 짧게 격정은 유난히 격렬한 충동이며, 유난히 격렬한 충동을 가진 사람이란 자연적 항심에서 너무 많이 벗어난 사람이라고 합니다. 그런데 그들은 격정을 선이라고 생각되는 것에서 생겨난 두 가지와 악이라고 생각되는 것에서 생겨난 두 가지, 즉 네 가지로 나눕니다. 선에서 생겨난 것은 욕망과 희열이며, 희열은 현재의 선에 대한 것이며, 욕망은 미래의 선에 대한 것이며, 또 악에서 생겨난 것은 공포와 상심인데, 공포는 미래의 악에 대한 것이며, 상심은 현재의 악에서 생겨난 것이라고 그들은 생각합니다. 왜냐하면, 장차 닥쳐올 것이라고 무서워하던 바로 그것이 현재 닥쳤을 때 그것은 상심을 일으키기 때문입니다. **12** 희열과 욕망은 선에 대한 억견에 있는데, 욕망은 선으로 보이는 것을 향해 자극되고 불타올라 붙잡힌 것이며, 희열은 원하던 것을 이제 얻고 부풀어 열광하는 겁니다. 자연에 따라 사람들 모두는 선이라고 생각되는 것을 추구하며 그 반대의 것을 멀리하기 때문입니다. 따라서 선이라고 생각되는 무언가의 인상이 눈앞에 주어지면 이를 추구하도록 자연이 추동합니다. 이것이 한결같고 현명하게 이루어질 때, 이러한 욕구를 스토아학파는 '불레시스 βούλησις'라고 부르는데, 우리는 '의지 *voluntas*'라고 부를 겁니다. 그들은 의지는 오로지 현자에게만 있다고 생각하여, 의지를 이성적 갈망이라고 정의하며, 한편 이성에 반하여 유난히 격렬한 것은 '욕망 *libido*' 혹은 방종한 열망이고, 이는 모든 어리석은 자에게서 발견된다고 합니다. **13** 마찬가지로 우리가 어떤 선한 것을 누리도록 자극될 경우, 이는 두 가지로 일어납니다. 영혼이 이성적으로 조용히 한결같이 움직이는 것은 '기쁨 *gaudium*'이라 불리지만, 헛되이 무절제하게 영혼이 흥분되는 것은 열광적 혹은 과도한 '희열 *laetitia*'로 불릴 수 있기 때문입니다. 그런데 그들은 후자를 영혼의 비이성적 팽창이라고 정의합니다. 또한, 우리가 자연에 따라 선을 추구하듯이 자연에 따라 악을 회피한다고 할 때, 회피가 이성을 따르면 '신중 *cautio*'으로 불릴 겁니다. 그리고 이는 오로지 현자들에게만 있다고 이해될 겁니다. 하지만 이것이 비이성적으로, 부서지고 굴욕적인 기함 속에 일어날 때 '공포 *metus*'로 불릴 겁니다. 따라서 공포는 이성에 등 돌린 신중이라고 하겠습니다. **14** 그런데 현재의 악에서 현자가 받는 영향은 없지만, 어리석은 자들의 영향은 상심입니다. 어리석은 자들은 악이라고 생각되는 것들에 영향을 받아 상심하게 되며, 이들의 영혼은 위축되고 실의에 빠지며 이성에 따르지 않게 됩니다. 따라서 상심은 이성에 반하는 영혼의 위축이라는 것이 첫 번째 정의입니다. 이렇게 네 가지 격정과 세 가지 항심이 있습니다.[238] 왜냐하면, 상심에 짝을 이루는 항심은 없기 때문입니다.

VII 그런데 스토아학파는 모든 격정이 판단과 억견에 의해 생

---

238 '공포 *metus*'는 '신중 *cautio*'에, '욕망 *libido*'은 '의지 *voluntas*'에, '희열 *laetitia*'은 '기쁨 *gaudium*'에 짝을 이루어, 각각 전자는 격정에 속하는 것이며, 후자는 항심에 속한다. 다만 격정 중의 하나인 상심은 항심에 속하는 것으로 이에 대응할 만한 것이 없다.

겨난다고 생각합니다. 그리하여 그들은 격정이 얼마나 결함이 있는지, 나아가 얼마나 우리의 힘에 달려 있는지를 이해시키기 위해 격정을 좀 더 정확하게 정의합니다. 따라서 상심은 현재의 악에 대한 생생한 억견이며, 이때 영혼은 위축되고 실의에 빠지는 것이 당연한 것처럼 보입니다. 희열은 현재의 선에 대한 생생한 억견이며, 이때 부푼 것이 당연해 보입니다. 공포는 도저히 참을 수 없을 것으로 보이는 육박하는 악에 대한 억견입니다. 욕망은 현재 거기 있으면 유익할, 미래의 선에 대한 억견입니다.

15 그러나 그들은 내가 언급한 각 격정을 야기한 판단과 억견에 격정들이 속할 뿐만 아니라, 나아가 그 격정들이 가져온 것도, 예를 들어 상심이 가져온 고통의 어떤 통증, 공포가 가져온 영혼의 어떤 위축과 도피, 희열이 가져온 과도한 기쁨, 욕망이 가져온 방종한 열망 등도 거기에 속한다고 말합니다. 그런데 그들은 우리가 위의 모든 정의에 집어넣은 억견[239]을 '약한 동의 *inbecilla adsensio*'라고 주장합니다.[240]

16 한편 각 격정에 동류의 하위 격정들이 각각 귀속됩니다. 예를 들어 상심의 하위에 '질시 *invidentia*', ― 설명을 위해 비교적

---

239 '*opinatio*'는 키케로가 만들어낸 단어로 '*opinio*'와 혼용되는 '*opinatio*'는 행위의 측면을 강조한다. '*opinatio*'를 아래의 11, 26절에서 '자신이 모르는 것을 자신이 알고 있다고 판단하는 것'이라고 정의하였다.

240 키케로, 『아카데미아 학파』 I, 11, 42를 보라.

덜 사용되는 용어를 사용해야 하는데, 왜냐하면 '질투 *invidia*'는 질투하는 사람을 가리키면서 동시에 질투 당하는 사람에게도 쓰이기 때문입니다 — 시샘, 시기, 연민, 염려, 슬픔, 비애, 비참, 고뇌, 애통, 고민, 번민, 학대, 좌절 및 이와 같은 유의 것들이 속합니다. 한편 공포에 태만, 치욕, 경악, 불안, 공황, 기함, 당황, 기겁 등이 속합니다. 쾌락[241]에 타인의 불행을 기뻐하는 심술, 쾌감, 과시 및 유사한 것들이 속합니다. 욕망에 분노, 격앙, 증오, 적의, 불화, 탐욕, 갈망 및 동류의 것들이 속합니다. 그런데 이것들을 그들은 이렇게 정의합니다. 질시는 자신에게 아무 피해도 입히지 않는 타인의 성공 때문에 생겨난 상심입니다. **VIII 17** (자신에게 상처를 입힌 자의 성공 때문에 상심할 때, 예를 들어 아가멤논이 헥토르를 질시했다고 흔히 말합니다만, 그것은 정확히 말해 질시가 아닙니다. 타인의 이익 때문에 아무 피해를 보지 않았지만, 그래도 타인이 이익을 누리는 것에 상심한다면 그는 바로 질시하는 것입니다) 한편, 시샘은 두 가지 측면으로 말해질 수 있는데 하나는 칭찬이고 하나는 비난입니다. 덕의 모방을 시샘이라고 부르기도 하는데 — 이는 칭찬에 속하는 것으로 여기서는 논외로 하겠습니다 — 원하던 것을 다른 사람은 얻었지만, 자신은 얻지 못

---

241 키케로가 앞의 6, 11절에서 사용한 용어에 따라 '희열 *laetitia*'라고 말해야 했다.

했을 때 생기는 시샘은 상심입니다. 한편, 시기는 희랍어 '젤로 튀피아 ζηλοτυπία'를 번역한 것으로 자기가 열망하여 얻은 것을 다른 사람도 차지할 때 생기는 상심입니다. **18** 연민은 불의로 인해 고생하는 타인의 불행 때문에 생기는 상심입니다(누구도 존속 살해자나 반역자의 처단에 연민을 느끼지는 않습니다). 염려는 애태우는 상심이며, 애도는 아끼던 사람의 쓰라린 죽음 때문에 생기는 상심이며, 비애는 눈물을 흘리게 하는 상심이며, 비참은 고생스러운 상심이며, 고뇌는 고문하는 상심이며, 애통은 탄식을 동반한 상심이며, 번민은 많은 생각을 동반한 상심이며, 번뇌는 오랫동안 지속하는 상심이며, 학대는 육체적 아픔을 동반한 상심이며, 좌절은 사태가 더 나아질 희망이 없는 상심입니다. **19** 한편, 그들은 공포에 속하는 것들을 이렇게 정의합니다. 태만은 따라올 고생에 대한 공포이며, 〈치욕은 온몸 구석구석으로 피를 분산시키는 공포이며〉[242], 경악은 강한 충격을 주는 공포로서 수치심에 이어 얼굴이 붉어지고, 경악에 이어 얼굴빛이 창백해지고 몸이 떨리고 치가 떨리는 증상이 있습니다. 불안은 들이닥치는 악에 대한 공포이며, 공황은 제정신을 잃게 하는 공포인데, 엔니우스는 "공황이 얼이 빠진 나에게서 모든 지혜를 몰아냈다"[243]

---

242 Olof Gigon의 제안에 따라 〈*pudorem metum sanguinem diffundentem in omnes partes corporis*〉를 보충한다.

243 엔니우스, 『알크메네』 23행.

고 하였습니다. 기함은 마치 공황의 동반자인 양 공황에 이어지는 공포이며, 당황은 생각을 몰아내는 공포이며, 기겁은 오랫동안 지속하는 공포입니다. **IX 20** 한편, 쾌락[244]에 속하는 것들을 그들은 이렇게 묘사합니다. 심술은 자신에게 이익은 없으나 타인이 겪는 악에서 얻는 쾌락이며, 쾌감은 듣기에 좋은 소리가 마음을 사로잡을 때의 쾌락입니다. 또한, 귀에 들어오는 쾌감과 마찬가지로 눈과 촉각과 후각과 미각에 걸리는 것은 모두 한 가지 종류로 영혼을 적시고 녹아내린 쾌락입니다.[245] 과시는 우쭐대며 과도하게 부풀어 오르는 쾌락입니다. **21** 한편, 욕망에 속하는 것들을 그들은 이렇게 정의합니다. 분노는 부당한 피해를 주었다 싶은 사람을 보복하려는 욕망입니다. 격앙은 희랍어로 '튀모시스 θύμωσις'라는 것으로 이제 막 생겨나 터져 나오려는 분노를 가리킵니다. 증오는 해묵은 분노이며, 적의는 복수의 순간을 기다리는 분노이며, 불화는 영혼 깊은 곳과 심장에 품은 지독한 분노이며, 탐욕은 만족을 모르는 욕망이며, 갈망은 아직 거기 없는 사람을 보고자 하는 욕망입니다. 그들은 이렇게도 구분하여, 갈망은 어떤 사물이나 사물들에 붙인 술어(변증론자들은 이를 카테고레마타 κατηγορήματα라고 부르는데)에 해당하는 욕망으로, 예

---

244 앞의 6, 11절의 분류법에 따르면 '희열 *laetitia*'이라고 써야 한다.
245 헤라클레이토스 단편 103~105 정암을 보면, "젖은 혼"과 "건조한 혼"의 비유가 등장한다.

를 들어 재물 가지기와 관직 얻기이며, 반면 탐욕은 관직과 재물 등 사물 자체에 대한 욕망입니다.

억견은 영혼의 병을 유발한다

22 그런데 스토아학파는 모든 격정의 원천을 무절제라고 말합니다. 여기서 무절제란 정신 전체가 이성의 지시에 등을 돌린, 올바른 이성이 결여한 상태로, 영혼의 충동을 지배하지도 제한하지도 못하는 지경을 가리킵니다. 따라서 절제가 충동을 가라앉히고 충동이 올바른 이성에 복종하도록 만들어 정신의 신중한 판단을 보존한다고 할 때, 이에 적대적인 무절제는 영혼의 전체를 자극하여 흔들며 불타오르게 만듭니다. 따라서 상심이며 공포며 기타 모든 격정이 여기서 발생합니다.

X 23 피가 혼탁하고 점액이나 담즙이 넘칠 때 육체에 질병과 병약이 생겨나는 것과 마찬가지로 비뚤어진 억견의 혼돈과 억견의 상충은 영혼의 건강을 빼앗으며 영혼을 질병으로 격하게 흔듭니다. 먼저 격정들로부터 스토아학파가 '노세마타 *νοσήματα*'라고 부른 질병과 그 상반물로 특정물에 대한 잘못된 반감과 혐오가 생겨나며, 다음으로 '아로스테마타 *ἀρρωστήματα*'라고 부른 병약과 그 상반물인 반감이 마찬가지로 생겨납니다.[246] 여기

서 정신적 질병을 육체적 질병의 유사성에 따라 비유하는 데 스토아학파는 열심이며, 특히 크뤼십포스의 열정은 대단합니다. 이에 대한 불필요한 말은 그만두고 핵심 사안을 고찰해 봅시다. **24** 알아야 할 것은 격정이 일관되지 않고 혼란스럽게 돌출하는 억견 가운데 끊임없이 움직이며, 영혼의 이런 열기나 흥분이 오래되다 보면 마치 혈관과 골수 속에 박힌 듯 단단히 뿌리내리고, 그렇게 되면 질병과 병약이, 그리고 질병과 병약에 상반되는 반감이 생겨난다는 겁니다. **XI** 내가 말하는 이것들은 서로 이론적으로 다르지만, 실질적으로는 하나로 결합하여 있는데 질병과 병약은 욕망과 희열에서 생겨납니다. 재물을 탐할 때, 즉시 욕망을 치료할 일종의 소크라테스적 치료약인 이성이 적용되지 않는다면 이 악은 혈관에 침투하며 내장 깊이 뿌리를 내립니다. 이어 질병과 병약이 발생하는데, 이것이 오래되어 더는 제거할 수 없을 때 이 질병의 이름은 탐욕입니다. **25** 또한 여타 질병들, 예를 들어 명예욕, 호색(나는 희랍어로 '필로귀니아 φιλογυνία'라는 것을 이렇게 번역합니다) 등도 마찬가지이며 여타의 질병과 병약도 이와 유사한 방식으로 생겨납니다. 한편 이와 상반되는 것으로서 공포로부터 생겨난다고 생각되는 것은, 예를 들어 여성 혐오증

---

246 무언가에 대한 '사랑'이 격정에 의해 영혼에 생겨난 질병 혹은 상심이라고 할 때, '사랑'과 상반된 것으로 '증오'도 격정에 의해 영혼에 생겨난 질병 혹은 상심이다.

(아틸리우스의 희극 '미소귀노스 μισόγυνος'에서처럼)[247], 인간 혐오증(이 예를 '미산트로포스 μισάνθρωπος'라고 불린 티몬[248]에서 찾을 수 있습니다), 불친절 등이 있습니다. 이 모든 영혼의 병약은 증오하고 피하고자 하는 것들에 대한 일종의 공포로부터 생겨납니다. **26** 그런데 스토아학파는 영혼의 병약을 정의하여, 추구할 만한 것이 아닌 어떤 사물에 대하여 마치 그것이 매우 추구할 만한 것인 양 여기는, 격렬하고 집요하고 뿌리 깊은 억견이라고 합니다. 반감으로부터 생겨나는 것을 그들은 정의하여, 회피할 만한 것이 아닌 어떤 사물에 대하여 마치 그것이 회피해야만 할 것인 양 여기는, 격렬하고 집요하고 뿌리 깊은 억견이라 합니다. 그런데 이때 억견은 자신이 모르는 것에 대하여 자신이 알고 있다고 판단하는 겁니다. 병약에 속하는 것으로 이렇게 탐욕, 야심, 호색, 집착, 식탐, 폭음, 식도락 및 이와 유사한 것들이 있습니다. 탐욕은 돈에 대한 격렬한 억견으로 마치 돈이 추구할 만한 것인 양 여기는 집요하고 뿌리 깊은 억견입니다. 같은 유에 속하는 나머지 것들도 비슷하게 정의됩니다. **27** 그런데 반감들의 정의도

247 마르쿠스 아틸리우스는 기원전 2세기 전반에 활동한 로마 공화정 시대의 희극 시인이다. 키케로는 문체가 '거친 시인 *ferreus scriptor*'(『최고선악론』 I, 2, 5)이라는 포르키우스 리키누스의 평가를 전해준다.

248 티몬은 아테네 사람으로 펠로폰네소스 전쟁 당시에 살았던 인물이다. 아리스토파네스, 『뤼시스트라테』 805행 이하에서 언급된 티몬은 사악한 남자들을 평생 증오했지만, 여자들은 좋아했다고 한다.

이 방식이며, 예를 들어 불친절은 손님을 회피해야 할 대상으로 여기는 격렬한, 집요하고 뿌리 깊은 억견입니다. 예를 들어 히폴뤼토스[249]의 여성 혐오증과 티몬의 인간 혐오증도 비슷하게 정의됩니다.

XII 스토아학파만큼이야 사용하겠습니까만, 건강과의 유사성에 따라 비유하자면, 사람마다 어떤 질병에 유독 잘 걸리는 경우가 있습니다. 그래서 우리는 어떤 사람을 감기 체질이라고 부르고, 어떤 사람을 설사 체질이라고 부르는데, 지금 그렇다는 것이 아니라 자주 그렇기 때문입니다. 이와 마찬가지로 어떤 사람은 공포 기질이고 어떤 사람은 어떤 다른 격정 기질이라고 하겠습니다. 따라서 걱정꾸러기들을 두고 걱정 기질이라고 말하고, 어떤 경우에는 울뚝성이라고 말합니다. 울뚝성은 분노와 다른 것으로 울뚝성을 가진 사람과 분노한 사람은 서로 구분되며, 그것은 걱정 기질과 염려가 구분되는 것과 같습니다. 어쩌다 때로 염려한다고 그 사람들 모두가 걱정꾸러기인 것도 아니며 걱정꾸러기라고 해서 늘 염려하는 것도 아니기 때문입니다. 또 만취와 음주벽이 서로 구별되는 것도, 바람둥이와 사랑에 빠진 사람이 서

---

249 히폴뤼토스는 에우리피데스의 비극 『히폴뤼토스』에 등장하는 주인공이다. 그는 아르테미스 여신만을 모시고 공공연히 아프로디테 여신을 멀리하였는데, 아프로디테 여신이 담당하는 사랑을 혐오하였다. 그는 아프로디테 여신으로부터 미움을 사고, 급기야 목숨을 잃는다.

로 구별되는 것도 이와 같습니다. 이처럼 사람마다 서로 다른 질병에 상이한 경향성을 보임은 널리 나타나는데, 모든 격정에 적용되기 때문입니다. **28** 또한, 많은 결함에서도 이것이 나타나지만, 이에 대한 명칭은 없습니다. 질투 기질과 심술 기질과 욕망 기질과 불안 기질과 연민 기질이 있는데, 모두 해당 격정에 성벽(性癖)이 있기 때문이지, 늘 그렇게 추동되기 때문은 아닙니다. 그러므로 각 종류에 따른 이 성벽을 몸에 비유하여 병약에 잘 기우는 성벽으로 이해하는 한에서 병약이라고 부를 수 있습니다. 하지만 좋은 것들에 대하여, 사람마다 어떤 좋은 것이 더 잘 어울리기 때문에, 이를 적성(適性)이라고 부르며, 나쁜 것들에 대하여 그것에 빠졌음을 나타내기 위해 이를 성벽(性癖)이라고 부를 수 있습니다. 하지만 좋은 것도 나쁜 것도 아닌 경우에는 전자의 명칭을 사용할 수 있습니다. **XIII** 육체에 질병과 병약이 있고, 결함이 있는 것처럼 영혼에도 마찬가지입니다. 육신 전체의 파괴를 질병이라고, 허약을 동반하는 질병을 병약이라고, 몸의 각 부분이 서로 대립하여 생긴 신체적 기형과 왜곡과 변형을 결함이라고 부릅니다. **29** 이들 가운데 질병과 병약은 신체의 건강 전체가 흔들리고 교란됨으로써 발생하며, 결함 그 자체는 건강한 몸에도 보입니다. 그런데 영혼의 질병과 병약은 다만 이론적으로 구분할 수 있을 뿐이며, 반면 영혼의 결함은 생애 전체에 걸쳐 일관되지 않으며 스스로 모순되는 성향이나 상태입니다. 억견이라는 혼탁으로부터 한편으로 영혼의 질병과 병약이 생겨나고, 다른 한편으로 비일관성과 자기모순이 생겨납니다. 왜냐하면, 모든 결함이 같은 부조화를 가지는 것은 아니기 때문입니다. 예를 들어 지혜에서 멀지 않은 사람들의 상태는 그것이 어리석은 한에서 스스로 모순되지만, 비뚤어지거나 왜곡된 것은 아닙니다.

하지만 질병과 병약은 결함의 부분이지만, 격정이 같은 부분에 속하는 것인지는 여전히 의문입니다. **30** 결함은 지속적 상태지만, 격정은 일시적이며, 지속적 상태의 일부일 수 없기 때문입니다. 또한, 이렇게 악에 있어 신체와 영혼의 유사성이 존재했던 것처럼, 선에서도 마찬가지입니다. 신체의 탁월함으로 아름다움, 힘, 건강, 강인함, 민첩함 등이 있다고 할 때 영혼에도 마찬가지입니다. 예를 들어 우리의 몸을 구성하는 여러 부분이 서로 균형을 이루는 신체적 조절을 건강이라고 한다면, 영혼의 판단과 생각이 조화될 때 영혼의 건강이라고 합니다. 이는 영혼의 덕인데, 어떤 사람들은 그 자체로 절제라고 부르고, 어떤 사람들은 절제의 지시에 순응함이라고 부르며 절제에 따르는 것으로 독립된 종은 아니라고 말합니다만, 전자가 맞든 후자가 맞든, 이는 오직 현자에게만 가능하다고 말합니다. 하지만 의사의 치료와 정화를 통해 정신의 무질서가 제거됨으로써 어리석은 자도 어떤 영혼의 건강을 얻기도 합니다. **31** 또한, 신체 부분들이 합당한 모양새와 더불어 좋은 혈색을 갖고 있을 때 이를 신체의 아름다움이라고 부르는 것처럼, 영혼에서도 생각과 판단의 균형과 한결같음이 일종의 강인함과 견고함을 갖추고 덕을 따르거나 덕의 본질을 포함할 때 이를 영혼의 아름다움이라고 부릅니다. 마찬가지로 신체적 힘, 근력, 지구력과 비슷한 것으로서 영혼의 이런 힘들을 비슷한 단어들을 사용하여 이름 부릅니다. 또한, 신체의 민첩함을 순발력이라고 부르는데, 이와 똑같이 짧은 시간에 많은 사태를 파악하는 영혼의 탁월함도 순발력으로 여겨집니다. **XIV** 그런데 영혼과 신체의 차이라고 한다면, 건강한 영혼은 질병의 공격을 받지 않을 수 있지만, 신체는 공격받을 수 있다는 겁니다. 반대로 신체적 상해는 아무런 잘못 없이 발생할 수 있지만, 영혼의 상해는 그렇지 않은 것이 영혼의 모든 질병과 격정은 이성의 경시에서 비롯됩니다. 따라서 영혼의 질병과 격정은 오로지 인간들에게만 발생합니다. 동물들도 이와 유사한 행동을 하지만, 격정에 빠지는 것은 아니기 때문입니다.[250] **32** 영민한 사람들과 우둔한 사람들 사이에도 차이가 있어, 똑똑한 사람들은 코린토스의 청동이 녹스는 것처럼 그렇게 천천히 질병에 걸리고 빠르게 회복되는 반면, 우둔한 사람들은 그렇지 못합니다. 또

---

250 세네카, 『분노에 관하여』 I, 3 이하 "분노는 이성의 적으로서 오직 이성을 가진 존재에게서만 생겨나는 것입니다. 짐승에게는 충동, 사나움, 잔인함, 공격성은 있지만, 사치만큼이나 분노 또한 없습니다."

한, 똑똑한 사람의 영혼은 모든 질병과 격정에 빠지지 않습니다. 많은 사납고 야만적인 것에는 빠지지 않지만, 예를 들어 연민과 상심과 공포처럼 설핏 인간적 외양도 갖춘 어떤 것에는 빠집니다.[251] 또한, 영혼의 병약과 질병은, 덕과 대립하는 극단의 결함보다 없애기가 더욱 어렵다고들 생각합니다. 질병이 계속될 때라도 결함은 제거될 수 있는데[252], 결함이 제거되는 만큼 그렇게 빨리 질병이 치료되지는 않기 때문입니다.

덕과 악덕

33 당신이 아는 대로 스토아학파는 격정을 자세히 논의하였으며, 이것을 '논리적 탐구 λογικά'라고 이름 붙였는데 치밀한 논구였기 때문입니다. 우리는 험한 암초들과 같은 이런 논의를 통과하였으니, 이제 논의의 여정을 마저 끝냅시다. 모호한 사태들을 분명하게 논의하였다면 말입니다.

학생 물론 충분히 분명합니다. 좀 더 치밀하게 검토해야 한다면, 다음 기회에 청하겠습니다. 지금은 선생님께서 말씀하신 대

---

251 "많은 사납고……빠집니다"는 원문 손실이 있는 것으로 보인다.
252 전승 사본에 '*non possunt*'로 되어 있으나, 많은 주석가는 '*non*'을 지우고 읽는다.

로 돛을 펼친 여정을 기대합니다.[253]

XV 34 선생 다른 곳에서 덕에 관하여 말하였고 앞으로도 종종 언급되어야만 할 것인데 — 삶과 도덕에 관련된 대부분 물음이 덕을 원천으로 삼고 있기 때문인데— 덕은 영혼의 한결같고 조화로운 상태라고 할 때 덕은 덕을 가진 사람들을 칭송받게 하며, 덕은 유익과는 구별되어 그 자체로 칭송받을 만한 것이고, 덕으로부터 훌륭한 의지와 훌륭한 생각과 훌륭한 행동과 모든 올바른 이성이 시작됩니다. 물론 덕 그 자체를 올바른 이성이라고 아주 간단히 말할 수 있지만 말입니다. 이 덕에 대립하는 것이 악덕입니다. 희랍사람들이 '카키아 κακία'라고 불렀으며 나로서는 이를 악성(惡性)이라고 부르길 더욱 선호합니다. 악성이 어떤 특정한 결함을 가리키는 말이라면, 악덕은 모든 결함을 가리키는 말이기 때문입니다. 이 악덕으로부터 격정이, 조금 전에 내가 언급했듯이 이성에서 벗어나 평온한 정신과 삶에 가장 적대적인, 혼란스럽고 흥분된 영혼의 격동이 생겨납니다. 이 격동은 염려스럽고 지독한 상심을 가져와 영혼을 괴롭히고 공포로 무력하게 합니다. 또한, 이 격동은 우리가 때로 욕망, 때로 욕정이라고 말하는 과도한 욕구로, 절제와 절도와 극히 대립하는 영혼의 어떤 방종에 불을 지릅니다. **35** 일단 바라던 것을 얻게 되면 욕구

---

253 앞의 5, 9절을 보라.

는 환희로 더욱 활개를 치며, '영혼의 지나친 쾌락이 가장 큰 잘 못'이라고 생각한 사람처럼, 하는 일이 '전혀 일관되지 않게' 됩니다.[254] 따라서 이 악의 치료는 오로지 덕에 달려 있습니다. **XVI** 상심에 시달리다 무기력하게 뻗어버린 사람보다 더 비참하며, 더 추하고 못생긴 것이 무엇입니까? 이 비참한 몰골에 제일 가까운 사람은 무언가 다가오는 악에 공포를 느끼고 얼이 빠져 마음이 초조한 사람입니다. 이 악의 힘을 보여주기 위해 시인들은 저승의 탄탈로스 위에 '범죄와 영혼의 방종과 오만한 말 때문에'[255] 바위가 매달려 있는 모습을 보여줍니다. 이는 어리석음에 공통된 처벌입니다. 정신이 이성에서 멀어진 모든 사람에게는 어떤 불안이 매달려 있기 때문입니다. **36** 정신을 좀먹는 이 격정들, 그러니까 공포와 상심처럼, 정신을 지나치게 들뜨게 하는 격정들, 무언가를 늘 갈구하는 욕망과 공허한 환희, 다시 말해 열광적 희열은 정신이상과 크게 다르지 않습니다. 이로부터 우리가 어떤 사람을 두고 때로 절도 있다고 말하고, 때로 신중하고 절제 있다고 말하고, 때로 자제력 있고 한결같다고 말하는지 이해됩니다. 때로 우리는 이 동일한 표현들을 '건실'이라는 일종의 표제 아래 하나로 묶고자 합니다. 이 덕들이 이 표제에 담기지 않았다

---

254 퀸투스 트라베아는 기원전 3세기에서 2세기의 희극작가다. 『최고선악론』 II. 4. 13을 보라.
255 작가 미상의 비극 단편 110.

면, '건실한 사람은 만사에 바르다'라는 말이 속담의 지위를 얻을 만큼 널리 퍼졌을 리 만무합니다. 스토아학파도 현자에 관해 이와 똑같이 주장하는데, 그들은 너무나도 황당하고 너무나도 과장되게 말하는 것으로 보입니다.[256] **XVII 37** 따라서 누구든 절도 있고 한결같고 영혼이 고요하고 자기 자신과 평화로운 사람, 번민으로 속을 썩이지 않으며 불안으로 부서지지 않으며 간절하게 무언가를 원하고, 갈망으로 불타오르지 않고, 헛된 환희로 열광하여 녹아버리지 않는 사람, 바로 이런 사람이 우리가 찾고 있는 현자이며, 바로 이 사람이 행복한 사람입니다. 세상만사 어떤 일도 그의 영혼을 위축시킬 만큼 견디기 어려운 일은 없을 듯하며, 세상만사 너무나 기쁜 일도 그의 영혼을 부풀게 할 수 없을 듯합니다. 모든 영원성과 전 우주의 크기를 아는 그에게 도대체 세상만사 무엇이 크다 하겠습니까? 늘 영혼이 깨어있어 갑작스러운 일도, 예측하지 못한 일도, 전혀 놀라울 일도 있을 수 없는 현자에게, 아주 짧은 인생 가운데 혹은 인간의 열정들 가운데 도대체 무엇이 대단하게 보이겠습니까? **38** 또한, 현자는 사방 모든 것을 날카롭게 주시하며 이로써 늘 번민과 염려 없이 거할 그의 자리와 장소를 파악하며, 따라서 운명이 어떤 불운을 가져다주든지 이를 적절하고 고요하게 견뎌냅니다. 이를 행하는 사람은 상

---

256 『아카데미아 학파』 II, 44, 136절 이하를 보라.

심뿐만 아니라 그 밖의 모든 격정이 없을 겁니다. 격정에서 자유로운 영혼은 완벽하게 절대로 행복한 사람을 만들지만, 온전하고 확고한 이성과 갈라져 흔들린 영혼은 항심은 물론 건강도 잃습니다.

소요학파를 반박함

따라서 소요학파의 논리는 약하고 무기력하다고 생각해야 하는데, 이들은 영혼이 격정을 겪을 수밖에 없다고 주장하며 다만 넘어선 안 될 어떤 적정선을 제시합니다. **39** 하지만 결함에 단지 적정선을 제시할 겁니까? 이성에 복종하지 않는 것, 이것은 결함이 아닙니까? 얻고자 열렬히 갈구하거나 얻고 나서 과도하게 부풀어 오르는 것이 선이 아님을, 억눌려 쓰러지거나 억눌리지 않을까 싶어 정신적으로 거의 버텨내지 못하는 것이 악이 아님을 이성이 분명히 가르쳐주지 않습니까? 또한, 모든 과도한 슬픔이나 과도한 기쁨이 착각 때문에 생기며, 착각이 세월과 함께 어리석은 자들에게서 약해지더라도, 어리석은 자들은 사태 자체는 변한 게 없는데도 옛일과 최근 일을 달리 받아들이지만, 현자는 전혀 착각과 관계없음을 이성이 분명히 가르쳐주지 않습니까? **40** 도대체 그 적정선은 어떤 적정선이겠습니까? 그들의 공력이 가장 많이 들어간 상심에 대해 그 적정선을 물읍시다. 푸블리우스 루필리우스[257]가 그의 동생이 집정관직 선거에서 낙선한 것에 상심했다고 판니우스는 기록하였습니다.[258] 그는 그 이유로 목숨을 버렸으니, 그는 분명 적정선을 넘어선 것으로 보입니다. 그러므로 그는 좀 더 절도 있게 견뎌야 했습니다. 그가 절도 있게 견뎌냈더라도, 만일 자식들의 죽음이 더해졌다면 어떻겠습니까? '새로운 상심이 생기겠지만, 그 상심에도 절도가 있습니다.' 그럼에도 커다란 추가가 보태집니다. 큰 육체적 고통, 재산 상실, 실명, 추방이 이어지면 어떻겠습니까? 만일 각각의 악에 상심이 더해진다면, 마침내 상심의 총합은 견디지 못할 만큼이 될 겁니다. **XVIII 41** 따라서 결함에서 적정선을 묻는 것은 마치 레우카테스 절벽[259]에서 추락하다가도 만약 원하기만 하면 멈출 수

---

257 푸블리우스 루필리우스 루푸스는 스키피오의 후원을 받은 정치가로 기원전 132년 집정관을 역임했으며 티베리우스 그락쿠스의 지지자들에게 매우 가혹한 처벌을 내렸으며, 시킬리아에서 노예반란을 진압한 것으로 유명하다. 가벼운 병을 앓고 있었는데, 집정관 선거에서 동생이 낙선했다는 소식을 낙담하였고, 곧 사망하였다고 한다.

258 가이우스 판니우스 스트라보는 기원전 122년 집정관을 역임한 사람으로 라일리우스의 사위이며 스키피오 동아리의 일원으로 스토아철학자 파나이티오스의 학생이었다(키케로, 『브루투스』 26, 99~101). 판니우스는 당대의 역사를 기록하였다.

259 희랍 레우카스 섬은 희랍 세계의 서쪽 끝 이오니아 해에 있는 섬이다. 레스보스의 시인 사포가 이 섬의 레우카테스 절벽에서 몸을 던져 자살했다는 전설이 있다.

있다고 생각하는 것과 비슷합니다. 이것이 불가능한 것처럼, 그렇게 영혼은 일단 격앙되고 격동되면 자신을 억누를 수 없으며, 원하는 지점에서 멈출 수도 없습니다. 자라서 해로운 것이 아니라, 애초 생겨났을 때부터 전적으로 결함을 가진 겁니다. **42** 상심과 여타 격정들은 커졌을 때 분명코 매우 치명적이지만, 이미 생겨났을 때부터 큰 위험입니다. 일단 이성을 벗어나면 격정들은 스스로 움직입니다. 나약함은 자신에게 관대하여 알지 못하면서 깊은 곳으로 끌려 들어가, 멈추어 설 곳을 찾지 못합니다. 따라서 소요학파가 절도 있는 격정을 용인할 때 이는 절도 있는 불의와 절도 있는 나태와 절도 있는 무절제를 용인하는 것과 다르지 않습니다. 따라서 결함에 적정선을 지정하는 사람은 결함 일부를 받아들이는 겁니다. 이는 그 자체로 혐오스럽고, 또한 더욱 해로운 것은, 미끄러운 곳 위에 있어 일단 충격을 받으면 쭉 미끄러져 도저히 멈출 수 없기 때문입니다.

XIX 43 또한, 우리가 뿌리 뽑아야 한다고 생각하는 격정들을 놓고, 그것이 자연스러운 것이며 더 나아가 자연이 부여한 유용한 것이라고까지 소요학파가 주장하는 근거는 무엇입니까? 그들의 말은 이와 같습니다. 우선 그들은 분노를 칭송하는 많은 말을 합니다.[260] 그들은 이를 용기의 시금석이라고 말하며, 분노

---

260   여기에서 분노로 번역된 단어는 '*iracundia*'인데, 앞서 키케로는 이를 '분노

한 사람들의 공격은 적과 불량한 시민에 맞서 훨씬 더 강력하다고 주장하면서, '이 전투는 정당하며 법과 자유와 조국을 위해 싸우는 것은 합당한 일이다'라고 생각하는 사람들의 어쭙잖은 논증은 가볍게 여깁니다. 이 말들이 힘을 갖는 것은, 용기가 분노로 타오를 때입니다. 그들의 논의는 전사들에게 국한되지 않습니다. 그들은 가혹한 분노가 동반되지 않는다면 어떤 군령도 준엄할 수 없다고 생각합니다. 또한, 상대방을 고발하는 연설가는 물론이려니와 변호하는 연설가도 가시 돋친 분노를 갖추지 않으면 그들은 인정하지 않으며, 분노가 생기지 않더라도 연설가의 실연(實演)이 청중의 분노를 자극할 수 있도록 말이나 동작을 통해서 분노를 가장해야 한다고 생각합니다. 끝으로, 그들은 분노할 줄 모르는 사람은 남자로 보이지 않는다고 말하며, 우리가 온화함이라고 말하는 것을 결함의 명칭인 우둔함으로 지칭합니다.[261] **44** 그들은 이 욕망을 칭송할 뿐만 아니라, ─ 내가 방금 정

기질'로 설명하였으나 여기서는 문맥상 '분노 *ira*'와 같은 의미로 사용되었다. 아리스토텔레스, 『니코마코스 윤리학』 1125b32 이하 "마땅히 화를 낼 만한 일에 대해 마땅히 화를 낼만한 사람에게 화를 내는 사람은, 더 나아가 마땅한 방식으로, 마땅한 때에, 마땅한 시간 동안 화를 내는 사람은 칭찬받는다."

261 아리스토텔레스, 『니코마코스 윤리학』 1126a4 이하 "마땅히 화를 내야 할 일에 대해 화를 내지 않는 사람들은 어리석은 사람으로 생각되고, 마땅한 방식으로 화를 낼 줄도, 마땅한 때에 마땅한 사람에게 화를 낼 줄도 모르는 사람 역시 어리석은 사람으로 생각되기 때문이다."

의하였는바 분노는 복수의 욕망이기 때문입니다 — 욕망이나 욕정[262]이라는 바로 그 종류는 아주 유용하게 쓰이도록 자연이 부여한 것이라고 말합니다. 왜냐하면, 욕망하는 것이 없으면 누구도 탁월한 것을 이룩할 수 없을 것이기 때문이라는 겁니다. 테미스토클레스는 잠을 잘 수가 없다는 이유로 밤중에 길거리를 돌아다녔고, 이유를 묻는 사람들에게 밀티아데스의 승전비[263] 때문에 자다가 벌떡벌떡 깬다고 말했다고 합니다.[264] 데모스테네스의 불면을 들어보지 못한 사람은 없을 겁니다. 그는 해 뜨기 전부터 일을 시작하는 장인들에게 부지런함에 자신이 뒤지면 고통을 느낀다고 말하곤 했습니다.[265] 끝으로, 철학의 제일인자들도 그들의 학문에서 불타오르는 욕망이 없었다면 결코 그렇게 큰 진보를 이루지 못했을 겁니다. 피타고라스와 데모크리토스와 플라톤은 세상 끝까지 돌아다녔다고 전하는데, 무언가 배울 것이 있는 곳이라면 어디든 가야 한다고 그들은 판단하였던 겁니다. 도대

---

262 앞서 ‘*libido*’와 ‘*cupiditas*’는 똑같이 ‘ἐπιθυμία 욕망’의 번역어로 사용되었는데, 둘을 구분해야 할 때 원칙적으로 ‘*libido*’는 ‘욕정’으로, ‘*cupiditas*’는 ‘욕망’으로 번역하였으나, 이 부분에서는 정반대로 번역되었다.

263 밀티아데스는 기원전 490년 페르시아에 맞서 마라톤 전투를 이끌었던 아테나이의 정치가로 테미스토클레스와 달리 육군 증강을 주장하였다.

264 플루타르코스, 『테미스토클레스』 3, 4. 테미스토클레스는 기원전 480년 살라미스 해전에서 페르시아를 물리쳤으며, 평소 해군력 증강을 주장하던 아테나이의 정치가였다.

265 플루타르코스, 『데모스테네스』 7 이하.

체 이것들이 욕망의 아주 큰 불길 없이 가능했다고 생각할 수 있습니까? **XX 45** 우리는 상심을 끔찍스러운 거대한 맹수처럼 피해야 한다고 말했지만, 소요학파가 말하길, 상심은 자연이 큰 유용성을 위해 부여한 것으로, 이 때문에 사람들은 그들의 과실에 책망과 비난과 망신을 당하면 고통스러워하는 것입니다. 죄를 범하고도 망신과 창피에 고통이 없는 사람들에게는 처벌 면제가 부여되었다 싶습니다. 양심에 따라 괴로워하는 것이 더 좋은 일입니다. 따라서 아프라니우스[266]의 말은 삶에서 나온 것입니다. 방탕한 아들이 "불행한 내 신세"라고 말하자, 엄격한 아버지는 "*그*가 아파할 수 있을 때 뭐든 아프하게 하소서!"라고 말했던 겁니다.[267] **46** 이들은 상심의 나머지 부분도 유용하다고 주장합니다. 연민은 부당하게 시련을 겪은 사람들에게 도움을 주고 시련을 덜어주는 데 유익하게 쓰이며, 남이 가진 것을 자신이 가지지 못했음을 아는 것 때문에 생겨나는 시샘이나 자신이 가진 것을 남도 가졌음을 아는 것 때문에 생겨나는 시기도 무익하지 않다고 합니다. 한편 공포를 치워버린 사람은 삶의 모든 세심한 돌봄

---

266 루키우스 아프라니우스는 희랍적 소재를 다루던 기존의 희극 관행과 달리 로마적 소재를 다룬 희극을 처음으로 소개한 시인이다. 그가 처음 소개한 문학류를 '토가 희극'이라고 부른다. 호라티우스(『서간시』 II, 1, 57행)는 "아프라니우스의 토가는 메난드로스에게 어울린다"고 말하여 그를 높이 평가하였다.

267 아프라니우스 단편 409.

도 치워버리게 되는데, 법률과 정무관과 가난과 망신과 죽음과 고통을 두려워하는 사람이라야 삶의 세심한 돌봄이 더없이 가득할 것이라고 합니다.[268] 그리하여 이렇게 논의하며 소요학파는, 이 격정들이 잘라내야 한다는 것에는 동의하지만, 격정들을 뿌리째 없애버리는 것은 불가능하고 불필요한 일이며, 거의 모든 일에서 적절함이 최선이라고 생각한다고 주장합니다. 그들이 이렇게 이야기할 때, 당신은 그들이 무언가 말이 되는 것을 설명한다고 생각합니까? 아니면 전혀 말이 되지 않는 소리를 한다고 생각합니까?

학생 저는 무언가 말이 될 법한 소리로 보입니다. 그렇다면 기대하거니와, 이에 선생님께서는 뭐라 답하려 하십니까?

XXI 47 선생 아마도 뭔가 찾게 될 겁니다. 하지만 먼저 묻겠습니다. 당신은 아카데미아학파가 이에 얼마나 조심스러운지 알고 있습니까? 이들은 오직 사안에 관련된 것만을 말하기 때문입니다. 스토아학파는 소요학파에게 응수합니다. 서로 맞짱 뜨게 내버려 둡시다. 나는 오직 가장 개연적으로 보이는 것이 어디에 있는지를 탐구하면 됩니다. 그러면 이 문제에서 뭔가 개연성에 닿을 수 있는 것은 ─ 인간 정신은 그 이상을 넘어설 수 없으니 ─

---

268 아리스토텔레스, 『니코마코스 윤리학』 1115a12 이하 "이를테면 불명예 같은 것은 마땅히 두려워해야 하며, 또 그렇게 하는 것이 고귀한 것이고 그렇게 하지 않는 것은 부끄러운 일이기 때문이다."

무엇입니까? 그것은 바로 격정의 정의인데 제논이 이를 올바르게 사용했다고 나는 봅니다. 제논이 정의하길, 격정은 이성에 등을 돌린, 자연에 반하는 영혼의 격동이며, 혹은 짧게 말해, 격정은 유난히 격렬한 충동인데, 여기서 유난히 격렬하다는 자연의 한결같음에서 멀리 벗어난 것을 의미합니다. **48** 이 정의들에 내가 뭐라 부언할 수 있겠습니까? 이것들 대부분은 예리하고 지혜롭게 논의하는 사람들의 것이고, ‘영혼의 불길과 용기의 시금석’ 같은 표현은 수사학자들의 과장이라고 하겠습니다. 실로 용감한 사람은 먼저 분노하기 시작하고야 용감할 수 있다는 겁니까? 이는 다만 검투사의 용기일 뿐입니다. 그렇지만 검투사들에게서도 자주 우리는 항심을 발견합니다. 그들은 ‘서로 만나고 이야기하며 무언가를 묻고 요청하며’ 분노했다기보다 오히려 평온하다 싶습니다. 한데 루킬리우스가 이야기한, 이런 영혼을 가진 파키데이아누스라는 사람이 앞선 종류의 검투사일 수 있습니다.[269]

---

269 루킬리우스 풍자시 단편 153. 파키데이아누스는 그라쿠스 형제 시대의 검투사로 루킬리우스는 그를 최고의 검투사로 꼽았다. 키케로도 여러 차례 이 검투사를 언급하였다. 『투스쿨룸 대화』 제2권 17, 41에 언급된 검투사 관련 구절은 파키데이아누스와 상대했던 아이세르니누스를 가리키는 루킬리우스의 시구다.

그를 죽이고 물리치리라. 당신들이 이를 요구한다면.

믿거니와 반드시 그럴 것이다. 내가 먼저 얼굴을 맞고,

이어 내가 놈의 복부에, 허파에 칼을 꽂을 것이다.

나는 놈을 증오하여 분노로 싸운다. 더는 상대방이

칼을 손에 쥘 우리는 기다리지 않으니, 나는

그와 같이 열망과 증오와 분노에 놈에게 사나워진다.

XXII 49 하지만 검투사의 이런 분노를 우리는 호메로스에서 헥토르와 싸우기 위해 아주 신나게 앞으로 돌진하는 아이아스에서 보지 못합니다.[270] 그가 무기를 걸쳤을 때 그의 출전은 전우들에게 희열을, 적들에게 공포를 주었으며, 그래서 헥토르는 호메로스에 따르면 가슴속에서 온통 떨면서, 싸움을 청한 것을 후회했다고 합니다. 더군다나 이들은 맞붙기에 앞서 서로 이야기를 차분하고 조용하게 나누었으며 싸울 때조차도 결코 분노나 광기에 이끌리지 않았습니다. 나는 토르콰투스라는 이름을 처음 쓴 사람이 분노하여 갈리아인에게서 목걸이를 빼앗았을 것으로 생각하지 않으며,[271] 클라스티디움에서 마르켈루스가 분노 때문에

---

270 『일리아스』 VII, 211행 이하 "아이아스는 험상궂은 얼굴에 미소를 지으며" (천병희 역).

271 기원전 361년 티투스 만리우스 토르콰투스는 아니오 강변에서 갈리아의 거인 전사를 물리치고 그의 목걸이를 전리품으로 빼앗아왔다. 토르콰투스

용감히 싸운 것은 아니라고 생각합니다.[272] **50** 최근의 일이기 때문에 비교적 소상히 우리가 알고 있는 아프리카누스가 전선에서 파일리그니 사람 마르쿠스 알리엔니우스를 방패로 막고 적의 가슴에 칼을 꽂은 일은 결코 그가 분노에 휘말렸기 때문은 아니라고 나는 맹세할 수 있습니다.[273] 루키우스 브루투스가 폭군에 대한 무한한 증오 때문에 사납게 아룬스[274]를 공격하였으리라 의혹을 품을 수 있는데, 내 알기로 양자가 서로 맞붙어 상대방의 가격에 동시에 쓰러졌다고 합니다. 여기에 분노를 개입시킬 이유가 무엇입니까? 용기가 광기에 휘말리기 시작해야만 공격을 감행한단 말입니까? 어떻습니까? 헤라클레스를 하늘에 오르게 한 것은 당신들이 분노라고 부르는 바로 그 용기였는데, 그가 에뤼만토스의 멧돼지나 네메아의 사자와 싸운 것도 분노 때문이라고 당신은 생각합니까? 또한, 테세우스가 마라톤 황소의 뿔을 잡은

는 기원전 347년, 344년, 340년 집정관을 역임하였고, 기원전 353년, 349년, 320년 독재관을 역임하였다. 토르콰투스라는 이름은 상대방의 목걸이(*torques*)를 빼앗았기 때문에 붙여졌다.

272 마르쿠스 클라우디우스 마르켈루스는 기원전 222년 파두스 건너 갈리아에서 갈리아인들을 맞아 클라스티디움에서 싸웠으며, 갈리아의 왕 비리도마리우스를 맞대결에서 제압하였다.

273 소위 소(小)스키피오라고 불리는 스피키오 아프리카누스를 가리킨다.

274 로마의 마지막 왕 오만왕 타르퀴니우스의 아들이다. 아룬스는 왕권을 되찾기 위해 로마를 공격하였고, 로마의 최초 집정관으로 뽑힌 브루투스가 맞서 싸웠다. 리비우스 2, 6, 6 이하를 보라.

것도 분노 때문입니까?[275] 용기는 전혀 광분이 아니며, 분노는 경솔함 이외의 무엇이 아님을 명심하기 바랍니다. 이성이 관여하지 않은 용기는 없습니다.

XXIII 51 '인간 만사를 하찮게 여겨야 하며 죽음을 가볍게 생각해야 하며 고통과 고생을 견딜 만하다고 여겨야 합니다.' 이것들이 판단과 생각으로 확고할 때 바로 이것이 굳건하고 흔들리지 않는 용기입니다. 다만 격렬하고 잔인하고 거세다고 그것을 분노에 의한 것으로 생각하지 않는다면 말입니다. 최고 대제관 스키피오[276]는 현자는 결코 사인(私人)일 수 없다는 스토아학파의 이 명제[277]를 옳다고 입증한 사람입니다. 그가 무기력한 집정관을 내버려 두고 사인으로 마치 집정관처럼, 국가의 안녕을 바라는 사람들은 자신을 따르라고 명령했을 때, 그는 내가 보기에 결코 티베리우스 그락쿠스에게 분노했던 것은 아닙니다. **52** 우리가 국가를 위해 용기 있게 무얼 했는지 알지 못하지만, 만약 우

---

275 오디비우스, 『변신이야기』 VII, 433행 이하. 마라톤 황소는 원래 헤라클레스가 크레타 섬에서 끌고 온 것인데, 이를 에우뤼스테우스가 풀어주었다. 나중에 이 황소가 아티카를 황폐하게 만들자 테세우스가 죽었다.

276 기원전 138년 집정관을 지낸 스키피오 나시카를 가리킨다. 그는 133년 티베리우스 그락쿠스의 제거를 시민들에게 호소하였고, 그가 직접 그락쿠스를 죽였다.

277 디오게네스 라에르티오스, 『유명한 철학자들의 생애와 사상 2』 7권 122 "현자들만이 다스리기에 적합한 사람들"이다.

리가 무언가를 했다면 그것을 행한 것은 분노에 의한 것이 아님은 분명합니다. 분노만큼 광기에 가까운 것은 무엇이겠습니까? 분노는 '광기의 시작'이라고 한 엔니우스의 말은 얼마나 훌륭합니까?[278] 분노의 안색과 목소리와 눈동자와 호흡, 말과 행동의 무절제 등이 건강과 상관있습니까? 호메로스에서 아킬레우스와 아가멤논의 말다툼보다 흉한 것은 무엇입니까? 실로 분노는 아이아스를 실성과 죽음으로 몰고 갔습니다.[279] 따라서 용기는 분노를 조력자로 요청하지 않으며 그 자체로 충분히 태세를 갖추고 준비하고 무장하고 있습니다. 만약 그런 방식이라면 미치고 술 취한 사람들이 종종 매우 격렬히 큰일을 해내는 것을 볼 때, 용기를 얻는 데는 폭음이 유용하다고, 심지어 광분도 유용하다고 말해야 할지도 모릅니다. 사실 아이아스는 늘 용감했지만, 실성했을 때 특히 그러했습니다.

그는 최고의 일을 했다. 다나오스인들이 밀릴 때
그의 손으로 그는 최고의 업적을 달성하였다.[280]

278 엔니우스 미확정 단편 18.
279 오뒷세우스와 아킬레우스의 무장을 놓고 벌인 경쟁에서 패한 이후의 상황을 가리킨다. 소포클레스 『아이아스』, 오비디우스 『변신이야기』 13권 391행 이하를 보라.
280 파쿠비우스의 비극작품에서 인용된 것으로 보인다.

XXIV 53 그의 광기가 전세를 돌려놓았던 겁니다. 그러므로 광기가 유용하다고 말하겠습니까? 용기의 정의를 되새겨 보십시오. 그러면 당신은 용기에 발끈함이 필요하지 않음을 이해할 겁니다. 용기는 '시련을 견디면서 최고의 법을 지키는 영혼의 상태' 혹은 '끔찍해 보이는 일들을 견디고 저항하는 가운데 흔들림 없는 판단의 보존' 혹은 '끔찍한 것들, 그 반대되는 것들, 전적으로 무시해야 하는 일들에 대해 흔들림 없는 판단을 보존하는 앎' 혹은 예를 들어 크뤼십포스의 정의처럼 이것들보다 짧은 정의가 있습니다. 앞의 정의들은 스파이로스[281]의 것들로, 스토아학파는 그를 매우 잘 정의하는 사람이라고 생각했는데, 이 정의들은 모두 전적으로 거의 같지만, 각각은 일반 개념들을 서로 다르게 강조합니다. 그럼 크뤼십포스의 정의는 어떤 겁니까? 그는 용기란 견뎌내야 할 사태에 대한 앎 혹은 견디고 버티며 불안 없이 최고의 법에 복종하는 영혼의 상태라고 말합니다. 물론 우리는 카르네아데스가 흔히 그러했듯이 이들을 비판할 수 있지만, 나는 이들만이 참된 철학자들이 아닐까 합니다. 이들의 정의 가운데 우리가 모두 용기에 관해 은연중에 사용하는 우리의 개념을 드러내지 않은 것이 있습니까? 이 정의가 제시될 때, 누가 전사나 장

---

281 트라키아의 스파이로스는 기원전 3세기 중엽 스토아철학자이며 제논의 제자다.

군이나 연설가에게 뭐를 요구하겠으며, 이들이 광분 없이 뭔가를 용감하게 행할 수 없다고 생각하겠습니까? **54** 어떻습니까? 모든 어리석은 사람은 광기에 빠진 사람이라는 주장에서 스토아학파는 이런 것을 고려한 것이 아니겠습니까?[282] 여기서 격정들, 특히 분노를 제외하십시오. 그들은 괴이한 것을 주장하는 것으로 보일 겁니다. 사실 그들은 모든 시궁창은 악취를 풍긴다는 식으로 모든 어리석은 사람이 광기에 빠졌다고 주장한 겁니다. '하지만 늘 그런 건 아니다.' 휘저으십시오! 냄새를 맡을 겁니다. 마찬가지로 분노 기질이라고 늘 분노하는 것은 아닙니다. 도발하십시오! 광분하는 걸 보게 될 겁니다. 어떻습니까? 우리의 용사 '분노'가 집으로 돌아간다면 말입니다. 아내에게, 자식들에게, 식솔들에게 어떻게 대하겠습니까? 혹은 그때에도 분노는 유용한 겁니까? 격동된 정신이 항심을 유지하는 정신보다 훌륭하게 할수 있는 무슨 일이 있습니까? 혹은 누가 정신의 격정 없이 분노할 수 있습니까? 따라서 우리 조상들은 — 모든 성품에 결함이 있지만, 분노보다 흉한 것은 없다 하여 — 분노한 사람들을 꼭집어 '못된 성미'라고 불렀습니다.[283] **XXV 55** 연설가가 분노하는 것은 절대 합당한 일이 아니지만, 분노 연기를 적합하지 않다고

---

282 키케로, 『스토아학파의 역설』 4와 『투스쿨룸 대화』 제3권 4, 9를 보라.

283 여기서 키케로는 '성품 *mos*'을 '성미가 못된 *morosus*'의 어원인 것처럼 생각하고 있다.

할 수 없습니다. 소송에서 우리가 무언가를 아주 격렬하고 가혹하게 말한다고 해서 당신이 보기에 우리가 분노하는 것 같습니까? 어떻습니까? 사안이 마무리되고 정리되고 나서 당시의 연설문들을 우리가 글로 적는다고 할 때 분노해서 글을 쓰는 것은 아니지 않겠습니까? '아무도 이런 짓을 처벌하지 않는가? 너희는 그를 묶어라!'[284] 실로 아이소포스가 분노해서 연기하고, 아키우스가 분노해서 글을 썼다고 생각합니까? 이들도 훌륭하게 연기하지만, 연설가는, 진정한 의미의 연설가라면, 어떤 배우보다 훌륭하게 연기하며, 이때 그는 정신적으로 평온하고 차분하게 연기합니다.

욕망을 칭송하는 것은 도대체 어떤 욕망입니까? 테미스토클레스와 데모스테네스를 당신들은 나에게 제시하고, 피타고라스와 데모크리토스와 플라톤을 덧붙입니다. 어떻습니까? 당신들은 이들의 열정을 욕망이라고 부릅니까? 이들의 열정은, 당신들이 제시하는 열정처럼 더없이 훌륭한 것에 대한 열정이지만, 그럼에도 차분하고 평온한 열정임이 틀림없습니다. 또한, 세상에서 제일 혐오스러운 것인 상심을 칭송하는 것은 도대체 어떤 철학자들의 일입니까? 물론 아프라니우스는 적절하게 말했습니다.

---

284   아키우스가 쓴 『아트레우스』 233행에서 인용한 구절이다.

'그가 아파할 수 있을 때 뭐든 아파하게 하소서!'[285] 이는 그가 타락하고 방탕한 청년을 두고 한 말이었지만, 우리는 지혜롭고 한결같은 사람에 관해 묻는 겁니다. 물론 실로 백인대장이나 군기수나 — 수사학자들의 비전(祕傳)을 누설하지 않기 위해 언급해서는 안 될 — 여타의 사람들[286]은 분노 자체를 사용할 수 있습니다. 이성을 사용할 수 없는 사람은 영혼의 격동을 사용하는 것이 유용하기 때문입니다. 하지만 내가 종종 증언한 것처럼 우리는 현자에 관하여 묻는 겁니다. **XXVI 56** 그런데 시샘과 시기와 연민이 유용하다고 합니다. 할 수 있다면 도움을 주는 것이 낫지, 왜 연민입니까? 연민이 없으면 우리는 자유민다울 수 없는 겁니까? 우리 자신이 타인들을 위해 상심할 필요는 없으며, 우리는 다만 할 수 있다면 그들의 상심을 덜어주면 됩니다. 상대방을 시기하는 것, 경쟁의식과 흡사한 결함 있는 시샘으로 상대방을 시샘하는 것은 어떤 유익함이 있습니까? 특히 자신에게 없는 선을 상대방이 가져서 괴로워하는 것이 시샘하는 자의 특징이라고 할 때, 또 상대방도 가진 선 때문에 괴로워하는 것이 시기의 특징이

---

285 아프라니우스 단편 409. 앞의 20, 45에도 인용되었다.

286 키케로, 『연설가론』 II, 51, 206 이하를 보면, 연설가는 청중을 설득하고 그가 원하는 방향으로 청중을 이끌기 위해 격정을 매우 중요하게 사용한다. "*iam quoniam haec fere maxime sunt in iudicum animis, aut quicumque illi erunt, apud quos agemus, oratione molienda, amor, odium, iracundia, invidia, misericordia, spes, laetitia, timor, molestia……*"

라고 할 때 말입니다. 무언가를 갖고 싶을 때 갖고자 노력하지 않고 상심하는 것을 어떻게 옳다고 할 수 있겠습니까? 오로지 갖기만을 원하는 것은 완전히 정신 나간 짓이기 때문입니다.

57 또한, 누가 악의 적절함을 올바르게 칭송할 수 있습니까? 욕정이나 욕망이 있는 사람이 어떻게 '호색적인' 혹은 '욕망하는' 사람이 아닐 수 있습니까? 분노를 가진 사람이 '분노한' 사람이고, 염려를 가진 사람은 '염려하는' 사람이고, 불안을 가진 사람은 '불안한' 사람이 아닙니까? 호색적인, 분노한, 염려하는, 불안한 사람을 우리는 현자라고 생각합니까? 현자의 탁월함은 많은 것이 느슨하고 폭넓게 언급될 수 있겠지만, 하지만 가장 간략한 방식으로 말하면, 지혜는 신들과 인간들의 일에 대한 앎이며 사물 각각의 원인에 대한 인식입니다.[287] 이로부터 현자는 신적인 것을 모방하고, 모든 인간적인 것을 덕보다 아래에 놓는다는 것이 도출됩니다. 현자가 마치 바람에 흔들리는 바다와 같은 이 격정에 빠질 수 있다 싶다고 당신은 말했습니까? 무엇이 현자의 큰 신중함과 항심을 격동시킬 수 있습니까? 어떤 예측 불가능하거나 갑작스러운 일이 그럴 수 있겠습니까? 인간에게 일어날 수 있는 일 가운데 어떤 것도 미리 대비하지 않은 것이 없는[288] 현자에

---

287 『투스쿨룸 대화』 제5권 3, 7을 보라.
288 Bouhier의 추정에 따라 〈*non praemeditatum sit*〉를 넣어 읽었다.

게 과연 갑작스러운 것이나 예기치 않은 것이 있습니까? 소요학파는 과도한 것을 잘라내고 자연적인 것을 남겨야 한다고 하였는데, 과연 도대체 어떻게 과도할 수 있는 것이 동시에 자연적일 수 있습니까? 이 모든 것은 오류의 뿌리로부터 생겨난 것으로, 뿌리는 철저히 뽑고 없애야 하며, 자르고 쳐낸다고 될 일이 아닙니다.

격정을 치료하는 방법

XXVII 58 그러나 나는 당신이 현자 때문이 아니라 당신 자신 때문에 묻고 있다고 짐작하는데, 현자가 모든 격정에서 벗어나 있다는 것을 생각하고 당신도 그렇게 되고 싶은 겁니다. 그렇다면 얼마나 큰 치료가 영혼의 질병에 철학에 의해 마련되어 있는지 살펴보도록 합시다. 치료약은 분명 있습니다. 육체를 위해 그렇게 많이 건강에 좋은 것을 찾아놓는데, 영혼을 위해서 아무것도 찾아놓지 않을 만큼 자연은 인류에게 적대적이고 악의적이지 않았습니다. 실로 자연은 영혼을 위하여 더 큰 배려를 하였는데, 육체를 돕는 것은 밖에서 얻어지지만, 영혼의 안녕은 바로 영혼 안에 있기 때문입니다. 하지만 영혼의 탁월함이 더 크고 더 신적일수록, 영혼은 그만큼 더 세심한 돌봄을 요구합니다. 따라서 잘 마련된 이성은 무엇이 최선인지를 분간하지만, 등한시된 이성은 수많은 오류에 얽혀듭니다. **59** 따라서 나는 논의를 당신에게 돌려야 합니다. 당신은 현자 때문에 묻는 척하지만, 아마도 당신 자신 때문에 묻기 때문입니다.

내가 앞서 설명했던 격정들의 다양한 치료법이 있습니다. 모든 상심이 하나의 방법으로 진정되지 않고, 애도하는 사람에게, 연민하는 사람에게, 질시하는 사람에게 적용될 치료법은 제각각이기 때문입니다. 또한, 전체 네 가지 격정에서도 이런 차이가 있는데, 이성에 대한 경시로서 혹은 유난히 격렬한 충동으로서 격정 일반을 이야기할지, 아니면 예를 들어 공포와 욕망 등 개별 격정을 이야기할지의 차이입니다. 또 상심의 원인이 되는 바로 그것은 전혀 상심해야 할 것이 아닌지, 아니면 모든 일에 대한 상심 일반을 전적으로 제거해야 할 것인지의 차이입니다.

이는 예를 들어 어떤 사람이 자신이 가난하다고 상심할 때 그에게 가난이 전혀 악이 아니라고 논의할 것인지, 아니면 인간은 어떤 것도 상심해서는 안 된다고 논의할 것인지의 차이입니다. 분명 후자가 더 좋습니다. 가난이 악이 아니라는 것을 설득하지 못할 경우, 상심을 용인해야 하기 때문입니다. 하지만 우리가 어제 사용한 적절한 설명들로[289] 상심을 제거하고 나면, 아무튼 가

---

289 제3권에서 다룬 주제는 "상심은 억견에 기인한다"였다.

난이라는 악도 제거됩니다. **XXVIII 60** 이런 모든 영혼의 격정은 분명, 희열이나 욕망을 야기한 것이 선이 아니며 공포나 상심을 야기한 것이 악이 아니라는 것을 가르치고 달램으로써 말끔히 씻어낼 수 있습니다. 하지만 확실하고 적합한 치료법은 격정들 자체는 그 자체로 결함에 의한 것일 뿐이며, 어떤 자연적이거나 필연적인 것도 가지지 않음을 가르쳐주는 겁니다. 예를 들어 비애에 빠진 사람들에게 유약한 영혼의 나약함을 꾸짖고, 흔들림 없이 인간사를 견뎌내는 사람들의 신중함과 항심을 칭찬할 때 상심 자체가 가라앉는 것을 우리는 봅니다. 이는 악이라고 생각하면서도 악을 의연하게 견뎌내야 한다고 생각하는 사람들에게서도 흔히 일어나곤 합니다. 어떤 사람은 쾌락을, 어떤 사람은 돈을 선이라고 생각합니다. 하지만 전자는 무절제를, 후자는 탐욕을 멀리할 수 있습니다. 그런데 잘못된 억견을 고치고 동시에 상심을 덜어낸다는 저 논리는 실로 더 유용하기도 하지만, 성공하기 어렵고 대중에게는 적용될 수 없습니다.

61 그런데 이 치료법으로 고칠 수 없는 상심들도 있는데, 예를 들어 어떤 덕도, 어떤 용기도, 어떤 의무감도, 어떤 훌륭함도 자신에게 없음에 상심하는 사람은 분명 악 때문에 염려하는 것이기 때문입니다. 따라서 이 사람에게는 어떤 다른 치료법이 적용되어야 하며, 이는 여타의 문제에서 의견의 일치를 보지 못한 철학자들도[290] 모두 동의할 그런 방법입니다. 모두가 분명히 동의

해야 하는바, 올바른 이성을 등진 영혼의 격동은 결함이며, 상심이나 공포를 격동하는 것이 악이든, 욕망이나 희열을 격동하는 것이 선이든 상관없이, 아무튼 격동 자체가 결함입니다. 우리는 우리가 대범하고 용감하다고 말하는 사람이 한결같고 침착하고 신중하며 인간 만사를 가볍게 보는 사람이길 바랍니다. 이런 사람은 슬퍼하지 않으며 두려워하지 않으며 욕심내지 않으며 열광하지 않을 수 있습니다. 슬퍼하고 두려워하고 욕심내고 열광하는 것은 오직 자신의 영혼보다 인간사를 더욱 중요하게 생각하는 사람들에게 속하는 일입니다.

XXIX 62 따라서 앞서 말했다시피, 모든 철학자에게 속하는 유일한 치료방법은 영혼의 격정을 일으키는 것이 어떤 것인지가 아니라, 격정 자체를 말해야 합니다. 욕망을 먼저 말하자면, 이를 제거하기 위해서 욕망을 격동하는 그것이 선한 것인지 아닌지를 물을 것이 아니라, 욕망 자체를 제거해야 합니다. 훌륭함을 최고선으로 생각하든, 쾌락을 최고선으로 생각하든, 이들 둘의 결합을 최고선으로 생각하든, 혹은 선의 저 세 가지 유형을[291] 최고선으로 생각하든, 덕 자체를 향한 것일지라도 유난히 격렬한 충동

---

290   스토아학파와 소요학파

291   아리스토텔레스, 『니코마코스 윤리학』 1098b13 "좋음들은 통상 세 가지 유형으로 나뉘어 왔다. 즉 외적인 좋음이라고 이야기되는 것, 영혼에 관계된 좋음, 육체와 관련된 좋음이라고 이야기되는 것이 그 세 유형이다."

을 없애기 위해서라면, 모두 똑같은 방법을 적용해야 합니다.

공포와 상심

영혼의 전적인 안정은 인간 본성을 살펴보는 데 있습니다. 이를 좀 더 쉽게 분명히 알 수 있도록, 삶의 공통 조건과 법칙을 말로 설명해야 합니다. **63** 에우리피데스가 『오레스테스』를 준비할 때 소크라테스가 첫 번째 세 줄을 다시 외우라고 요구했다고 하는데, 이는 이유가 없는 것이 아닙니다.[292]

말하기에 그렇게 끔찍한 소리도 없고,
운명도, 하늘의 분노로 생긴 불행도 없다.
인간 본성이 결코 참고 견디지 못할 만큼.

하지만 생겨난 일을 견딜 수 있으며 견뎌야, 한다고 설득하는 데 유용한 것은 견뎌낸 사람들을 열거하는 것입니다. 상심의 안정은 어제의 대화를 통해 설명하였고 『위로』라는 책에서 다루었

---

[292] 에우리피데스, 『오레스테스』 1~3행. 소크라테스가 이를 반복해달라고 요청한 일화는 여기에만 언급되었고 다른 전거는 없다.

는데, 이 책을 우리는 ─ 현자가 아니었기에 ─ 슬픔과 고통에 빠져 썼습니다. 크뤼십포스는 영혼의 생생한 부기에 치료약을 쓰지 말라 하지만, 우리는 이를 썼으며 인간 본성에 힘을 가하여, 약의 힘으로 고통의 힘을 제압하였습니다.[293] **XXX 64** 이렇게 상심을 앞서 충분히 논의하였고, 상심에 제일 가까운 공포에 관해 잠깐 말해야 합니다. 상심이 현재의 악에 대한 것이라면, 공포는 미래의 악에 대한 겁니다. 그래서 어떤 사람들은 공포가 상심의 한 부분이라고 주장하고자 하고, 어떤 사람들은 공포가 장차 다가올 번민을 마치 이끌고 오는 인도자 같은 존재라는 이유에서 공포를 '앞선 번민'이라고 부르기도 합니다. 그러므로 현재의 것을 견뎌내는 방법에 따라 미래의 것도 가볍게 여겨야 합니다. 양자 모두에서 우리는 무언가 굴욕적이고 저열하고 나약하고 유약하고 부서지고 내던져진 것을 행하지 않도록 조심해야 하기 때문입니다. 비록 공포 자체의 변덕스러움과 나약함과 경솔함을 언급은 해야겠지만, 공포의 대상들을 가볍게 생각하는 것은 매우 유용합니다. 사람들에게 가장 큰 공포를 주는 죽음과 고통은 첫날과 둘째 날에 논의하였는데, 이것이 우언이었든 의도였든 매우 유용한 논의였습니다. 논의된 것들을 받아들일 때, 우리는 많은 부분 공포에서 벗어난 것이기 때문입니다.

293 『투스쿨룸 대화』 제3권 31, 76 이하를 보라.

XXXI 65 악의 억견은 이 정도 하겠습니다. 이제 선의 억견, 즉 희열과 욕망을 살펴봅시다. 내가 보기에, 영혼의 격정에 관련된 논의 전체에서 요점은 단 하나인데, 모든 격정이 우리의 통제 안에 있으며 우리의 판단에 달렸으며 우리의 의지에 달려 있다는 겁니다. 여기에 버려야 할 오류가 있으며 여기에 없애야 할 억견이 있습니다.[294] 악이라고 생각되는 것을 견딜 만한 것으로 만들어야 하는 것처럼, 꼭 그처럼 선이라고 생각되는 것을 — 큰 기쁨으로 여겨지는 — 좀 더 평온한 것으로 만들어야 합니다. 따라서 다음은 악과 선의 공통된 것입니다. 만약 영혼을 격동시키는 것 가운데 어떤 것도 선이나 악으로 여겨져서는 안 된다는 것을 설득하기 어려울 경우, 각각의 격정에 서로 다른 치료법이 적용되어야 하며, 따라서 심술쟁이, 바람둥이, 염려하는 사람, 불안해하는 사람은 서로 다른 방법으로 고쳐야 합니다.

희열

66 선과 악에 관해 가장 크게 인정받는 논의에 따라, 어리석은 자는 어떤 선도 가지지 않기 때문에 희열을 느낄 수 없다고

---

294 '격정이 우리의 의지와 판단에 달려 있지 않다'는 오류를 가리킨다.

주장하는 일은 쉬운 일이었습니다.[295] 하지만 지금 통속적 의견으로 말한다면, 흔히 선이라고 생각되는 것은 관직과 부와 쾌락 등입니다. 하지만 이것들을 누릴 때 과도한 열광적 희열은 추합니다. 웃음이 허락되었어도 과도한 웃음은 비난받을 일입니다. 고통 가운데 영혼의 위축처럼 희열 가운데 영혼의 분출[296]도 같은 결함입니다. 즐기는 가운데 희열이 저지르는 경솔함을, 추구하는 가운데 욕망도 똑같이 저지릅니다. 번민에 지나치게 굴복한 사람들처럼 희열에 의해 과도하게 팽창된 사람들도 정당하게 경솔한 사람으로 평가됩니다. 질시는 상심에 속하며, 타인의 악으로부터 즐거움을 얻는 것은 희열에 속하는데, 양자는 비인간적이며 잔인한 것으로 드러남으로써 비난받곤 합니다. 조심하는 것은 적절하나 불안해하는 것은 적절하지 않으며, 기뻐하는 것은 적절하나 희열에 빠지는 것은 적절하지 않습니다. 강학상 우리는 기쁨과 희열을 구분하기 때문입니다. **67** 앞서 내가 말했다시피, 영혼의 위축은 전혀 정당할 수 없으나 영혼의 팽창은 그럴 수 있습니다. 나이비우스에서[297] 헥토르가 "아버님, 남들로부터 칭송받는 아버님이 저를 칭송하시니 기쁩니다"라고 말하며 기뻐

---

295 스토아학파의 논의를 가리킨다.
296 키케로는 여기서 '영혼의 팽창 *elatio animi*'를 대신하여 '영혼의 분출 *effusio animi*'이라고 쓰고 있다.
297 나이비우스, 『출정하는 헥토르 *Hector proficiens*』 15행 이하.

하는 것은, 트라베아에서 어떤 젊은이가 다음과 같이 말하며 기뻐하는 것과 다르기 때문입니다.[298]

돈에 매수된 포주는 나의 뜻을 따를 것이다.
내가 원하고 열망하는 것. 도착하여 문을 두드리면
문은 열릴 것이다. 크뤼시스가 뜻밖의 나를 보고는
기뻐하며 나의 포옹을 바라며 나에게 달려올 것이고
나에게 안길 것이다.

젊은이가 이를 얼마나 멋지다고 생각하는지를 이제 본인 스스로 말할 겁니다. "나의 행운들로 행운의 여신을 넘어설 것이다." **XXXII 68** 이 희열이 얼마나 추한지는, 주의 깊게 세심히 살펴보는 것으로 충분합니다.

육체적 사랑

베누스의 쾌락을 즐기며 희열로 팽창한 사람들이 추한 것처럼, 베누스의 쾌락을 불타는 영혼으로 탐하는 사람들은 수치스

---

298   출전 미상. 퀸투스 트라베아는 기원전 3세기에서 2세기의 희극작가였다.

럽습니다. 대중이 사랑이라고 부르는 것은 ― 맙소사 이를 달리 어떻게 부를 수 있을지 나는 알 수 없지만 ― 나로서는 비교할 수 있다고 생각되는 것을 알 수 없을 만큼 아주 큰 경박함에 속하는 겁니다. 사랑을 카이킬리우스는 이렇게 말합니다.[299]

사랑을 최고의 신이라고 생각하지 않는 사람은
어리석은 자이거나 인생 경험이 부족한 사람이다.
그 신의 손에 달렸으니, 그가 정하면 사람이 미치고
영리해지고, 건강해지고 이내 병들기도 한다.
......
반대로 그가 정하면 사랑받고, 갈구되고, 불려간다.

69 시는 얼마나 위대한 인생의 훈육자입니까! 시는 수치와 경박의 주동자인 사랑을 신들의 회합에 동석시켜야 한다고 생각하니 말입니다. 나는 희극을 말하는데, 이 수치스러운 일들을 우리가 용인하지 않는다면 희극은 결코 존재할 수 없을 겁니다. 아르고호의 저 선장은 비극에서 무엇이라고 말합니까? "당신은 나를 명예 때문이 아니라 사랑 때문에 구해주었다."[300] 그렇다면 어떻

---

299 카이킬리우스 단편 259.
300 엔니우스, 『추방된 메데아 *Medea exul*』 278행.

습니까? 메데아의 사랑은 여기서 얼마나 큰 불행의 화염을 태웠습니까! 그런데 다른 시인에게서 메데아는 자기 아버지에게 이렇게 감히 말합니다. "사랑이 그를 남편으로 주었으며 사랑은 아버지보다 강력하고 강합니다."[301] **XXXIII 70** 심지어 유피테르까지 이 수치스러운 일에 몰두한다고 그들의 이야기에서 생각한 많은 시인을 이쯤에서 그렇게 놀게 둡시다. 이제 덕을 가르치는 선생인 철학자들로 가봅시다. 이들은 사랑이 음탕에 속하지 않는다고 말하며, 이 점에서 에피쿠로스와 의견을 달리하는데, 내 생각에 에피쿠로스는 크게 틀리지 않게 말한 겁니다.[302] 우정이라는 사랑은 도대체 어떤 사랑입니까? 왜 누구도 못생긴 젊은이를, 잘생긴 노인을 사랑하지 않습니까? 이 관습은 내가 보기에 실로 희랍의 체육관에서 생겨났으며 그곳에서 이런 사랑이 자유롭게 허용되었습니다. 그래서 엔니우스는 "수치의 시작은 시민들끼리 벌거벗은 몸을 보여주는 데 있다"라고 잘 말한 겁니다.[303]

---

301 누구를 가리키는 것인지 정확하지 않으며, 아키우스의 비극이나 파쿠비우스의 비극에서 인용된 것으로 보인다.
302 스토아학파가 사랑에 대해 생각한 것은 『유명한 철학자들의 생애와 사상 2』 7권 130 이하 "사랑은 눈에 보이는 아름다움으로 말미암아 사귀고자 하는 충동이라고 한다. 또한 그것은 교합에 대한 충동이 아니라 우정에 대한 충동이라고 한다.……그것은 또한 비난받을 일이 아니라고 한다. 한편 청춘은 덕의 꽃이라고 한다."
303 엔니우스 비극 단편 395행.

물론 그들은, 나는 그럴 수 있다고 생각하는데, 정결할 수 있다 해도 괴롭고 불안하며, 자신을 단속하고 억누르기 때문에 더욱 괴롭고 불안합니다. **71** 자연이 훨씬 더 많은 자유를 허용한 여자들끼리의 사랑은 차치하고, 가뉘메데스의 납치를 통해 시인들이 무얼 말하고자 하였는지 누가 모르겠습니까? 혹은 에우리피데스에서 라이오스가 무얼 말하고 원하는지를 누가 모르겠습니까?[304] 매우 박학한 사람들인 더없이 위대한 시인들이 시와 노래를 통해 자신들에 관해 무얼 알리고 있습니까? 용감한 전사로 조국에서 인정받던 알카이오스는 소년애에 관해 무얼 씁니까![305] 아나크레온의 시 전체는 사랑을 노래합니다.[306] 레기온 사람 이뷔코스가 모든 시인 가운데 유난히 사랑에 불탔음은 그의 글들이 분명히 드러냅니다.[307] **XXXIV** 이들 모두의 사랑이 호색적 사랑이었음을 우리는 압니다. 이후 디카이아르코스가 부당하지 않

---

304 에우리피데스의 『크뤼십포스』라는 비극에 등장하는 일화로, 펠롭스의 아들 라이오스가 가뉘메데스를 사랑한다. 이 비극은 전해지지 않고 다만 단편만이 남았다.

305 알카이오스는 기원전 620년경에 태어났으며, 사포와 동시대인이며 동향이다.

306 아나크레온은 기원전 582~485년까지 살았던 희랍 시인으로, 소아시아의 도시 테오스 출신이다.

307 이뷔코스는 기원전 6세기 후반에 활동한 희랍 시인으로, 이탈리아 남부 대희랍의 도시 레기온 출신이다.

게 고발하는[308] 우리의 플라톤을 따라 사랑에 가치를 부여하는 우리 철학자들이 생겨났습니다. **72** 실로 스토아학파는 현자도 사랑을 느낄 것이라고 주장하는 한편, 사랑 자체는 '아름다움의 모습에 따라 우정을 이루려는 시도'라고 정의합니다.[309] 만약 이 세상에 걱정 없는, 갈망 없는, 근심 없는, 탄식 없는 사랑이 있다면 그것도 가능할 겁니다. 그렇다면 사랑은 모든 욕망에서 자유로운 사랑일 테니 말입니다. 하지만 우리는 욕망을 말하고 있습니다. 그런데 어떤 사랑이, 분명 그러한데, 광기와 다르지 않거나 광기에서 그리 멀지 않다면…….[310] 예를 들어 『레우카스 섬의 소녀』에 보이는 사랑입니다. "나를 돌보아 주실 신이 만약 있기만 하다면!"[311] **73** 참으로 모든 신이 돌보았어야 했는데, 이 사람이 어떻게 사랑의 쾌락을 즐길지를 말입니다. "아이고, 아이고

---

308 디카이아르코스는 아리스토텔레스의 제자다. 플라톤을 고발한 이야기는 다른 곳에서 발견되지 않는다.

309 디오게네스 라에르티오스, 『유명한 철학자들의 생애와 사상 2』 7권 129 이하 "현자는……덕에 대한 뛰어난 천품을 모습을 통해 드러내는 젊은이들에게 사랑을 느낄 것이라고 한다. 한편 사랑은 눈에 보이는 아름다움으로 말미암아 사귀고자 하는 충동이라고 한다. 또한 그것은 교합에 대한 충동이 아니라 우정에 대한 충동이라고 한다."

310 종속절만 있고 주절이 없이 끝나고 있다.

311 투르필리우스 단편 115. 섹스투스 투르필리우스라는 로마 희극작가의 작품 이름이다. 사포의 자살과 관련된 신화를 배경으로 하는 것으로 보이며, 여기서 이 말을 하는 화자는 남성이다.

불쌍한 내 신세." 이보다 진실한 말은 없습니다. 다음의 말도 옳습니다. "그렇게 마구 울어대니, 제정신이냐?" 이렇게 그는 친구들에게조차 제정신이 아닌 것으로 보였던 겁니다. 하지만 그는 어떤 비극 장면들을 완성하고 있습니까! "신성한 아폴론이여, 저를 도우소서! 바다를 다스리는 넵투누스여, 당신을 부릅니다. 바람들이여! 당신들도 오소서!" 그는 세계 전부가 그의 사랑을 위로하기 위해 운행할 것으로 생각합니다. 그는 베누스가 불공평하다며 베누스 여신만을 배제합니다. "어찌 내가 그대를 부르리까? 베누스여!" 그는 베누스가 욕망 이외의 것은 돌보지 않는다고 말합니다. 마치 그 자신이 수치스러운 일을 행하고 말하는 것이 욕망 때문이 아닌 것처럼 말입니다. **XXXV 74** 따라서 그런 상태의 사람에게 치료가 행해져야 합니다. 그가 바라는 것이 얼마나 경박하고, 얼마나 저열하고, 얼마나 무가치하고, 얼마나 손쉽게 아무 데서나 혹은 아무렇게나 얻을 수 있고 혹은 전적으로 무시할 수 있는지를 그에게 보여주어야 합니다. 또한, 때로 다른 열정과 근심과 걱정과 일거리로 그의 관심을 돌려주거나, 건강을 찾지 못하는 병자를 돌볼 때처럼 때로 장소를 바꾸어 주어야 합니다. **75** 이렇게 사람들은 못을 못으로 밀어내듯이 새로운 사랑이 옛사랑을 밀어내야 한다고 생각합니다. 하지만 사랑이 몰고 온 실성이 얼마나 큰지를 그에게 아주 강하게 경고해야 합니다. 영혼의 모든 격정 가운데 실로 이보다 격렬한 것은 없습니다. 간음과 오욕과 간통, 마지막으로 가장 추한 행동이라고 고발할 수 있는 근친상간, 이것들을 만약 고발하고자 하지 않는다면 이것들은 제외하고라도, 사랑에 빠진 정신의 격정은 그 자체로 흉합니다. **76** 실성에 속하는 것들은 빼고, 평범한 사랑처럼 보이는 것들도 그 자체로 얼마나 경박합니까!

불의

의심, 적의, 휴전

전쟁, 다시 평화. 이 불확실을 당신은 이성으로

확실히 하고자 요청하지만, 더는 하지 못하리!

애는 쓰지만, 이성으로 광기를 부릴 뿐.[312]

정신의 이런 변덕과 변화는 그 기형적 모습으로 누군들 멀어지게 하지 않겠습니까? 또한, 격정 모두를 두고 언급되는바, 어떤 것도 억견과 판단과 의지에 따르지 않는 것이 없음도 증명되어야 합니다. 만에 하나라도 사랑이 자연적이라면, 모두가 사랑할 것이고 늘 사랑할 것이고 같은 것을 사랑할 것이고, 누구도 염치 때문에, 누구도 사려 때문에, 누구도 싫증 때문에 멀어지지 않을 겁니다.

312   테렌티우스의 희극 『환관』 1, 1, 14.

분노

XXXVI 77 그런데 분노가 영혼을 격동시키는 한에서 광기에 속하는 것은 추호의 의심도 없습니다. 분노의 부추김 때문에 형제 사이에도 이런 시비가 생겨납니다.[313]

A : 세상 어떤 이가 파렴치함에서 너를 능가하겠는가?
B : 그렇다면 악행에서 누가 너를?

이어지는 나머지 시행들을 당신도 압니다. 주고받는 시행들을 통해 형제간의 심각한 악담이 오갑니다. 이로써 우리는 이들이 아트레우스의 아들들임을 알 수 있습니다. 아트레우스는 그의 동생에게 전대미문의 형벌을 궁리한 사람입니다.[314]

내 응어리가 더 커지니, 더 큰 불행을 섞어 넣어야겠다.
저 놈의 쓰라린 마음을 으깨고 부수리라.

이 응어리는 어디로 폭발합니까? 튀에스테스의 말을 들읍시다.

---

313 엔니우스, 『이피게니아』 222행.
314 아키우스, 『아트레우스』 200행과 209행.

> 내 형이 나를 꼬여, 내 입으로 불행하게도 내
>
> 자식들을 먹도록 하는구나.

아트레우스는 동생 자식들의 살을 제공합니다. 실성이 향한 곳으로 분노가 향하지 않을 이유는 무엇입니까? 따라서 우리가 분노한 사람들을 두고 합당하게 이렇게 말하는데, 통제력을 잃었다, 다시 말해 사리 분별이 없다, 이성을 잃었다, 정신 나갔다 등입니다. 이것들의 통제력은 영혼 전체에 미쳐야 하기 때문입니다. **78** 분노한 사람들은 자신을 수습할 때까지 공격하려던 사람들을 멀리해야 합니다. '자신을 수습한다'는 영혼의 흩어진 부분들을 다시 제자리로 돌려놓는 것 이외에 무엇입니까? 혹은 어떤 복수심을 가진 사람들에게, 분노가 식을 때까지 다른 때로 이를 미루도록 요구하고 간청해야 합니다. '식는다'는 이성에 반하는 영혼의 치솟는 불길을 분명히 함의합니다. 이 점에서 아르퀴타스[315]가 칭송받는데, 그는 마름에게 과하게 분노하였을 때 말하길, "만일 내가 분노하지 않았다면, 어떻게 너를 다루었을까?"[316]

---

315 아르퀴타스는 타렌툼 사람으로 플라톤과 동시대인으로 피타고라스주의자였다.

316 유사한 일화는 세네카의 『분노에 관하여』 I, 15와 III, 12에 보인다. "그런 이유에서 소크라테스는 노예에게 말했습니다. '내가 분노하지 않았다면 너

XXXVII 79 분노가 유용하다고 주장하는 사람들은 어디 있습니까? — 광기가 유용할 수 있습니까? — 혹은 분노가 자연적이라고 주장하는 사람들은 어디 있습니까? 이성에 반하는데도 자연에 따른 것이 있습니까? 분노가 자연적이라면, 어떻게 어떤 사람은 다른 사람보다 더 잘 분노하고, 혹은 복수의 욕망이 어떻게 복수가 완수되기도 전에 그치고, 또는 어떤 사람은 분노 때문에 행한 일을 어떻게 후회할 수 있습니까? 예를 들어 알렉산드로스 대왕은 친구 클레이토스를 죽였을 때 스스로 목숨을 끊을 뻔했음을 우리는 압니다. 그만큼 그의 후회는 컸습니다. 이것들을 알 때 이 영혼의 격동도 전적으로 억견과 의지에 따른 것임을 누가 의심하겠습니까?

제4권의 요약

재물욕과 명예욕 등 영혼의 병약이 영혼을 병들게 하는 것을

를 때렸을 텐데' 그는 노예에 대한 훈계를 냉정해질 때로 미루고, 당장은 자신을 다스렸습니다." "(플라톤은) 직접 제 손으로 매질을 하려고 했습니다. 하지만 자신이 분노했다는 사실을 알아차린 후, 마치 일부러 손을 들어올린 것처럼, 손을 든 채 내려치는 자세로 한동안 동작을 멈추었습니다. 이어 우연히 곁에 있던 친구가 왜 그러냐고 물었습니다. 플라톤은 대답했습니다. '쉬이 분노하는 사람을 벌주고 있네.'"

높이 평가하는 것에서 시작되었음을 누가 의심하겠습니까? 따라서 격정 모두도 억견에 달렸음을 알아야 합니다. **80** 게다가 만약 확신이 영혼의 굳건한 믿음으로 일종의 앎이며 함부로 동의하지 않는 사람의 신중한 생각이라면, 공포는 예상되는 육박하는 악에 기인한 불신입니다. 희망이 선에 대한 기대라면, 공포는 악에 대한 예상임이 틀림없습니다. 공포처럼 나머지 격정들은 악에 대한 겁니다.[317] 그러므로 항심이 앎에 기인한다면, 격정은 오해에 기인합니다. 어떤 사람들이 본성적으로 잘 분노하거나 연민을 잘 느낀다거나 질투가 강하거나 혹은 그런 어떤 상태라면, 그들은 마치 영혼의 건강이 나쁜 상태에 놓인 것이지만, 그럼에도 그들은 치료될 수 있습니다. 예를 들어 소크라테스의 일화가 있습니다. 사람의 외양을 보고 그의 본성을 파악한다고 공언하는 조퓌로스가 어떤 모임에서 소크라테스를 향해 그의 많은 결함을 열거하였을 때, 나머지 참석자들은 조퓌로스를 비웃었다고 합니다. 이들은 소크라테스에게 그가 언급한 결함이 없는 것을 알았기 때문입니다. 그런데 정작 소크라테스가 그를 위로하며, 자

---

317 앞의 37, 80의 첫 대목 '게다가 만약 확신이……공포처럼 나머지 격정들은 악에 대한 겁니다'는 문맥에 부합하지 않으며, 따라서 사본 전승에 문제가 있는 것을 보인다. 37, 79절이 37, 80절의 중간 대목 '그러므로 항심이 앎에 기인한다면, 격정은 오해에 기인합니다'으로 이어지는 것이 자연스러워 보인다.

신이 태어날 때는 그런 결함이 있었지만, 이성으로 떼어냈다고 말했습니다. **81** 그러므로 최고의 건강을 가진 사람도 자연적으로 어떤 질병에 잘 걸리는 경향으로 보일 수 있는 것처럼, 영혼도 각자 다른 결함에 잘 기우는 경향이 있습니다. 하지만 자연에 의해서가 아니라 과오에 의해 결함 있다고 일컬어지는 사람들의 결함은 선과 악의 잘못된 억견에 있으며, 각자는 서로 다른 격동과 격정으로 기우는 경향이 있습니다. 그런데 신체에서 그러하듯, 고질은 격정보다[318] 퇴치하기 어려운데, 고질적 안질을 치료하는 것보다 갑작스러운 다래끼를 퇴치하는 것이 쉬운 일입니다.

XXXVIII 82 모든 격정이 억견에 따른 판단과 의지에서 생기는바 격정의 원인을 알았으니, 여기서 이 논의를 끝냅시다. 하지만 우리는 인간이 알 수 있는 한에서 최고 선악을 알았으므로, 지난 나흘간 우리가 논의한 것들보다 더 훌륭하고 더 유용한 것을 철학에 바랄 수 없음을 알아야 합니다. 죽음을 가볍게 여기게 되었고 고통을 견딜 수 있을 만큼 경감시켰고, 우리는 인간에게 더없이 큰 악인 상심의 안정법을 덧붙였습니다. 영혼의 모든 격정이 심각하고 정신이상에 가까울 때조차, 공포나 희열이나 욕망이라는 어떤 격정에 빠진 사람들을 우리는 단순히 흥분되었다거나 격동되었다고 말하곤 합니다. 하지만 상심에 빠진 사람들

318 앞의 13, 30 이하를 보면 '격정은 일시적이다.'

은 불행한, 절망한, 비참한, 파멸한 사람이라고 말하곤 합니다. **83** 이렇게 상심과 여타 격정들을 구분하여 논의한 것은 우연이 아니라 당신의 의도에 따라 제안된 것으로 보입니다. 상심은 불행들의 원천이며 시작이기 때문입니다. 그러나 상심뿐만 아니라 영혼의 여타 질병도 치료법은 하나인데, 모든 질병이 억견과 의지에 의한 것이며, 그렇게 하는 것이 옳다고 보이기 때문에 겪게 된다는 것을 가르치는 것입니다. 모든 악의 뿌리인 이 오류를 뿌리째 뽑아내겠다고 철학은 약속합니다. **84** 따라서 우리 자신을 철학에 헌신하여 단련하며, 우리 자신을 치료하게 합시다. 이 악들이 남아 있는 한, 우리는 행복할 수 없으며, 결코 건강할 수 없습니다. 그러므로 우리는 무엇도 이성 없이 제대로 이루어질 수 없음에도, 모든 것이 이성을 통해 이루어진다는 것을 부정하거나, 아니면 행복하고 좋은 사람이고자 한다면, 철학은 이성의 비량(比量)이므로[319], 행복하고 좋은 삶을 위한 모든 도움과 원조를 철학에 요청합시다.

---

319 『투스쿨룸 대화』 제4권 4, 7 "각자는 각자가 생각하는 바를 변호하라. 판단은 각자에게 자유이기 때문이다. 우리는 이 원칙을 고수할 것이며, 철학에서 필연적으로 어떤 한 학파의 법령에 종속되어 그것에 복종해야 한다고 생각하지 않으며 각각의 문제에서 가장 개연적이라고 할 수 있는 것이 무엇인지를 우리는 계속해서 물을 것이다."

제5권

덕을 갖춘 사람은 행복하다

행복한 삶은 덕에 기초한다

I 1 브루투스여! 투스쿨룸 대화는 이 다섯 번째 날에 마치게 될 것이다. 그날에 우리는 당신이 모든 것 가운데 가장 크게 칭찬하는 것을 논의하였다. 나는 당신이 매우 정성껏 써 나에게 헌정한 책에서[320] 그리고 당신과 나눈 많은 대화에서 당신이 행복한 삶을 위해 덕은 스스로 충분하다는 생각을 매우 중시함을 알게 되었기 때문이다. 물론 운명이 가져다주는 다양하고 수많은 고

---

320 마르쿠스 브루투스는 『덕에 관하여 *de virtute*』라는 책을 저술하였는데, 현재는 제목만이 전해진다. 『최고선악론』 I, 3, 8 "*quamquam a te ipso id quidem facio provocatus gratissimo mihi libro quem ad me de virtute misisti.*"

통 때문에 동의하기 쉽진 않겠지만, 그래도 이 생각은 좀 더 쉽게 입증될 수 있도록 애써볼 만한 것이다. 철학에서 논의되는 것들을 통틀어 이보다 중요하고 훌륭하다 할 만한 것은 없기 때문이다. **2** 이는 철학 공부에 헌신한 최초의 사람들이 만사 제쳐 두고 전적으로 최선의 삶을 탐구하는 데 몰두한 이유인데, 참으로 이들은 행복한 삶의 희망으로 열과 성을 전부 이 공부에 집중하였다. 이들에 의해 덕이 발견되고 완성되었고, 행복한 삶을 위해 충분한 보장 수단이 덕에 있다고 할 때, 이들이 착수하고 우리가 이어받은 철학이란 작업을 훌륭하지 않다고 생각할 사람이 누구인가? 그런데 다양하고 불확실한 사건들에서 덕이 운명의 시녀일 뿐이며 자신을 지킬 힘이 없는 것이라면, 행복한 삶을 바라는 가운데 덕을 신뢰하기보다 신들에게 소망이나 빌어야 하는 것으로 보일까 나는 두렵다. **3** 사실 운명이 나를 호되게 괴롭히던 불운들을 곰곰이 생각하면서, 나는 때때로 당신의 이런 생각을 의심하며 인간의 나약함과 허약함을 두려워하기 시작한다. 나는 자연이 우리 인간에게 약한 육체를 주고 여기에 치료할 수 없는 질병과 견뎌낼 수 없는 고통을 덧붙여 놓은 것은 아닐까, 또 육체의 고통을 함께하는 동시에 육체와 별도로 자체의 염려와 번민으로 복잡하게 얽힌 영혼을 준 것은 아닐까 두렵다. **4** 하지만 이 점에서 나는 나 자신을 책망하는데, 내가 덕의 강인함을 덕 자체가 아니라 타인들의 약함과 아마도 우리 자신의 약함을 근거로 평가하기 때문이다. 덕이 존재한다고 할 때 — 그런 의심을, 브루투스여, 당신의 외삼촌[321]이 없애 주었는데 — 덕은 인간에게 벌어질 수 있는 모든 것을 하찮게 여기며, 이를 가볍게 여겨 인간에게 일어나는 불운들을 무시하며, 어떤 잘못도 범하지 않으며, 자신 이외의 어떤 것도 자신과 관계있다고 생각하지 않는다. 하지만 우리 자신이 공포 때문에 미래의 모든 역경을, 비애 때문에 현재의 모든 역경을 과장하면서, 우리는 우리 자신의 잘못보다 사물의 본성을 비난하길 좋아한다.

II 5 그러나 이 잘못은 물론 우리의 여타 결함과 죄책의 전적인 교정은 철학에서 찾아야 한다. 우리의 의지와 열정이 우리를 어린 시절부터 철학의 품속으로 들어가도록 재촉하였더니, 이제 잔인한 불운에 시달리며 커다란 폭풍에 쫓겨, 우리는 떠나왔던 철학의 항구로 피신하게 되었다. 삶의 인도자 철학이여! 덕의 탐색자며 결함의 추방자여! 그대가 없다면 우리는 무엇일 수 있었겠으며, 사람들의 인생은 도대체 무엇일 수 있었겠는가? 그대는 도시를 낳았고, 그대는 흩어져 살던 인간들을 공동체로 불러모았고, 그대는 인간들을 우선 주거로써, 이후 혼인으로써, 그리고 말과 글의 공유로써 연결하였고, 그대는 법의 발견자였고, 도

---

321 우티카의 카토를 가리킨다. 우티카에서 카이사르의 군대에 패하게 되자, 독재자가 다스리는 세상에서 살기를 거부하고 스스로 목숨을 끊었다. 그때가 기원전 46년 4월이었다.

덕과 학문의 교사였다. 그대에게 피신하여 그대에게 도움을 청하며, 예전에 크게 그러하였듯이, 이제 마음 깊은 곳으로부터 우리 자신을 전부 그대에게 바친다. 그대의 가르침에 따라 제대로 산 하루를, 죄로 가득한 불멸보다 소중히 여겨야 한다. **6** 삶의 평온을 우리에게 선사했고 죽음의 공포를 없애준 그대 말고 누구의 도움을 받겠는가? 하지만 철학은 인간 삶에 이바지한 것에 비해 그만큼 칭송받지 못하고, 오히려 대다수에게 홀대받고 다수에게 비난받는다. 누가 감히 생명을 주신 모친을 비난하고 친모살해로 자신을 더럽히고, 이해는 못해도 존경심은 보였어야 했음에도 고발이라는 불경한 배은망덕을 저지르는가? 내 생각에 이 잘못과 이 몽매함이 못 배운 사람들의 영혼을 뒤덮은 것은, 이들이 멀리 옛 역사를 돌아볼 능력이 안 되고, 인간 삶을 건설한 최초의 사람들이 철학자였음을 생각하지 못한 까닭이다.

철학사

III 7 이는 아주 오래된 것이었음을 알고 있지만, 그 이름은 최근의 것임을 우리는 인정한다. 실로 지혜 자체는 실질뿐만 아니라 이름으로도 오래된 것임을 누가 부정할 수 있는가? 지혜는 신들과 인간들의 일에 대한, 각 사물의 시작과 원인에 대한 인식으로[322] 이 더없이 아름다운 명칭을 옛사람들에게서 얻었다. 희랍 사람들이 '소포이 σοφοί'로 부른 7인은 우리나라에서도 현자로 여겨졌고 그렇게 불렸다. 또한, 여러 세기 전의 뤼쿠르고스와 ― 그의 시대에 호메로스도 살았으며 그것은 로마건국 이전이라고 전해진다 ― 이미 영웅시대의 오뒷세우스와 네스토르도 현자였고 그렇게 여겨졌다고 우리는 들었다. **8** 아틀라스가 하늘을 지고 있으며, 프로메테우스가 카우카소스에 박혀 있으며, 케페우스가 아내와 사위와 딸과 함께 별자리가 되었다는 것은, 신적 천문 지식이 이들의 이름을 신화적 허구에 전하지 않았다면, 이야기되지 않았을 것이다.[323] 이들에게 이끌려 계속해서 세계의 관조에 열정을 쏟는 모두는 현자로 여겨지며 그렇게 불리곤 했다. 그리고 그들의 이 이름은 피타고라스의 시대에까지 이어졌다. 플라톤의 제자인 탁월한 학자 폰토스의 헤라클레이데스의 기록에 따르면, 피타고라스는 플레이우스를 방문하여 플레이우스의 왕 레온[324]과 함께 박식하고 풍부하게 논의하였다고 전한다. 피타고라스의 재능과 달변에 크게 감탄한 레온은 피타고라스에게 어떤

---

322 『투스쿨룸 대화』 제4권 26, 57을 보라.

323 프로메테우스는 인간에게 불을 전해준 지혜로운 인물로 알려져 있다. 케페우스는 카시오페이아의 남편이며, 안드로메다의 아버지다. 안드로메다는 페르세우스의 아내다. 케페우스, 카시오페이아, 안드로메다, 페르세우스 등은 별자리의 이름이기도 하다.

324 플레이우스는 펠로폰네소스 북동쪽의 도시다.

학문에 가장 조예가 깊은지를 물었다 한다. 그러자 피타고라스는 자신이 딱히 어떤 학문을 알지 못하고 다만 철학자라고 대답했고, 레온은 철학자라는 단어의 생소함에 놀라며 철학자는 어떤 사람인지, 철학자와 철학자 아닌 사람은 어떤 차이가 있는지를 물었다 한다. **9** 그러자 피타고라스는 대답했다 한다. '인간의 삶은 화려한 경기가 펼쳐지고 희랍 전체가 찾아오는 축제를 닮은 것 같습니다. 한편에선 육체를 단련하여 월계관의 명예와 명성을 추구하고, 한편에선 상품을 사고팔며 이득과 이익을 추구하지만, 다른 한편 축제를 찾은 사람들 가운데 매우 자유민다운 사람들은 환호도 이익도 추구하지 않고 다만 구경하기 위해 찾아와 무슨 일이 어떻게 벌어지고 있는지를 열심히 살핍니다. 마찬가지로 우리는 다른 도시로부터 붐비는 축제를 찾아온 사람처럼, 그렇게 다른 삶이나 다른 자연에서[325] 이승의 삶을 찾아와, 우리 가운데 일부는 명예를, 일부는 돈을 섬기지만, 일부는 매우

---

325 피타고라스의 영혼 윤회와 관련되어 보인다. 『유명한 철학자들의 생애와 사상』 8권 5 "그런데 헤르모티모스가 죽었을 때, 그는 델로스의 어부인 퓌로스로 태어났으며, 또다시 모든 것을, 즉 어떻게 그가 예전에 아이탈리데스였다가, 에우포르보스가 되고, 그다음 헤르모티모스가 되었다가 퓌로스가 되었는지를 기억했다. 그리고 퓌로스가 죽자 그는 피타고라스로 태어났고 언급된 모든 것을 기억했다고 한다." 제8권 77 "나는 이미 한때 소년이었고 소녀였으며, 덤불이었고 새였고 바다에서 뛰어오르는 햇살에 드러난 물고기였으니."

드물게 다른 모든 일은 거의 무가치한 일로 치부하고 자연을 열심히 관찰하는데, 이들은 자신들을 지혜를 열망하는 자, 즉 철학자로 부릅니다. 축제에서 아무것도 추구하지 않고 다만 구경하기만 하는 것이 가장 자유민다운 것이었던 것처럼, 삶에서 다른 모든 열정보다 자연의 관조와 인식을 크게 앞세우는 것이 그러합니다.'[326]

IV 10 피타고라스는 철학이라는 이름의 발명자이며 철학 문제의 확장자였다.[327] 그는 플레이우스 대화 이후 이탈리아로 왔으며 사적으로나 공적으로나 매우 탁월한 가르침과 학문으로 '대희랍'이라고 불리던 곳을 빛냈다. 피타고라스의 가르침은 다른 기회에 이야기할 것이다. 하지만 옛 철학으로부터, 아낙사고라스의 제자 아르켈라오스에게 배운 소크라테스에 이르기까지 수와 운동이 연구되었고, 만물이 어디에서 생겨나고 어디로 돌아가는지가 다루어졌고, 이들에 의해 별들의 크기와 간격과 궤도 등 천문이 전체적으로 열심히 탐구되었다. 하지만 소크라테스는 처음으로 철학을 하늘로부터 끌어내려 도시로 가져다 놓았으며 집안

---

326 '*contemplatio rerum cognitioque* 자연의 관조와 인식'이라는 표현은 『최고선악론』 V, 4, 11과 『의무론』 I, 43, 153 등에 보인다.

327 피타고라스는 '철학 문제의 확장자'로서 철학의 탐구 영역을 확장하였는데, '옛 철학' 이래 소크라테스까지 자연철학이 중심이 되었다고 키케로는 생각하는 것으로 보인다.

으로까지 들여놓았으며 삶과 도덕과 좋은 일과 나쁜 일을 탐구하게 했다.[328] **11** 소크라테스가 보여준 논의의 복합성과 주제의 다양성과 커다란 천재성은 플라톤의 기억과 기록으로 불멸로 남았으며, 이에 의해 서로 의견을 달리하는 많은 철학자의 부류가 만들어졌다.[329] 그 가운데 특히 우리는 소크라테스도 사용하였다고 우리가 생각하는 바를 추종하였는데, 자신의 의견은 감춘 채 상대방을 오류로부터 해방하며 모든 논쟁에서 가장 개연적인 것을 찾는 것입니다. 이 방식을 카르네아데스가 더없이 정교하고도 풍부하게 유지하였는데 우리도 이 방식에 따라 토론하는 일을 다른 때에도 종종 하였지만, 최근에는 투스쿨룸 별장에서 그리하였다. 나흘간의 토론은 앞선 책에서 꼼꼼히 기록하여 당신에게 보냈으며, 다섯째 날에는 같은 장소에서 함께 모여 앉아 우리는 토론할 문제를 제시하였다.

---

328 『유명한 철학자들의 생애와 사상 1』 2권 21 "그는 자연에 관한 연구가 우리와 관련이 없다는 것을 알고, 윤리적 문제에 관한 철학적 탐구를 작업장과 광장 아고라에서 행하였다. 그리고 자신이 찾는 것은 바로 이것이라고 주장했다. '집에서 어떤 나쁜 일과 어떤 좋은 일이 있었는지.'" 마지막 인용구는 『오뒷세이아』 VI, 392행의 구절이다.

329 예를 들어 퀴레네학파, 메가라학파, 견유학파, 스토아학파, 아카데미아학파, 소요학파 등이다.

덕은 심지어 고통 속에서도 행복을 부여한다

V 12 학생 저는 행복하게 사는 데 덕으로 충분하지 못하다고 생각합니다.

선생 한데 맹세코 나의 브루투스는 충분하다고 생각합니다. 나는 당신의 판단보다 그의 판단을, 당신에게 미안한 일이지만, 훨씬 더 존중합니다.

학생 당연합니다. 지금의 문제는 선생님께서 브루투스를 얼마나 아끼는지가 아니라, 다만 제 생각이라고 말씀드린 것이 어떠한가니, 선생님께서 이를 논의해주시길 바랄 뿐입니다.

선생 그러니까 당신은 행복하게 사는 데 덕으로 충분하다는 것을 부정하는 겁니까?

학생 전적으로 부정합니다.

선생 그럼 이건 어떻습니까? 바르고 훌륭하고 칭송받게끔, 궁극적으로 잘 사는 데 덕은 충분한 도움을 주지 않습니까?

학생 그야 물론입니다.

선생 그렇다면 당신은 잘 못 사는 사람을 불행한 사람이라고 말하지 않거나, 잘 사는 사람이라고 동의하면서도 행복하게 사는 사람은 아니라고 말할 수 있습니까?

학생 어찌 아니겠습니까? 고문을 받으면서도 바르고 훌륭하고 칭송받게끔 삶을 살고 그런 이유에서 잘 사는 삶일 수 있습니다.

여기서 제가 '잘'이라 말한 것이 무슨 뜻인지 선생님께서 이해하는 한에서 말입니다. 저는 한결같고 신중하고 지혜롭고 용감한 것을 뜻합니다. **13** 이것들은 형틀에서도 가능하지만, 여기로 행복한 삶은 접근하지 않습니다.[330]

선생 그렇다면 이건 어떻습니까? 나는 묻거니와, 항심과 신중과 용기와 지혜 및 여타 덕은 모두 형리에게 끌려가 어떤 형벌과 고통도 거부하지 않을 때, 행복한 삶은 오로지 감옥의 입구와 문턱 밖에만 남는 겁니까?

학생 뭔가를 하시려거든 새로운 것들을 찾아보셔야 합니다. 말씀하신 것들은 전혀 제게 와 닿지 않습니다. 말씀은 이미 익히 알려진 것이기 때문이며, 더 큰 이유는 값싼 포도주를 물에 섞은 듯 그런 스토아 주장은 마실 때는 아니지만 첫 모금만 그럴듯하기 때문입니다. 그래서 덕들의 합창대가 형틀에 묶이면 더없이 고결한 광경이 눈앞에 펼쳐져, 행복한 삶이 덕들에게 헐레벌떡 뛰어와 덕들이 버려지지 않도록 할 것만 같습니다. **14** 하지만 덕들의 이런 그림과 광경에서 눈을 돌려 사태와 진실을 보면 그대로 드러난 것은, 고문당하는 동안 도대체 누가 행복할 수 있느냐는 겁니다. 이 문제를 지금 물었으면 합니다. 그런데 부디, 행

---

330 아리스토텔레스, 『니코마코스 윤리학』 1153b19 "그런데 형틀에 매달려 죽어가는 사람, 큰 불행에 빠진 사람일지라도, 그가 좋은 사람이기만 하면 행복하다고 말하는 사람들이 있다……그들은 무의미한 것을 이야기한 것이다."

복한 삶에게 버림받았다고 덕들이 항의하고 불평하지 않을까 걱정하지는 마십시오! 덕이 현명함을 조금도 결여하지 않는다면, 바로 그 현명함은 선한 사람이 모두 행복한 것은 아님을 알고 있습니다. 마르쿠스 아틸리우스와 퀸투스 카이피오와 마니우스 아퀼리우스의 많은 것을 돌이켜보며,[331] 실례보다 비유를 사용하길 더 원하신다면 말하거니와, 바로 그 현명함은 형틀로 달려가려는 행복한 삶을 붙잡고, 행복한 삶은 고통이나 고문과 무관하다고 말합니다.

VI 15 선생 내가 어떻게 논의를 할지까지 당신이 내게 지정하는 것은 공정하지 못한 일이지만, 기꺼이 당신이 그렇게 하는 것을 받아들입니다. 먼저 묻는다면 며칠 동안 우리가 다루었던 것들이 의미 있다고 생각합니까? 아니면 무의미하다고 봅니까?

학생 실로 의미 있는, 그것도 상당히 의미 있는 것이었습니다.

선생 그렇게 생각한다면 이 문제는 거의 끝난 거나 진배없으며 거의 결론에 도달해 있습니다.

학생 어찌하여 그렇다는 겁니까?

---

331 마르쿠스 아틸리우스 레굴루스는 제1차 카르타고 전쟁 당시 아프리카 전투에서 패전하였다. 퀸투스 세르빌리우스 카이피오는 기원전 105년 킴브리 사람들에게 패전하였고, 신전 약탈을 이유로 기소당하였고 유죄판결을 받아 재산을 몰수당하고 추방당하여 스뮈르나에서 죽었다. 마니우스 아퀼리우스는 미트라다테스에게 포로가 되어 끔찍한 죽음을 맞았다.

선생 왜냐하면, 영혼의 혼란스러운 격동과 조심성 없는 추구로 팽창되고 야기된 격정은 이성을 전부 몰아내고 행복한 삶의 여지를 남겨두지 않기 때문입니다. 죽음이나 고통을 두려워한다면, 그중 하나는 자주 부닥치고 다른 하나는 늘 위협하는 마당에 누가 과연 불행하지 않을 수 있습니까? 또한, 흔히 그러하듯 가난과 오명과 불명예를 두려워한다면, 불구와 실명을 두려워한다면, 마지막으로 각 개인이 아니라 강력한 나라들에게 종종 일어나는 굴종을 두려워한다면? 이것들을 두려워한다면, 누가 과연 행복할 수 있습니까? **16** 이것들이 장차 닥칠 것을 두려워할 뿐만 아니라 현재 이를 겪고 견디는 사람은 어떻습니까? — 이에 망명, 애도, 자식 잃음을 덧붙입시다 — 이것들로 부서지고 상심에 깨진 사람이 어찌 더없이 불행하다 하지 않을 수 있습니까? 또 어떻습니까? 욕망에 타오르고 미치고, 채워지지 않는 욕정으로 뭐든지 실성하여 탐하고, 사방에서 쾌락을 넘칠 만큼 길어 올릴수록 더욱 심하고 뜨겁게 갈증을 느끼는 사람을 우리는 보는데, 이 사람을 더없이 불행한 사람이라고 정당하게 말할 수 있지 않겠습니까? 어떻습니까? 경솔함으로 들뜨고 헛된 희열에 날뛰며 함부로 열광하는 사람은 스스로 행복하다고 생각할수록 그만큼 더 불행한 것이 아닙니까? 따라서 이들이 불행한 사람이라면 반대로 행복한 사람은 이런 사람들입니다. 어떤 공포도 두렵게 하지 않으며, 어떤 상심도 갉아먹지 않으며, 어떤 욕망도 자극하지 않으며, 어떤 경솔하게 날뛰는 희열도 약해빠진 쾌락으로 녹이지 않는 사람들입니다. 파도를 일으키는 바람이 전혀 없을 때 바다의 고요함을 알 수 있듯, 영혼의 고요함과 평온함은 요란을 떨 아무런 격정이 없을 때 알게 됩니다. **17** 어떤 사람이 운명의 힘을, 누구에게나 닥칠 수 있는 인간 만사를 참아낼 수 있는 것으로 여기며, 그래서 아무런 불안도 염려도 생기지 않는다면, 어떤 욕망도 없다면, 영혼의 헛된 쾌락에 부풀지 않는다면, 이 사람이 행복하지 않을 이유가 무엇입니까? 그리고 이것들이 덕에서 생겨난다면, 덕 그 자체가 사람들을 행복하게 만들지 못할 이유가 무엇입니까?

VII 학생 분명코 하나, 아무런 두려움이 없으며, 아무런 염려가 없으며, 어떤 욕망이 없으며, 무절제한 희열에 부풀지 않는 사람 가운데 행복하지 않은 사람은 없다고 말할 수밖에 없음은 선생님께 동의합니다. 그런데 다른 하나는 이미 결정되었는데, 앞의 논의들에서 현자는 영혼의 모든 격정에서 벗어났음이 증명되었기 때문입니다.

철학을 공부하는 사람은 모든 걸 극복한다

18 선생 그러므로 분명 그 사안은 종결되었습니다. 문제가 종

점에 왔다고 생각합니다.

학생 얼추 그런 것 같습니다.

선생 하지만 이 방식은 수학자들의 관례이며 철학자들의 관례는 아닙니다. 기하학자들은 무언가를 증명하고자 할 때, 예전에 증명된 어떤 것이 이와 연관된다면 이를 동의되고 증명된 전제로 삼아, 다만 앞서 쓰이지 않은 것만을 설명합니다. 반면 철학자들은 무슨 사안이든 손에 쥐면 그 사안과 관련된 모든 것을, 비록 다른 곳에서 이미 논의되었더라도, 일단은 모읍니다. 그렇지 않다면, 행복한 삶에 덕으로 충분한가의 문제가 제기될 때, 스토아철학자는 왜 많은 것을 말하겠습니까? '훌륭함만이 선한 것임을 앞서 증명하였고, 이를 전제로 삼아 행복한 삶은 덕으로 충분하다는 것이 귀결되며, 그리고 저것이 이것에서 귀결되는 것처럼 이것이 저것에서 귀결되어, 행복한 삶이 덕으로 충분하다고 할 때 훌륭함 이외에 선한 것은 없다'라고 답하는 것으로 충분할 겁니다. **19** 하지만 철학자들은 그렇게 하지 않습니다. 훌륭함에 관한 것은 물론 최고선에 관한 책들이 따로 있으며, 행복한 삶을 위한 충분히 큰 힘이 덕에 있음은 최고선에서 도출할 수 있겠지만, 그런데도 이를 철학자들은 따로 다룹니다. 어떤 사안이든 고유한 각각의 논거와 지침에 따라 다루어져야만 하며 특히 큰 사안일수록 그렇습니다. 철학에 이보다 더 분명하게 공표된 목소리가 있다거나, 철학에 이보다 더 풍성하거나 더 큰 약속이 있다고 생각하지 마십시오. 철학은 무얼 약속합니까? '선한 신들이여! 철학은 철학의 법에 복종한 자에게 운명에 맞설 수 있게 늘 무장시킬 것인즉, 그는 철학에서 행복하고 좋은 삶을 위한 모든 도움을 얻고, 마침내 늘 행복할 것이다.' **20** 철학이 무얼 이루어낼지는 보게 될 겁니다. 우선은 철학이 약속한 이것도 대단하다고 생각합니다. 크세르크세스는 운명이 가져다준 온갖 특전과 선물을 누렸지만, 기병과 보병, 거대한 선단과 무진장한 황금으로 만족하지 못하고 새로운 쾌락을 발견하는 사람에게 상을 약속하였는데 — 그는 그것으로도 만족하지 못했으니, 욕망은 결코 끝을 발견하지 못하기 때문입니다 — 우리도 만일 상을 걸고 우리가 더 확실하게 믿을 수 있는 무언가를 우리에게 가져다주는 사람을 얻을 수 있다면 얼마나 좋겠습니까?

행복의 추구는 덕으로 충분하다

VIII 21 학생 그럴 수 있었으면 좋겠습니다. 한 가지 작은 물음이 있습니다. 선생님 말씀에 하나가 다른 하나에서 귀결된다고 하셨는데, 훌륭함만이 선이라고 할 때 행복한 삶은 덕에 의해 이루어진다는 것이 귀결되는 것처럼, 행복한 삶이 덕에 달렸을 때 덕 이외의 어떤 선도 없다고 귀결된다는 것에 동의합니다. 하지만 선생님의 친구 브루투스는 아리스토스와 안티오코스의 권위에 따라[332] 다르게 봅니다. 덕 이외의 다른 선이 있어도 그렇다고 생각합니다.

22 선생 그렇다면 무엇입니까? 내가 브루투스의 의견에 반대할 것으로 생각합니까?

학생 하지만 생각대로 하십시오. 예단할 권리는 제게 없습니다.

선생 각각이 어떻게 일관성을 갖는지 나중에 다룰 겁니다. 이 점은 내가 안티오코스와 종종, 아리스토스와 최근에 — '장군'으로[333] 아테나이의 아리스토스의 집에서 지낼 때인데 —서로 의견을 달리했던 부분인데, 나는 누구도 악을 당한다면 행복할 수 없다고 보았지만, 그들은 육체나 운명의 악이 있다면, 현자는 악들 가운데서 있을 수 있다고 생각했습니다. 안티오코스가 여러 군데에 쓴 이 주장을, 그러니까 덕은 그 자체로 삶을 최고로 행복하게는 아니지만 행복하게 할 수 있다는 주장을 아리스토스도 하곤 했습니다. 덧붙여, 대부분은 일부가 훼손되더라도 남은 더 큰 부분에 근거하여 이름을 얻는데, 예를 들어 힘, 건강, 재산,

---

332   아리스토스는 안티오코스의 형제이며 키케로의 친구다. 아리스토스는 아카데미아 학파에 속한다. 『최고선악론』 V, 3, 8에도 이 형제가 언급된다. 기원전 79년 키케로는 아테나이에 머물며 안티오코스에게서 배웠다.

333   키케로는 기원전 50년 킬리키아 총독을 지내는 동안 군사적으로 성공을 거두었고, 병사들로부터 '장군'이라고 불렸다.

명예, 명성 등은 수량이 아니라 종류로 판별되는 것이라는 주장과 함께 이와 마찬가지로 행복한 삶도 비록 일부 불완전하더라도 훨씬 더 큰 부분에 근거하여 행복한 삶이라는 이름을 얻는 것이라고 주장하곤 했습니다. **23** 이 문제를 지금 당장 그렇게까지 파고들 필요는 없습니다. 비록 내 보기에 주장에 상당한 일관성이 없지만 말입니다. 행복한 사람이 더 행복해지기 위해 무엇을 필요로 할지 나는 알지 못하기 때문인데, 무언가 결여한다면 결코 행복한 사람이 아닙니다. 또 모든 사물이 전체 중 좀 더 큰 부분에 근거하여 이름을 얻고 그렇게 여겨진다는 주장인데, 물론 그런 경우가 있습니다. 하지만 그들이 세 종류의 악이[334] 있다고 말할 때, 어떤 사람이 그 가운데 두 가지 종류의 온갖 악에 포위되어 온갖 불운에 처하고 온갖 고통에 육체가 시달리고 소진되었을 때, 이 사람은 최고의 행복한 삶은 말할 것도 없이 행복한 삶에서 조금만 모자라다고 말할 겁니까?

IX 24 이것이 테오프라스토스가 버틸 수 없었던 입장입니다. 그는 태형과 고문과 십자가형과 망국과 망명과 자식 잃음이 비참하고 불행한 삶에 큰 영향을 끼친다고 판단하였는데, 비굴하고 나약한 생각이었기 때문에 이를 감히 강하고 자신 있게 내세

---

334 플라톤, 『고르기아스』 477b 이하는 외적으로 나쁜 상태로 가난을, 몸의 나쁜 상태로 허약함, 질병, 추함을 들고, 영혼의 몹쓸 상태로 불의, 무지, 비겁을 들고 있다.

우지 못했습니다. 과연 옳은 주장인지는 불문하고, 분명한 것은 일관성은 있다는 겁니다. 일단 전제를 받아들일 때 그로부터 일관성 있게 추론된 결론을 비난하는 것은 나에게 탐탁지 못한 일입니다. 모든 철학자 가운데 가장 고상하고 가장 박학한 사람 테오프라스토스는 세 종류의 선이 있다고 주장했을 때 그다지 크게 비난받지 않았습니다. 그런데 우선 그가 쓴 행복한 삶에 관한 책 때문에 그는 모든 사람에게 공격받았는데, 거기서 그는 고문과 십자가형을 겪는 사람이 어째서 행복할 수 없는지를 많이 논의합니다. 그 책에서 행복한 삶은 — 희랍 사람들이 쓰는 고문의 일종인데 — 형차(刑車)를 타지 않는다고 그가 주장한다고 생각됩니다. 사실 그는 이런 말을 어디에서도 하지 않았지만, 그의 말은 같은 의미입니다. **25** 그리하여 육체적 고통이 악에 속하며 운명의 난파가 악에 속한다는 사람의 주장을 받아들이면서, 선한 사람도 악으로 간주되는 일을 당하기 때문에 모든 선한 사람이 행복하지는 않다고 주장하는 이 사람에게 내가 화낼 수 있습니까? 또 테오프라스토스가 철학자들 모두의 저술과 학교에서 공격받은 것은 그의 저서 『칼리스테네스』[335]에서 그가 '삶을 지배

---

[335] 테오프라스토스의 『칼리스테네스』에 붙은 부제는 '애도에 대해'이다(『유명한 철학자들의 생애와 사상 1』 5권 55). 칼리스테네스는 테오프라스토스의 스승 아리스토텔레스의 조카로 알렉산드로스 대왕의 원정을 따라나섰다가, 반역죄로 사형되었다. 『투스쿨룸 대화』 제3권 10, 21 이하를 보라.

하는 것은 운명이지 지혜가 아니다'라는 글귀를 칭찬하였기 때문입니다. 어떤 철학자도 이보다 나약한 소리를 한 적이 없었다고 그들은 말합니다. 비판은 옳지만, 이보다 일관성 있는 주장도 없었다는 것이 내 생각입니다. 육체의 선이 많다고 할 때, 육체 외부에 우연과 운에 달린 선이 많다고 할 때, 외적인 것뿐만 아니라 육체와 관련된 것도 주재하는 운명이 지혜보다 더 강력하다는 것은 일관된 주장이 아닙니까? **26** 아니면 우리는 차라리 에피쿠로스를 모방합니까? 에피쿠로스는 종종 탁월한 것을 다수 말합니다. 물론 그는 일관성이나 논리 정연성은 개의치 않습니다. 그는 검소한 삶을 칭송합니다. 이는 철학자다운 소리이긴 하지만, 소크라테스나 안티스테네스[336]가 그렇게 말했으면 모를까, 최고선이 쾌락이라고 말한 사람이 할 만한 소리는 아닙니다. 그는 사람이 훌륭하게, 지혜롭게, 정의롭게 살지 않으면 즐겁게 살 수 없다고 말합니다.[337] 그가 만약 '훌륭하게, 지혜롭게, 정의롭게'라는 말을 쾌락에 돌리지 않는다면 이것은 무엇보다 신중하고, 무엇보다 철학에 어울리는 주장입니다. '현자에게 운명은 크게 방해되지 않는다'는 것보다 훌륭한 것은 무엇입니까?[338] 하지

---

336 소크라테스의 제자로 견유학파의 창시자다.
337 『유명한 철학자들의 생애와 사상 2』 10권 140 "분별 있게, 그리고 훌륭하고 정의롭게 살지 않는 사람은 유쾌하게 살 수 없고, 유쾌하게 살지 않는 사람은 분별 있게, 그리고 훌륭하고 정의롭게 살 수 없다."

만 고통이 최고악이고 유일한 악이라고 주장하면서 운명에 맞선다고 뻐기지만, 바로 그때 극심한 고통에 온몸을 움츠릴 사람이 이런 말을 합니까? **27** 똑같은 것을 메트로도로스는[339] 더 훌륭한 말로 말합니다. '운명이여! 나는 너를 미리 장악하고 점령하였고 너의 모든 접근을 봉쇄하였나니, 네가 내게 다가서지 못하도록 말이다.'[340] 이 말을 만약 키오스의 아리스톤이나, 추한 것 말고 다른 악은 없다고 여긴 스토아철학자 제논이 말한다면 좋을 것입니다.[341] 하지만 메트로도로스여! 모든 선을 골수와 내장에 두고, 최고선이 육체의 강인한 상태와 그 확실한 희망에 달렸다고 정의하는 당신이 운명의 접근을 봉쇄했다는 것입니까? 어떻게 그렇습니까? 당신은 그런 유의 선을 빼앗길 수 있기 때문입니다.

X 28 하지만 모르는 사람들은 이 문장들에 사로잡히는데 이런 글귀들 때문에 이런 사람들이 다수입니다. 하지만 엄밀히 토론하는 사람은 각자가 무엇을 말하는가가 아니라 각자가 무엇

---

338 『유명한 철학자들의 생애와 사상 2』10권 144 "운(우연)은 사소한 정도로만 현자에게 간섭한다."『최고선악론』I, 19, 63을 보라. 세네카, 『현자의 항덕에 관하여』15, 4 "운명이 현자를 방해하는 경우는 드물다."

339 앞의 제2권 8에서 언급하였던바 메트로도로스는 에피쿠로스의 제자다.

340 *Gnomologium Vaticanum* 47 "행운의 여신이여, 나는 당신에 대해 미리 대비했고, 당신이 숨겨놓은 공격으로부터 나 자신을 지켜왔다. 우리는 우리 스스로를 당신이나 다른 어떤 환경의 포로로 만들지 않을 것이다."

341 제논은 스토아학파의 창시자이고 아리스톤은 그의 제자다.

을 말해야 하는가를 봅니다. 예를 들어 우리가 이 토론에서 채택한 바로 그 견해에서 — 우리는 모든 선한 사람이 항상 행복하다고 주장하는데 — 내가 누구를 선한 사람이라고 말하는지는 분명합니다. 모든 덕을 익히고 갖춘 사람을 우리는 때로 현자라고 부르며, 때로 선한 사람이라고 부릅니다. 어떤 사람을 행복한 사람이라고 불러야 할지 살펴봅시다. **29** 분명 어떤 악도 덧붙지 않고 선을 가진 사람을 나는 행복한 사람으로 생각합니다. 우리가 행복을 말할 때, 이 단어는 '모든 악이 배제된 가운데 축적된 선의 총합' 이외의 다른 어떤 뜻도 없습니다. 덕 이외의 어떤 선이 있다면 덕은 축적된 선의 총합에 이르지 못합니다. 우리가 다음의 것들을 악이라고 부른다면 한 무리의 악이 있을 것인데, 가난, 무명, 비천함, 고독, 가족 상실, 심각한 육체적 고통, 건강 상실, 불구, 실명, 망국, 망명, 마지막으로 굴종 등입니다. 이에 더 많은 것을 덧붙일 수도 있겠지만, 이런 것 모두는 현자에게도 닥칠 수 있습니다. 불운이 이것들을 가져오는데, 불운은 현자에게 닥칠 수 있습니다. 그런데 이 악들이 있다고 할 때, 더군다나 이 모든 악을 한날한시에 모두 당할 수도 있다면, 현자가 늘 행복할 거고 장담할 수 있는 사람은 누구입니까? **30** 따라서 나는 내 친구 브루투스에게도, 우리 공동의 선생들에게도,[342] 그리

---

342 앞의 8, 21에 언급된 아리스토스와 안티오코스를 가리킨다.

고 옛 철학자들인 아리스토텔레스와 스페우십포스와 크세노크라테스와 폴레몬에게도 쉽게 동의할 수 없는데,[343] 이들은 앞서 내가 열거한 것들을 악으로 여기면서도 동시에 현자는 늘 행복하다고 말합니다. 피타고라스와 소크라테스와 플라톤에게 가장 어울릴 법한 고귀하고 아름다운 이 호칭을 바란다면, 이들은 사람들을 광채로써 사로잡는 것들, 힘과 건강과 아름다움과 재산과 관직과 권력을 가볍게 여기는 한편, 이와 반대되는 것들도 아무렇지 않게 여길 수 있도록 결심할 겁니다. 그때 그들은 더없이 맑은 목소리로, 자신들은 운명의 공격에도, 대중의 생각에도, 고통에도, 가난에도 겁먹지 않으며 모든 것을 자기 자신 안에 갖고 있으며, 자신들이 선이라고 여기는 것들은 모두 자신의 힘이 미치는 곳에 있다고 외칠 수 있을 겁니다. **31** 하지만 이들이 지금 위대하고 숭고한 사람의 것을 말하면서 동시에 대중과 똑같은 것으로 선과 악으로 여기게 놓아둘 수 없습니다. 이런 명성에 이끌려 에피쿠로스가 나타나서, 그도 주제넘게 현자는 늘 행복할 것으로 생각합니다. 이 문장의 위엄에 사로잡힌 것이지만, 만약 그가 그 자신의 말을 듣는다면 결코 이렇게 말하지 않을 겁니다. 고통이 최고악 또는 유일한 악이라고 말하는 사람이 동시에

343　스페우십포스는 플라톤의 조카로 아카데미아를 물려받아 이끌었다. 스페우십포스를 이어 크세노크라테스가 아카데미아의 수장을 맡았으며, 폴레몬은 그 다음 수장이었다.

현자는 고통스러운 십자가형을 당하면서도 '이는 얼마나 달콤한가!'라고 말할 것으로 생각하는 것보다 모순된 일은 무엇입니까? 따라서 철학자들은 단편적 언명이 아니라, 지속성과 일관성에 비추어 평가되어야 합니다.

덕 하나로도 행복을 충족한다

XI 32 학생 선생님은 저에게 선생님께 동의하라고 하십니다. 하지만 선생님도 일관성이 부족한 건 아닌지 살펴주십시오.

선생 어떻게 그렇습니까?

학생 저는 선생님의 『최고선악론』 제4권을 최근에 읽었습니다.[344] 제가 보기에, 거기서 선생님이 카토에게 반대 논의를 펼치며 제시하려던 것은 ― 저에게도 옳아 보였습니다만 ― 제논과 소요학파 사이에 용어들의 새로움 말고 어떤 차이도 없다는 생각이었습니다. 그렇다면 만약 행복한 삶을 위한 충분히 커다란 힘이 덕에 있다는 제논의 생각에 모순이 없다면, 소요학파가 이와 똑같이 주장하지 못할 이유는 무엇입니까? 저는 말이 아니라

---

344 『최고선악론』 IV, 20, 56~58에서 키케로는 스토아학파와 소요학파는 용어나 명칭만 다를 뿐, 같은 것을 주장한다고 말한다.

실질을 보아야 한다고 생각하기 때문입니다.

33 선생 당신은 참으로 서명된 문건을 가져와 나와 다투며, 앞서 내가 말하거나 글로 적은 것을 증거로 제시합니다. 제정된 법률을 논의하는 다른 사람들과는 그렇게 할 수 있습니다. 하지만 나는 그날 벌어 그날 살아가는 사람입니다. 우리는 개연성으로 우리의 영혼을 타격하는 것이면 무엇이든 그것을 주장합니다. 그래서 우리만이 유일하게 자유롭습니다. 그럼에도 우리는 일관성을 방금 말했기 때문에, 이 자리에서 제논과 그의 학생 아리스톤이 생각했던바 오직 훌륭함만이 유일한 선이라는 주장이 과연 참인지를 물어야 한다고 나는 생각하지 않습니다. 다만 이 주장이 참이라고 치고, 행복한 삶이 이렇게 오로지 덕에 달려 있다는 것이 과연 일관성이 있는지를 물어야 한다고 생각합니다.[345] **34** 그러므로 일단 현자가 늘 행복하다는 브루투스의 주장에 동의합시다. 얼마나 일관성이 있는지는 그가 검토할 겁니다. 이 주장의 웅대함에 저 사람보다 잘 어울리는 사람은 누구입니까? 우리는 다만 현자가 가장 행복한 사람이라는 주장을 견지합시다.

XII 만약 이방인이자 말을 꾸며내는 비천한 재주꾼으로 키티온의 제논[346]이 옛 철학에 끼어든 것처럼 보인다면, 이 사람의 주

---

345 Pohlenz는 ⟨*fuerint consentaneum*⟩을 넣어서 읽는다.
346 스토아학파의 창시자 제논은 퀴프로스 섬의 키티온 출신인데, 키티온은 페니키아 사람들이 건설한 식민지다.

장에 플라톤의 권위로부터 힘을 실어줍시다. 플라톤에서 종종 덕 이외에 어떤 것도 선하지 않다는 이런 연설이 행해집니다. **35** 『고르기아스』에서 페르딕카스의 아들 아르켈라오스[347]가 당시에 가장 행복하다고 여겨졌는데 과연 그가 행복하다고 생각하느냐는 질문에 소크라테스는 말합니다.[348] "잘 모르겠다. 나는 그와 대화를 나눈 적이 없다." "그게 정말이냐? 당신은 달리 알지 못하냐?" "결코 그럴 수 없다." "그렇다면 당신은 페르시아 대왕이 행복한지 아닌지도 결코 말할 수 없겠군요?" "어떻게 가능하겠는가? 나는 그가 얼마나 배웠는지, 얼마나 선한지를 전혀 모르기 때문이다." "어떤가? 당신은 그것에 행복한 삶이 달렸고 생각하는가?" "그래, 전적으로 나는 선한 사람은 행복하고 악한 사람은 불행하다고 생각한다." "그렇다면 아르켈라오스는 불행한가?" "그가 정의롭지 못하다면 분명코." **36** 여기서 그는 모든 행복한 삶은 오로지 덕에 달려 있다고 생각하지 않습니까? 이건 어떻습니까? 그는 장례식 연설에서 어떻게 말했습니까? "행복한 삶을 가져다주는 모든 것이 자기 자신 안에 있고 타인들의 행불행에 좌우되지 않으며, 타인의 행위에 매달려 같이 헤매도록 강

---

347 아르켈라오스는 기원전 413~399년까지 마케도니아의 왕이다. 그는 마케도니아에 희랍 문화를 적극적으로 도입하였다.

348 『고르기아스』 470d~471a에서 폴로스가 묻고 소크라테스가 답하는 내용이다.

요당하지 않는 사람, 이 사람은 가장 훌륭한 삶의 이치를 마련한 것이다. 이 사람은 절제하는 사람이고, 이 사람은 용감한 사람이고, 이 사람은 지혜로운 사람이고, 이 사람은 여타의 유용한 것들이 생겨나고 사라질 때, 특히 자식들이 태어나고 죽더라도, 옛 계율에 복종하고 따를 사람이다. 그는 지나치게 슬퍼하거나 즐거워하지 않을 것인데, 자신의 모든 희망을 늘 자신 안에 두기 때문이다."[349] 신성하고 존엄한 샘과 같은 플라톤의 이 말에서 우리의 모든 연설이 흘러나올 겁니다.

XIII 37 그러므로 우리 모두의 어머니인 자연 말고 어디서 더 옳게 시작할 수 있겠습니까? 자연은 자기가 낳은 모든 것이, 다시 말해 동물은 물론하고 뿌리를 내리고 대지에서 자라는 것이 각각 그 종에 따라 자신을 완성하기를 바랐습니다. 그리하여 나무들과 포도 넝쿨과, 낮게 자라며 지표면 이상으로 크지 못하는 식물 가운데 어떤 것은 늘 푸르며, 어떤 것은 겨울에 이파리가 떨어졌다가 봄이 되어 날이 풀리면 푸른 잎이 납니다. 어떤 식물도 일종의 내적 운동과 자기 안의 씨앗에 의해 번성하지 않은 것은 없으며, 마침내 꽃을 피우고 열매와 과실을 맺으며, 모든 것은 그 안에 있는 모든 것을, 어떤 힘의 방해가 없으면, 완성합니다. **38** 한편 바로 그 자연의 힘이 동물에게서는, 자연이 이들에

---

349 플라톤, 『메넥세노스』 247e~248a.

게 감각을 주었으므로, 훨씬 더 쉽게 포착될 수 있습니다. 자연은 어떤 동물은 헤엄치며 물에 살기를, 어떤 동물은 날개로 자유롭게 하늘을 누리기를, 어떤 것은 땅을 기기를, 어떤 것은 걸어 다니기를, 이들 가운데 일부는 홀로 다니고, 일부는 모여 살기를, 어떤 것은 야생으로, 반면 어떤 것은 가축으로 살고, 또 몇몇 동물은 땅속에 몸을 숨기고 살기를 원하였습니다. 동물 각각은 자신의 직분을 지키며 다른 동물의 삶을 취할 수 없기에 자연의 법을 따릅니다. 자연에 의해 동물에게 각자 저마다 특별한 것이 선사되었고, 그것을 각자는 자신의 것으로 유지하며 이를 벗어나지 않는 것처럼, 인간에게는 훨씬 더 탁월한 것이 주어졌습니다. 탁월함은 어떤 비교가 성립하는 것에 대해서만 언급되어야 하지만, 인간 영혼은 신적 정신에서 떼어낸 것으로, 이렇게 말하는 것이 가하다면, 오직 신과 비교될 수 있습니다. **39** 그리하여 만약 인간 영혼이 잘 교육받고 영혼의 눈이 오류들로 눈멀지 않도록 돌보아진다면, 완벽한 정신, 다시 말해 절대적 이성, 다른 말로 덕이 됩니다. 그런데 아무 부족함이 없고 종적으로 완성되고 완전한 모든 것이 행복하고, 이것이 덕의 고유한 것이라면, 덕을 갖춘 모든 사람은 분명 행복합니다.

이 점에서 나와 브루투스가 일치하며, 다시 말해 나는 아리스토텔레스와 크세노크라테스와 스페우십포스와 폴레몬과 의견이 같습니다. 하지만 나는 더 나아가 그들이 가장 행복하다고 생각합니다. **40** 자신의 선을 확신하는 사람은 행복한 삶을 위해 무엇이 부족합니까? 혹은 자신의 선을 확신하지 않는 사람이 어떻게 행복할 수 있겠습니까? 그런데 선을 세 부분으로 나누는 사람은 필연적으로 확신하지 않는 사람입니다. **XIV** 육체의 강건함이나 행운의 변함없음을 어떻게 확신할 수 있겠습니까? 변함없고 확정되고 영원한 선이 아니면 누구도 행복할 수 없습니다. 이것들 가운데 무엇이 그러합니까? 스파르타 사람의 말이 내가 보기에 이런 사람들[350]에 적용될 수 있을 것 같습니다. 그는 세상 모든 해안에 많은 배를 보냈노라고 자랑스럽게 떠벌리는 상인에게 말했습니다. '마룻줄에 달린 행운은 참으로 바람직하지 않다.'[351] 잃어버릴 수 있는 어떤 것도 행복한 삶을 완전히 채울 만한 것으로 생각해서는 안 될 것이 분명하지 않습니까? 행복한 삶을 이루는 것 가운데 어떤 것도 고갈하고 소멸하고 사라져서는 안 됩니다. 이것들 가운데 무언가를 잃어버릴지도 모른다고 걱정하는 사람은 행복할 수 없겠기 때문입니다. **41** 우리는 행복한 사람이 안전하며, 굴복하지 않으며, 둘러싸여 방어되며, 공포가 조금 있는 사람이 아니라 전혀 없는 사람이라고 주장합니다. 예를 들어 무죄한 사람은 죄가 작은 사람이 아니라 죄가 전혀 없는 사람인 것

---

350 문맥상으로 보건대, 육체의 강건함이나 행운의 변함없음을 믿는 사람들이나 소요학파를 가리킨다.

351 플루타르코스, *Moralia* 234EF.

처럼, 공포가 없는 것으로 여겨질 수 있는 사람은 조금 두려워하는 사람이 아니라 공포가 전혀 없는 사람입니다. 닥쳐오는 위험과 고통과 수고를 견뎌내며 전혀 공포가 없는 영혼의 상태 말고 달리 무얼 용기라고 하겠습니까? 모든 선이 훌륭함 하나에 있지 않다면, 이것들은 결코 그럴 수 없을 겁니다. **42** 그런데 다수의 악이 닥치고 닥칠 수 있을 경우, 크게 희망하며 바라던 평온을 ― 여기서 나는 상심 없음을 평온이라고 부르는데 여기에 행복한 삶이 있습니다 ― 누가 어떻게 가질 수 있습니까? 모든 것이 자신에게 달렸다고 생각하지 않는 사람이 어떻게 고상하고 올곧을 수 있으며, 인간에게 생길 수 있는 모든 것을 어떻게 가볍게 여길 수 있겠습니까? 현자는 그럴 것이라고 우리는 주장합니다. 필립포스[352]가 스파르타 사람들을 서면으로 위협하여 가로되, 스파르타 사람들이 무얼 시도하든지간에 자신이 그 모든 것을 금지하겠다고 하였고, 이에 스파르타 사람들은 죽는 것마저 금하는가라고 반문했다고 합니다. 우리가 지금 찾고 있는 그런 마음을 가진 사람이 국가 전체보다 훨씬 쉽게 찾아지지 않겠습니까? 어떻습니까? 우리가 말한 이 용기에 모든 감정의 동요들을 다스리는 절제를 덧붙일 때, 용기가 상심과 공포를 물리치고 절제가 욕망을 멀리하게 하고 과도한 환희에 열광하는 것을 금한다면,

---

352   마케도니아의 왕으로 알렉산드로스 대왕의 아버지를 가리킨다.

그런 사람에게 행복하게 사는 데 무엇이 부족할 수 있습니까? 덕이 이것들을 가능하게 한다는 것을, 앞서 며칠간 설명하지 않았다면 여기서 보여주었을 겁니다. **XV 43** 그런데 영혼의 격정이 불행을 만들고 영혼의 평온이 행복한 삶을 만들 때, 그리고 악이라고 생각되는 것에 대한 상심과 공포가 있고, 반대로 선이라고 생각하는 오류에서 생기는 과도한 희열과 욕망이 있어 이렇게 두 종류의 격정이 있을 때, 이 모두에 맞서 지혜와 이성이 다툰다고 할 때, 그런데 이 심각한 갈등과 불화와 분열에서 벗어나고 풀려나 자유로운 사람을 당신이 만난다면, 당신은 이 사람이 행복하다고 말하길 주저하겠습니까? 그런즉, 현자는 늘 이 상태에 있는 사람이며 따라서 현자는 늘 행복합니다.

한데 모든 선도 희열을 주는 것입니다. 그런데 희열을 주는 것은 예찬되어야 하며 과시되어야 합니다. 그런데 그러한 것은 또한 자랑스러운 것이며, 자랑스러운 것이라면 분명코 칭송받을 만한 것입니다. 그런데 칭송받을 만한 것은 또한 전적으로 훌륭한 것입니다. 따라서 선한 것은 훌륭한 것입니다. **44** 하지만 저들은 자신들이 선이라고 열거한 것들을 결코 훌륭한 것이라고 말하지 않습니다. 그리하여 오로지 훌륭한 것이 유일한 선입니다. 이로부터 행복한 삶은 오로지 훌륭함에만 달렸다는 결론이 도출됩니다. 따라서 많이 갖고 있는 사람은 더없이 불행할 수도 있는 저것들을 선이라고 불러서도, 선이라고 여겨서도 안 됩니다.

45 혹은 당신은 주저합니까? 건강과 힘과 아름다움이 탁월하고, 예리하고 완전무결한 감각을 가지며, 원한다면 덧붙여 신속함과 민첩함을 갖추고 있으며, 부와 관직과 권력과 재력과 명예도 주어져 — 이런 것들을 가진 사람이 만약 불의하고 무절제하고 소심하고 둔하고 어리석다면, 이 사람이 불행하다고 말하길 당신은 주저하겠습니까? 따라서 선을 가진 사람이 더없이 불행할 수 있다면 선이라고 하는 저것들은 도대체 무엇입니까? 곡식 더미가 곡식 낱알로 이루어져야 하듯, 행복한 삶은 행복한 삶과 동종의 부분들로 이루어져야 하는지 살펴봅시다. 만약 그렇다면 오직 훌륭한 것인 선으로 행복이 만들어져야 합니다. 다른 종류의 선들이 섞여 있다면 이로부터 훌륭함은 생겨날 수 없을 겁니다. 훌륭함을 빼놓고 무엇을 행복이라고 생각할 수 있겠습니까? 모든 선한 것은 추구되어야 하는 것인데, 추구되어야 하는 것은 분명코 인정되어야 하는 것입니다. 그런데 사람들이 인정한 것은 환영받으며 수용된 것으로 여겨져야 합니다. 그러므로 이에 존엄도 부여되어야 합니다. 그리고 이러한 것은 필연적으로 칭송받습니다. 따라서 모든 선은 칭송받을 만한 겁니다. 이로부터 도출되는 것은 훌륭함만이 오직 선이라는 겁니다.

XVI 46 이 결론을 우리가 고수하지 않는다면 우리가 선이라고 불러야 할 것은 많을 겁니다. 재산은 제외하겠습니다. 재산이란 아무나 이렇다 할 자격 없이 가질 수 있는 것이기 때문에 나는 이를 선으로 포함시키지 않습니다. 모름지기 선이란 아무나 가질 수 없는 겁니다. 혈통과, 어리석고 불량한 대중의 동의로 야기되는 대중적 명성도 제외하겠습니다. 다음과 같은 것들은 하찮은 것들이지만, 그럼에도 선이라고 불릴 수밖에 없습니다. 박속같은 치아, 매력적인 눈동자, 눈길 끄는 고운 피부색, 안티클레이아가 울릭세스의 발을 씻겨주며 칭송했던 "유연한 말과 부드러운 몸" 등을 말입니다.[353] 우리가 만약 이것들을 선으로 여긴다면, 철학자의 진지함에는 대중의 생각이나 어리석은 군중과 다른 어떤 진중하고 웅대한 것이 있겠습니까?

47 그런데 스토아학파는 소요학파가 선이라고 부르는 것을 '두드러진 것' 혹은 '앞서가는 것'이라고 부릅니다.[354] 스토아학파

---

353 파쿠비우스, 『닙트라』 247. 안티클레이아는 오뒷세우스의 어머니다. 오뒷세우스의 발을 씻겨주는 장면에 등장하는 여인은 에우리클레이아다. 에우리클레이아는 『오뒷세이아』 XIX, 380행 이하에서 오뒷세우스의 발을 씻겨주면서 그의 체격과 목소리와 발을 언급한다. '유연한 말과 부드러운 몸'은 고귀한 신분의 사람을 나타내는 지표들 가운데 대표적인 것이다.

354 『최고선악론』 III, 15, 51 이하를 보라. '두드러진 것 praecipuum' 혹은 '앞서가는 것 productum'은 희랍어 '프로에그메논 προηγμένον'의 번역어인데, '우선적인 것 praepositum'이라고도 번역된다. 제논은 왕과 귀족의 비유에 따라 'προηγμένον'을 귀족에 해당하는 것으로 설명한다. 여기에 해당하는 것은 건강, 명예, 부유함 등이며 덕이나 악덕으로 분류되지 않는 '중간적인 것 medium'이지만, 그래도 본성에 부합하는 것들에 속한다. 이에 반대되는 '아포프로에그메논 ἀποπροηγμένον'은 '먼 것 remotum', '거부된 것

는 이렇게 말하긴 하지만, 이런 것들로 행복한 삶이 채워진다고 는 보지 않습니다. 한편 소요학파는 이것들이 없다면 행복한 삶 은 없다고 생각하거나 혹은 행복한 삶은 몰라도 최고로 행복한 삶은 결코 아니라고 합니다. 하지만 우리는 최고로 행복한 삶이 라고 주장하며 이것은 소크라테스적 논증으로 확인됩니다. 철학 의 일인자는 이렇게 주장하곤 했습니다. '각자의 영혼이 생겨먹 은 대로 사람은 그렇게 생겨먹었다. 사람이 생겨먹은 대로 그의 말도 그러하다. 행위는 말을 닮고 삶은 행위를 닮는다. 그런데 선한 사람의 영혼 상태는 칭송받을 만하다. 따라서 선한 사람의 삶도 칭송받을 만하다. 그리고 칭송받을 만하기에 그 삶은 훌륭 한 삶이다. 이로부터 선한 사람들의 삶은 행복하다는 결론이 나 온다.'[355]

48 실로 그것은 신들과 인간들에게 맹세코 옳습니다. 앞서 우 리의 논의에서 충분히 파악되지 않았던 겁니까? 아니면 재미와 시간을 때우기 위해 논의하였던 겁니까? 현자는 내가 격정이라 고 부르는 영혼의 모든 혼란에서 늘 자유로우며, 그의 영혼에는 늘 아주 고요한 평온이 있다는 것을 말입니다. 따라서 절제하며

---

reiectum', '버리는 것 *reiectaneum*' 등으로 번역된다.

355 플라톤, 『국가』 400d 이하, 혼의 성격을 어법과 말의 방식이 따른다는 논 의가 있다. 플라톤은 여기에 소개된 추론 가운데 이 부분만을 언급하였고, 나머지는 키케로가 추가한 부분이다.

여일하며 공포가 없으며 상심이 없으며 헛된 환희와 욕정이 없는 사람은 행복한 사람이 아닙니까? 그런데 현자는 늘 그러하며, 따라서 늘 행복합니다. 또한 어떻게 선한 사람이 모든 행동과 생각을 칭송받을 만한 것에 조회하지 않을 수 있겠습니까? 그런데 선한 사람은 모든 것을 행복한 삶에 따릅니다. 따라서 행복한 삶은 칭송받을 만한 삶입니다. 덕을 갖추지 않는다면 어떤 것도 칭송받을 만한 것이 아닙니다. 따라서 행복한 삶은 덕에 의해 만들어집니다.

XVII 49 한편 이런 결론에도 이릅니다. 불행한 삶에는 어떤 칭송받거나 자랑스러울 것이 없으며, 행복하지도 불행하지도 않은 삶에도 마찬가지입니다. 하지만 어떤 삶에는 무언가 칭송받을 것과 자랑스러운 것과 내세울 만한 것이 있습니다. 예를 들어 에파메이논다스가 "우리의 지혜로 스파르타의 명성이 내려앉았다"[356]고 하였고, 아프리카누스가 "동이 트는 곳으로부터 마이오티스 늪 너머에 나의 업적에 필적할 만한 사람은 없다"[357] 하였습니다. **50** 만일 그렇다면, 행복한 삶이야말로 자랑스럽게 여겨야 하며 칭송받아야 하며 내세워야만 합니다. 칭송받아야 하며 내세워야만 할 것은 달리 아무 것도 없기 때문입니다.

---

356 『투스쿨룸 대화』 제2권 24, 59 이하를 보라.
357 엔니우스 단편 21. 노(老)스키피오의 묘비명으로 엔니우스가 쓴 엘레기 2 행시의 일부이다. '마이오티스 늪'은 흑해를 가리킨다.

덕과 행복은 동일하다

이것들이 전제될 때 당신은 무엇이 귀결될지 알고 있습니다. 그러니까 훌륭한 삶이 동시에 행복한 삶이 아니라면, 필연적으로 행복한 삶보다 더 좋은 것이 있어야 합니다. 왜냐하면, 훌륭한 것은 분명 더 좋은 것으로 인정될 것이기 때문입니다. 그러니까 행복한 삶보다 더 좋은 무엇이 있을 겁니다. 하지만 이것보다 더 괴상한 주장이 어디 있습니까? 어떻습니까? 악덕이 불행한 삶을 만들 충분히 큰 힘을 가진다고 인정할 때, 행복한 삶을 만들 같은 힘이 덕에 있다는 것도 인정해야 하지 않겠습니까? 반대 전제에서 반대 결론이 만들어지기 때문입니다.

51 여기서 내가 묻는 것은 크리톨라오스의 저울은 어떤 의미를 갖느냐 입니다.[358] 그는 저울 한 쪽에 영혼의 선을 올려놓았고 다른 쪽에 육체의 선과 외부의 선을 올려놓았는데, 영혼의 선이 바다와 육지를 압도적으로 능가한다고 생각합니다.[359] **XVIII** 이

---

358 크리톨라오스는 로마에 온 세 명의 아테나이 사절 가운데 한 명이다. 그는 소요학파의 수장으로 스토아학파의 디오게네스, 아카데미아 학파의 카르네아데스와 함께 로마를 찾았다.

359 『최고선악론』 V, 30, 92 이하에 덕을 저울의 한쪽 접시에 올려놓고 다른 쪽 접시에 세상의 땅과 바다를 올려놓으면 덕의 무게가 더 나갈 것이라는 언급이 있다.

사람이, 또는 철학자들 가운데 제일 신중한 크세노크라테스[360]가 덕을 그만큼 무겁게 만들고 나머지를 가볍게 만들어 내치며 덕에 행복한 삶을, 더 나아가 가장 행복한 삶을 놓는다면 이를 어떻게 막겠습니까? 그렇지 않다면 덕의 몰락이 이어질 겁니다. **52** 어떤 사람이 상심에 빠진다면 그가 공포에 빠지는 것도 필연적입니다. 왜냐하면, 공포는 미래의 상심에 대한 걱정 어린 예측이기 때문입니다. 그런데 공포에 빠진 사람은 기겁, 불안, 공황, 무기력에 빠지기 마련입니다. 따라서 이런 사람은 때로 좌절하며 아트레우스의 가르침이 자신에게 적용되지 않는다고 생각하게 됩니다. "그러므로 삶을 단단히 채비하여 좌절할 줄 모를지어다."[361] 그런데 내가 말했던 것처럼, 이런 사람은 좌절할 것이며, 좌절할 뿐만 아니라 굴종하게 될 겁니다. 하지만 우리는 덕이 늘 자유롭다고 주장하며, 늘 좌절하지 않는다고 주장합니다. 그렇지 않다면 덕은 사라진 겁니다. **53** 그렇게 덕이 잘 사는 데 충분한 도움을 준다면, 행복하게 사는 데도 충분한 도움을 줍니다. 덕 안에 분명 용감하게 사는 데 충분한 것이 들어 있기 때문입니다. 용감하게 사는 데 충분하다면 긍지 있게 사는 데도 충분

---

360 『유명한 철학자들의 생애와 사상 1』 4권 12에 따르면 크세노크라테스도 덕에 관하여 책을 썼다.

361 미확인 비극 단편 112. 아키우스의 아트레우스나 혹은 엔니우스의 튀에스테스에 속하는 것으로 생각된다.

하며, 그리하여 우리는 어떤 것에도 두려움을 느끼지 않고 늘 좌절하지 않습니다. 따라서 후회할 것이 없으며 부족할 것이 없으며 거칠 것이 없습니다. 따라서 모든 것이 풍요롭고 완벽하며 번영하고, 그리하여 행복할 겁니다. 요컨대 덕은 용감하게 사는 데 충분할 수 있으며, 따라서 행복하게 사는 데도 충분할 수 있습니다. **54** 어리석음은 원하는 것을 얻었는데도 결코 충분히 얻었다고 생각하지 않지만, 현명함은 늘 지금 있는 것에 만족하고 결코 자신의 일에 후회하지 않습니다.

행복한 삶과 불행한 삶의 예들

XIX 당신은 가이우스 라일리우스가 한번 낙선을 경험하고 얻은 한 번의 집정관직이 저것과 같았다고 생각합니까?[362] 그처럼 현명하고 선한 사람이 투표에서 뽑히지 않을 때 그것은 그가 아니라 인민이 낙선한 것이 아닙니까?[363] 그럼에도 당신은 할 수만 있다면 라일리우스처럼 한 번 집정관이길 바랍니까? 아니면 킨

---

362 소(小) 스키피오의 절친한 친구였던 라일리우스는 기원전 140년에 집정관직을 역임하였는데, 바로 직전의 선거에서 참패하였다.

363 Pohlenz의 제안에 따라 '좋은 집정관에 의해서 *a bono consule*'와 '좋은 인민에 의해서 *a bono populo*'를 지었다.

나[364]처럼 네 번 집정관이길 바랍니까? **55** 나는 당신의 답이 무엇일지 의심하지 않습니다. 그리하여 나는 내가 누구에게 상대하는지 압니다. 나는 아무에게나 이런 질문을 하지 않을 겁니다. 왜냐하면, 다른 사람은 아마도 네 번의 집정관직을 한 번의 집정관직보다 좋다 대답할 것이고, 많은 위대한 사람의 평생보다 킨나의 하루를 값지게 여긴다 대답할 것이기 때문입니다. 라일리우스가 손가락으로 누군가를 살짝 건드렸어도 그는 스스로를 처벌했을 겁니다. 하지만 킨나는 그의 동료 집정관 그나이우스 옥타비우스의 목을 치도록 명령했으며, 푸블리우스 크라수스와 루키우스 카이사르 등 전쟁 때나 평화 시에 검증된 명문귀족들을, 내가 들어본 사람들 가운데 가장 뛰어난 연설가였던 마르쿠스 안토니우스를, 내가 보기에 교양과 웃음과 유쾌함과 재치의 전범이었던 가이우스 카이사르를 죽였습니다. [365] 이들을 죽인 그

---

364 루키우스 코르넬리우스 킨나는 기원전 87년의 집정관으로 민중당파였고, 귀족당파에 속하는 그의 동료 집정관 옥타비우스에 의해 로마에서 추방되었다가, 마리우스와 협력하여 로마를 점령하였다. 그가 권력을 잡으면서 약탈과 살해가 멈추지 않았다. 그는 기원전 86~84년까지 집정관직을 연임하였으나, 술라가 아시아에서 이탈리아로 돌아왔을 때 병사들에 의해 살해되었다.

365 97년의 집정관 푸블리우스 크라수스는 나중에 삼두정치에 참여하는 크라수스의 부친이며, 그는 스스로 목숨을 끊었다. 루키우스 율리우스 카이사르 스트라보는 기원전 90년의 집정관이며, 가이우스 율리우스 카이사르 스트라보의 동생인데 가이우스 율리우스의 인물 됨됨이를 키케로는 『연설가

는 행복했습니까? 내 생각에 그는 그런 일을 했기 때문만이 아니라, 자신이 그런 일을 하도록 허락받은 것처럼 행동했기 때문에 불행했습니다. 누구에게도 범죄는 허락되지 않지만, 말을 곡해하여 우리는 각자에게 주어진 가능성을 허락이라고 말합니다.[366]

56 킴브리 전쟁에서 거둔 승리의 영광을, 거의 제2의 라일리우스라 할 ― 나는 더없이 닮았다고 생각합니다 ―동료 집정관 카툴루스와 나누던 가이우스 마리우스가 더욱 행복했습니까? 아니면 카툴루스의 사면을 탄원하던 친구들에게 화를 내며 한 번이 아니라 누차 '그는 죽어야 한다'고 외친 내전의 승자 마리우스가 더욱 행복했습니까? 이때 이 흉악한 목소리에 복종한 사람이, 그렇게 가혹하게 명한 사람보다 더욱 행복하지 않았겠습니까?[367] 불의를 당하는 것이 불의를 행하는 것보다 좋은 일이라고

론』(II, 23, 98 이하)에서 자세히 다룬다. 키케로가 『연설가론』(III, 3, 10 이하)에서 중요 대화자로 설정한 마르쿠스 안토니우스는 연설가로 이름이 높았다. 다른 역사가들은 그의 죽음을 마리우스와 벨레이우스 때문이라고 하는데, 키케로는 그 책임을 킨나에게 돌린다. 그는 기원전 99년의 집정관을 역임하였고, 나중에 삼두정치에 참여한 안토니우스의 조부다.

366 주어진 모든 가능성이 허락이나 허용을 의미하지는 않는다. 남의 물건을 가로챌 수는 있지만, 그럼에도 가로채도 된다는 뜻은 아니며, 킨나에게 사람들은 집정관의 절대 권한을 부여하였지만, 그렇다고 정적을 함부로 죽여도 된다고 사람들이 허락한 것은 아니었다.

367 퀸투스 루타티우스 카툴루스는 기원전 101년 게르만족과 싸운 베르겔라이 전투에서 마리우스와 함께 적을 물리치고 큰 공을 세웠으며, 기원전 87년 마리우스가 로마에 입성할 때 자신이 처형당할 것을 생각하고 스스로 목숨

할 때,[368] 카툴루스가 했던 것처럼 다가오는 죽음을 조금 앞서 맞이한 것은, 마리우스가 했던 것보다 좋은 일이었는데, 마리우스는 그처럼 장한 사람을 죽임으로써 여섯 번의 집정관직을 묻어버렸고 그의 말년을 더럽히고 말았습니다.

XX 57 디오뉘시오스는 25살에 권력을 잡았고, 이후 38년 동안 쉬라쿠사이의 참주였습니다.[369] 그는 얼마나 아름다운 도시를, 얼마나 부유한 국가를 억압하고 속박하였습니까! 권위 있는 기록자들이 이 사람에 관해 적어 놓은 바를 받아들이자면, 생활에서 그는 더없이 큰 절제력을 보여주었고, 일 처리에서 예리하고 근면했던 사람이었지만, 본성은 사악하고 불의하였습니다. 이로부터 진실을 제대로 직시하는 모든 사람에게 그는 더없이 불행한 사람으로 보일 수밖에 없습니다. 그는 그가 원했던 것들을, 스스로 뭐든지 할 수 있다고 믿었지만, 전혀 이루지 못했기 때문입니다.

58 사람마다 전하는 것이 다르긴 하지만,[370] 그는 귀한 가문의

을 끊었다.

368　플라톤, 『고르기아스』 496c "하지만 불의를 저지르거나 불의를 당하는 것이 불가피하다면, 나는 불의를 저지르기보다는 차라리 불의를 당하는 쪽을 선택할 거네."

369　디오뉘시오스는 기원전 405~367년에 쉬라쿠사이를 통치하였다.

370　예를 들어, 디오도로스 시쿨루스는 디오뉘시오스의 아버지가 서기였다고 말한다.

훌륭한 부모에게서 태어났습니다. 그에게 동년배 친구들과 오래 사귄 친지들이 많았고, 심지어 희랍 방식대로[371] 사랑을 나누던 소년들도 곁에 있었지만, 그는 그들 가운데 누구도 믿지 않았고, 부유한 집안들의 노예들을 가려 뽑아 이들에게서 노예라는 딱지를 떼어준 다음 이들에게, 심지어 일부 망명자들과 사나운 이방인들에게 자신의 신변 경호를 맡겼습니다. 불의한 권력욕 때문에 그는 자신을 일종의 감옥에 가두었으며,[372] 심지어 이발사에게까지 목을 맡기지 않으려고 자신의 딸들에게 머리 깎는 법을 가르쳤습니다. 그래서 이 천한 하녀의 기술을 익혀 왕가의 처녀들이 여자 이발사처럼 아비의 수염과 머리카락을 깎았습니다. 그러고도 모자라 딸들이 장성하자, 이들에게 칼을 빼앗고, 불타는 호두 껍데기를 이용하여 머리와 수염을 그을러 다듬게 하였습니다. **59** 그리고 그는 동향의 아리스토마케와 로크리의 도리스, 이 둘을 아내로 두었는데, 밤에 아내들을 찾아갈 때마다 사전에 모든 것을 살피고 철저히 수색하였습니다.[373] 그리고 침대 주변에 넓게 해자를 두르고, 작은 나무다리로 해자를 건너는 통

---

371 동성애를 가리킨다.
372 플라톤, 『국가』 579a 이하에 따르면, 참주는 국외 여행을 할 수 없고, 많은 것을 구경할 수 없고, 대부분 집에 처박혀 지낸다고 한다.
373 디오뉘시오스는 첫 번째 아내가 자살하자, 부인 둘을 한날한시에 아내로 맞이하였다고 한다.

로를 연결하였는데, 침실 입구를 봉쇄하고 나서는 그것마저 치우곤 했습니다. 또한, 그는 일반적인 연단에 감히 서지 못했기 때문에 높은 탑 위에서 연설하곤 하였습니다.

60 그리고 그는 공놀이를 취미삼아 자주했는데, 공놀이를 원해서 웃옷을 벗을 때면 사랑하는 젊은이에게 검을 맡겼다고 합니다. 한번은 가까운 친구가 농담으로 '이 젊은이에게 분명코 당신의 생명을 맡겼습니다'라고 말했고 그 젊은이가 웃음을 보냈을 때, 그는 둘을 모두 처형하라고 명령하였는데, 한 사람은 자신을 살해할 방법을 알려주었고, 다른 사람은 그의 말을 웃음으로 수락했기 때문이라고 했습니다. 그리고 그렇게 하고 나서 그는 인생에서 그 보다 더한 일을 당한 적이 없는 것처럼 고통스러워했습니다. 열렬히 사랑하던 젊은이를 죽였던 겁니다. 절제 못하는 사람들의 욕망은 이와 같이 양극단으로 갈라집니다. 하나를 따르면 반드시 다른 하나와 충돌해야 합니다.

XXI 61 하지만 이 참주는 그가 행복한가를 스스로 판결하였습니다. 그의 아첨꾼들 가운데 다모클레스라는 자가 그와 이야기를 나누다가 그의 군대, 재산, 통치의 탁월함, 재물의 풍부함, 왕궁의 찬란함을 언급하며 이보다 행복한 사람은 없었다고 말하자, 디오뉘시오스는 '다모클레스여, 이런 나의 삶이 그대를 즐겁게 한다니, 그대가 직접 이런 나의 삶을 맛보고 나의 행운을 경험해보는 것은 어떤가?'라고 말했고, 다모클레스는 자신도 그렇게 하고 싶다고 대답하였습니다. 그리하여 참주는 명하여 그를 황금 좌석에 앉게 하고, 훌륭한 솜씨로 그림 그려진 아주 아름다운 융단을 깔아 주고, 금과 은으로 장식된 여러 개의 식탁을 놓아 주었습니다. 이어서 뛰어난 아름다움을 갖춘 선별한 시종들을 연회에 배치하고 다모클레스의 요구를 살펴 착실히 시중들도록 명하였습니다. **62** 향수와 화관이 놓여 있었고, 향유가 불타고 있었고, 연회는 진귀한 산해진미로 가득했습니다. 다모클레스는 자신이 복되다고 생각하였습니다. 이 호사 한가운데 번쩍이는 칼을 말총 한 가닥에 묶어, 행복한 사람의 목덜미를 때리기 좋게 천장에 매달아 놓으라고 참주는 명했습니다. 그리하여 다모클레스는 옆에 있는 아름다운 시종들에게 눈을 돌리지도, 기술이 돋보이는 은그릇을 쳐다보지도, 심지어 음식에 손을 내밀지도 못했습니다. 화관마저도 이제 흘러내렸습니다. 그는 마침내 참주에게 간청하여, 자신은 행복하길 원치 않으니 보내 달라고 빌었습니다. 이로써 디오뉘시오스는 두려움에 계속 시달리는 사람에게 행복이 없음을 충분히 보여준 것 같지 않습니까? 그리고 정의를 회복한다거나 시민들에게 자유와 권리를 돌려주는 일도 이제는 그에게 불가능했습니다. 그는 앞날을 내다보지 못하던 젊은 시절, 수많은 과오에 휘말려 이를 저질렀고, 마침내 제정신이 들기 시작했을 때는 도저히 회복될 수 없을 지경이었던 겁니다.

XXII 63 그런데 그가 친구들의 배신을 두려워하면서도 얼마나 우정을 원했었는지는 피타고라스 학파에 속하는 두 사람과의 일화에 나타납니다.[374] 한 명이 자신의 목숨을 담보로 제공하였으며, 다른 하나는 사형 집행 시각까지 돌아오기로 한 약속을 지켜 친구의 목숨을 담보에서 풀어주었을 때, 디오뉘시오스는 '내가 너희 둘의 친구가 되었으면 좋겠구나' 라고 말했다고 합니다. 이 사람에게 친구들과의 교제가 없고, 생활공동체가 없고, 내밀하게 주고받는 대화가 없었다니 이 얼마나 큰 불행입니까! 더군다나 그는 어린 시절부터 학문과 교양을 익힌 사람이었으며 음악에 조예가 깊었던 사람이었다고 합니다. 심지어 비극시인이었다고도 합니다. 얼마나 좋은 시인이었냐는 여기서 중요하지 않습니다. 다른 영역들보다 이 영역에서는 어째서 그런지는 모르겠으나 저마다 자신의 작품이 아름답다 합니다. 지금껏 나는 (아퀴니우스와도 친분이 있지만)[375] 시인치고 스스로를 최고라고 생각하지 않는 사람을 보지 못했습니다. 그러므로 당신은 당신 취향이 있고 나는 내 취향이 있는 법입니다. 다시 디오뉘시오스에게로 돌아와서, 그는 전혀 인간적인 문화와 삶을 누리지 못했습니다. 그는 도망자들과 범죄자들과 이방인들과 함께 살았으며, 자유인다운 사람이거나 전적으로 자유인이길 바랐던 사람을 전혀 그의

---

374 키케로, 『의무론』 III. 10. 45 이하에 따르면 이 두 사람은 다몬과 핀티아스다.

375 카툴루스의 증언에 따르면 아퀴니우스는 매우 형편없는 시인이었다고 한다.

친구로 생각하지 않았습니다.

XXIII 64 나는 이보다 혐오스럽고 불행하며 역겨운 삶을 도저히 생각해 낼 수 없는데, 이 사람의 삶을 학식이 높고 참으로 지혜로웠던 플라톤이나 아르퀴타스[376]의 삶과 비교하지 않겠습니다. 같은 쉬라쿠사이 출신의 평범한 사람을 제시하겠습니다. 그는 흙바닥과 자 막대기하면 생각나는 사람으로, 디오뉘시오스 이후 많은 세월이 흘러 그곳에서 태어난 아르키메데스입니다. 나는 재무관으로[377] 그곳에 있을 적에, 쉬라쿠사이 사람들은 모르고 있었으며 심지어 존재하지 않는다고까지 했던 그의 무덤을, 덤불과 잡초가 사방으로 덮인 곳에서 찾아냈습니다. 아르키메데스의 묘비에 새겨져 있다고 하는 일종의 육음보로 쓰인 명문(銘文)을 나는 알고 있었던 겁니다. 그 명문은 묘비 상단에 원기둥과 구가 놓여 있다고 말해주었습니다. **65** 내가 직접 눈을 밝혀 사방을 조사하였는데, 아크라가스 성문 근처에는 무덤이 많았기 때문입니다. 그때 나는 덤불 가운데 크게 두드러지지 않은 작은 기둥에 주목하였고, 그 기둥에는 구와 원기둥이 그려져 있

---

376 아르퀴타스는 피타고라스 학파의 대단한 학자로 이름이 높았다고 한다. 『최고선악론』 V, 29, 87에 따르면 플라톤은 남부 이탈리아를 방문하였을 때 그를 만났다고 전한다.
377 기원전 75년 키케로는 재무관으로 선출되어 시킬리아의 륄리바이움에서 재무관직을 수행했다.

었습니다. 그래서 나는 그때 동행한 쉬라쿠사이의 우두머리들에게, 저것이 내가 찾고 있는 것이라 생각한다고 말했습니다. 많은 사람이 낫을 들고 달려들어 그곳을 청소하고 덤불을 치웠습니다. **66** 무덤으로 가는 통로가 열리자, 우리는 맞은편의 받침돌로 다가갔습니다. 거기에 비문이 있었는데, 적힌 시구들 가운데 후반부가 닳아버려 반 가까이만 보였습니다. 그리하여 대희랍의 가장 유명하고, 한때 더없이 학문이 높던 도시는 더없이 명민한 한 자국민의 묘비를, 아르피눔 사람이 가르쳐주지 않았다면 망각할 뻔했습니다.[378]

다시 본론으로 돌아가 봅시다. 무사 여신들을, 다시 말해 문학과 학문을 조금이나마 아는 모든 사람 가운데 누가 과연 이 수학자가 아니라 저 참주를 선택하겠습니까? 만약 삶의 방식과 행태를 묻는다면, 한 사람의 마음은 원리를 찾고 탐구하고 더없이 달콤한 영혼의 양식 가운데 하나인 사색의 즐거움 속에 성장했으며, 다른 사람의 마음은 살인과 불의 가운데 밤낮 없는 공포 속에 성장하였습니다. 그럼 이제 데모크리토스와 피타고라스와 아낙사고라스와도 비교해 보시오. 어떤 왕국, 어떤 재산을 당신은 이들의 탐구와 즐거움에 앞세우겠습니까? **67** 그런데 사람의 가장 좋은 부분에 필연적으로 우리가 구하는 가장 좋은 것이 들어

---

378 키케로의 고향은 이탈리아 반도의 라티움 지방 아르피눔이다.

있습니다. 그렇다면 사람에게서 예리하고 좋은 정신보다 좋은 것이 있습니까? 그러므로 행복하길 원한다면 정신의 좋음을 즐겨야 할 겁니다. 그런데 정신의 좋음은 덕입니다. 따라서 행복한 삶은 덕에 있을 수밖에 없습니다. 그러므로 아름답고 훌륭하고 탁월한 모든 것은, 앞서 말했던 것이지만 이는 좀 더 상세히 말해야 할 것으로 보이는바, 기쁨으로 가득합니다. 지속적이고 가득한 기쁨들로부터 행복한 삶이 있음이 명백할 때, 행복한 삶은 훌륭함에 있다는 결론이 나옵니다.

진리를 추구하는 자는 자족하는 자다

XXIV 68 우리가 증명하려는 바를 단지 말로만 건드리지 않기 위해, 우리를 더욱 인식과 이해로 이끌 만한, 말하자면 동기가 제시되어야 합니다. 최고 학문에 밝은 사람을 상정하여, 잠깐 우리 마음속에 생각하고 그려봅시다. 그 사람은 먼저 탁월한 재능을 가지고 있어야 합니다. 둔한 머리가 덕을 따르는 것은 쉽지 않기 때문입니다. 다음으로 진리를 탐구하려는 강한 열정이 있어야 합니다. 이로부터 영혼의 세 가지 결실이 열리는바, 하나는 사물의 인식과 자연의 설명이며, 다음은 추구해야 할 것과 피해야 할 것의 구분과 잘 사는 삶의 원리이며,[379] 마지막은 무엇이 무엇에 따라 나오는지, 무엇이 모순되는지의 판단인데, 여기에 전적으로 논증의 정교함이, 특히 판단의 옳음이 달려 있습니다.[380] **69** 그러므로 이런 관심들로 살아가며 밤을 지새우는 현자의 영혼은 필연적으로 마침내 얼마나 큰 기쁨을 누리겠습니까! 우주 전체의 운동과 회전을 관찰하고 하늘에 붙박인 수많은 별들이 일정한 위치를 유지하며 바로 그 하늘의 운동을 따르는 것을 보았을 때, 일곱 개의 별들이[381] 높낮이를 달리하여 멀리 떨어져 각자의 궤도를 돌며, 이 별들의 떠돌이 운동이 그럼에도 자기 궤도의 분명하고 명확한 공간을 확정함을 보았을 때 현자는 어떠했겠습니까![382] 이런 광경들이 옛 현자들을 사로잡아 이를 더욱 넓게 탐구하게 하였던 것입니다. 여기서부터, 모든 것이 생겨나고 자라나고 성장하는 마치 씨앗과도 같은 근원의 탐구가 생겨났습니다. 영혼이 있는 종이거나 없는 종이거나 말을 하는 종이거나 못하는 종이거나 모든 종의 기원은 무엇인지, 생명은 무엇이며 사멸은 무엇이며, 하나에서 다른 하나로의 순환과 변화는 무엇이며, 대지는 어떻게 생겨나 어떻게 추의 균형을 이루며,

---

379 이 부분의 전승 사본은 매우 다양하게 갈린다. 우리는 Pohlenz의 제안을 따라 〈et in ratione be〉를 넣어서 읽었다.

380 전통적인 학문 구분인 논리학, 자연학, 윤리학을 가리킨다.

381 달, 태양, 수성, 금성, 화성, 목성, 토성을 가리킨다.

382 제1권 25, 62~63를 보라.

바다는 어떤 그릇에 담겨져 있으며, 어떤 무게에 이끌려 만물은 항상 구체의 가장 낮은 곳인 중심을 향해 떨어지는가를 탐구하였습니다.[383]

XXV 70 이것들을 다루며 밤낮으로 숙고하던 영혼에게 델포이의 신은, 정신은 자기 자신을 알고 자신이 신적 정신과 결합되어 있음을 알라는 가르침을 주었으니, 이 인식에 영혼은 한없는 기쁨이 가득합니다. 신들의 본성과 힘에 대한 사유는 그 불멸성을 모방하도록 인간 정신의 열망에 불을 지폈고, 인간 정신은 자신이 삶의 유한성에 붙잡히지 않았다는 생각에 닿았으니, 만물의 원인이 서로 맞물려 있고 필연성으로 연결되었음을, 영원한 시간에서 영원한 시간으로 끊임없이 흐르는 만물을, 그럼에도 이성과 정신이 제어하고 있음을, 인간 정신은 알았던 겁니다. **71** 이것들을 바라보고 쳐다본 사람, 혹은 오히려 모든 부분과 경계를 둘러본 사람은 이번에는 얼마나 큰 영혼의 고요함으로 좀 더 이 세상에 가까운 인간적인 것들을 심사숙고합니까! 여기서 덕의 인식이 시작되며, 덕의 종류와 부분들이 전개되며, 자연이 최고선과 최고악으로 놓은 것이 무엇인지, 의무가 준거하는 것은 무엇인지, 무엇을 인생살이의 원리로 선택해야 하는지가 밝혀집

---

383 이상 논의된 "하늘과 땅의 사물들에 대한 놀라움"은 『신들의 본성에 관하여』 제2권 36, 91~53, 132를 보라.

니다. 이것들과 이와 같은 종류의 것들이 탐구되면서, 우리가 이 대화에서 다루고 있는바, 덕은 행복하게 사는 데 그 자체로 충분하다는 결론에 이릅니다. **72** 이어 세 번째는 지혜의 모든 부분을 관통하여 흐르는 것으로, 사물을 정의하고, 종류를 나누고, 따라 나오는 귀결들을 연결하고, 최종 결론을 도출하고, 거짓과 참을 구별하는 논증의 기술, 논리학입니다. 이는 사태를 궁리하는 데 아주 큰 유용성을 가지며, 특히 지혜에 어울리는 고상한 즐거움을 제공합니다. 하지만 이것들은 여가가 있을 때의 일입니다.

이제 또한 현자가 공공의 일에 참여하는 것으로 넘어가 봅시다. 현자가 분별력으로 동료 시민들의 이익을 도모할 줄 알고, 정의에 따라 무엇도 사사로이 제집으로 물길을 돌리지 않고, 그 외의 수많은 덕을 실천한다고 할 때, 이보다 훌륭한 일이 있을 수 있습니까? 여기에 우정의 열매를 보태도록 합시다. 그 가운데 박식한 자들은 인생 전체에서 뜻을 같이 하며 거의 공동 운명의 조언자를 얻으며, 그런 매일의 일상과 생활에서 더 없는 즐거움을 얻습니다. 이런 삶에 더 행복해지기 위해 무엇이 필요합니까? 수많은 큰 기쁨으로 가득한 이 삶에 운명도 양보할 수밖에 없습니다. 이러한 영혼의 선들로, 다시 말해 덕들로 즐거워함은 행복이며, 모든 현자가 그런 즐거움을 누린다고 할 때, 필연적으로 현자는 모두 행복하다는 사실을 인정해야 합니다.

현자는 고통 속에서도 행복하다

XXVI 73 학생 형벌과 고문을 당할 때에도 그러합니까?

선생 당신은 내가 제비꽃과 장미꽃이 만발한 때를 말한다고 생각했습니까? 혹은 다만 철학자의 가면을 쓰고 자신을 그렇게 부른 에피쿠로스가 다음과 같이 주장하도록 허용하겠습니까? 사실이 그러한 즉, 나 자신도 찬동하는 것이지만, 제아무리 인두질당하고 고문당하고 사지가 잘려나가도 현자는 늘 '아무렇지도 않다'라고 소리칠 수 있다고 주장하고 있습니다.[384] 특히나 에피쿠로스는 모든 악을 고통으로, 모든 선을 쾌락으로 정의하고, 우리가 주장하는 훌륭함과 추함을 비웃고, 우리가 말에 갇혀 공허한 소리를 쏟아내지만, 실은 오로지 육체로 지각되는 부드러움과 거침만이 우리에게 중요하다고 주장합니다. 내가 말했듯이 짐승들의 판단 방식과 크게 다르지 않은 방식을 취한 이 사람이 자기가 한 말은 까맣게 잊고, 그의 모든 선과 악이 운명에 달린 때에 운명을 가볍게 여기며, 고통을 최고악이자 유일악으로 정한 사람이 최고의 형벌과 고문을 받으면서도 행복하다고 주장하도록 당신은 허용하겠습니까? **74** 또한 그는 고통

---

[384] 『유명한 철학자들의 생애와 사상 2』 10권 118에 따르면 에피쿠로스도 "현자는 설령 고문을 당하더라도 행복하다"고 말하였다.

을 이겨내는 데 필요한 방책들, 다시 말해 영혼의 강인함, 추함을 부끄러워함, 인내를 익힘과 익숙함, 용기의 가르침, 사내다운 군건함은 제시하지 않았고, 다만 지나간 쾌락들의 상기 한 가지로 평온하다고 말합니다. 예를 들어 그는 한여름에 어떤 사람이 더위를 견뎌낼 수 없을 때, 우리 고향 아르피눔에서 즐겼던 시원한 강물 목욕을 상기하라고 말한 셈입니다. 하지만 나는 어떻게 지나간 쾌락을 통해 현재의 악이 누그러질 수 있는지 이해할 수 없습니다. **75** 일관성을 지키기 위해서라면 그렇게 말할 수 없는 사람도[385] 현자가 늘 행복하다고 말하는 판에, 훌륭함이 결여된 것을 절대 추구해서 안 되고, 그런 것을 절대 선으로 여겨서 안 된다고 생각하는 사람은 어떻게 해야 합니까? 내가 충고하거니와, 소요학파와 구(舊)아카데미아학파는 이제 더듬거리지 말고, 공개적으로 분명한 목소리로, 행복한 삶은 팔라리스의 황소 안으로도[386] 들어설 것이라고 과감하게 말해야 합니다. **XXVII 76** 세 가지 종류의 선이 있다고 합시다. 내가 평소보다 많이 언급했다고 알고 있는 스토아학파의 함정에서 벗어나기 위해, 이 종류들의 선이 있다고 합시다. 육체에 속

385　앞의 26, 73 이하에서 언급한 에피쿠로스를 가리킨다.
386　기원전 570~554년에 아크라가스의 참주였으며, 잔혹한 폭군의 대명사다. 그는 자신의 정적들을 황소 모양으로 만든 청동 통 속에 넣고 구워 죽였다고 한다.

하는 선과[387] 외적 선은 지상에 놓여 있고, 다만 선호되는 것[388]
이라는 이유에서 선이라고 불리지만, 영혼에 속하는 신적 선은
멀리 넓게 뻗어나가 하늘에 닿아 있습니다. 왜 내가 그것들을 얻
은 사람을 행복하다고만 말하고, 더없이 행복하다고는 말하지
않겠습니까?

그런데 현자는 고통을 두려워하겠습니까? 고통은 우리 견해의
큰 걸림돌입니다. 우리와 우리 가족들의 죽음에, 상심 등 여타
영혼의 격정들에 우리는 앞서 며칠간의 논의를 통해 충분히 무
장하고 준비한 것 같습니다. 고통은 덕의 가장 지독한 적으로 보
입니다. 고통은 불타는 횃불을 휘두르고, 용기와 자긍심과 인내
를 무력화시키겠노라 위협합니다. **77** 그리하여 덕이 고통에 굴
복하겠으며 여일한 현자의 행복한 삶이 고통에 항복하겠습니까?
선한 신들이여! 이 얼마나 추한 일입니까! 스파르타 소년들은 채
찍의 고통으로 살이 찢어지면서도 신음하지 않습니다.[389] 우리는
스파르타 청년들이 무리지어 주먹과 발과 손톱과 이빨로 상상을
초월하는 싸움을 벌이며, 죽으면 죽었지 결코 상대에게 승복하
지 않는 모습을 직접 보았습니다.[390] 어떤 이방의 땅이 인도보다

---

387 Pohlenz를 따라 ⟨*et*⟩를 넣어 읽는다.
388 '*sumenda*'는 앞의 16, 47에서 논의된 것을 보라.
389 『투스쿨룸 대화』 제2권 14, 34 이하를 보라.
390 기원전 79/78년경에 키케로는 아테나이에 머물고 있었다. 『투스쿨룸 대화』

황량하고 거칩니까? 그런데도 먼저 인도인들 가운데 현자라고 간주되는 자들은 평생 옷을 입지 않으며 카우카소스의 한설과 추위를 견디면서도 고통스러워하지 않으며, 불로 접근하여 살이 타들어가도 신음을 토하지 않습니다.[391] **78** 또한 인도 여인들은 남편이 죽으면 죽은 남편이 어느 부인을 가장 많이 사랑했는지를 놓고 다툼을 벌이고 재판까지 갑니다. 인도에서는 흔히 한 사람이 여러 명의 부인들을 두기 때문입니다. 승리한 부인은 친척들의 배웅을 받으며 기꺼이 죽은 남편과 함께 화장되길 자처합니다. 패한 나머지 부인들은 슬퍼하며 돌아갑니다.

결코 관습이 자연을 정복하지 않았으면 좋으련만. 자연은 늘 불굴의 존재이니 말입니다. 하지만 우리는 그늘과 향락과 여가와 나태와 게으름으로 영혼을 감염시켰고 나쁜 억견과 악습으로 영혼을 나약하게 만들었습니다. 이집트 사람들의 관습은 누가 모르겠습니까? 이들의 정신은 잘못된 미신에 물들어, 고문을 당할지언정 결코 따오기나 살무사나 고양이나 강아지나 악어를 해치지 않을 겁니다. 심지어 실수로라도 이 가운데 뭔가를 범했을 때는 처벌을 피하지 않을 겁니다. **79** 나는 사람을 이야기하고 있습니다만, 어떻습니까? 야수들은 추위를, 굶주림을, 산과 숲의

제3권 22, 53절을 보라.

391   칼라누스라는 인도 사람이 『투스쿨룸 대화』 제2권 22, 52에 언급된다.

편력과 배회를 견뎌내지 않습니까? 새끼를 위해서 상처를 입어도 공격과 타격을 겁내지 않고 싸우지 않습니까? 야망에 불타는 자들이 관직 때문에, 칭송을 추구하는 자들이 명예를 위해, 사랑에 달아오른 자들이 욕망 때문에 무엇을 참고 무엇을 견디는지는 말하지 않겠습니다. 인생은 이런 예들로 가득합니다.

XXVIII 80 이 연설은 여기까지 하고 벗어났던 본론으로 돌아갑시다. 내 말하노니, 행복한 삶은 자신을 고문에 내줄 것인즉, 정의와 절제, 특히 용기와 자긍심과 인내를 따르길 형리의 얼굴을 마주하더라도 멈추지 않고, 모든 덕이 조금의 두려움도 없이 고문에 맞서며 나아갈 때, 결코 문밖에서, 앞서 말했던 것처럼, 감옥 문턱에서 멈추어 서지 않습니다. 홀로 남겨져 아름다운 동행 없이 버려진 삶보다 흉하고 끔찍한 것은 무엇입니까? 결코 그럴 수 없습니다. 행복한 삶 없이 덕이 성립할 수 없으며, 덕 없이 행복한 삶이 성립할 수 없습니다. **81** 따라서 덕은 행복한 삶이 등을 돌리길 용납하지 않겠고, 자신이 받을 고통과 고문 모두로 행복한 삶을 끌고 갈 겁니다. 이로써 현자에게 고유한바, 후회할 수 있는 일은 하지 않으며, 원하지 않는 일은 하지 않으며, 모든 일을 아름답고 변함없이 신중하게 훌륭하게 하며, 어떤 일이 장차 반드시 있다고 예상하지 않으며, 어떤 일이 닥쳤을 때 생각지도 못한 뜻밖의 일이 닥쳤다고 놀라지 않으며, 모든 일을 자신의 판단에 비추어 처리하고 자신의 판단을 고수합니다. 무엇이 이보다 행복할지 나는 머리에 떠올릴 수 없습니다. **82** 헌데 스토아학파의 결론은 간단합니다. 최고선을 그들은 자연에 합치하는 것, 자연과 조화롭게 사는 것으로 생각하며, 이것이 현자의 의무이고 현자의 능력이기도 할 때, 필연적으로 도출되는 결론은, 최고선을 장악한 사람은 행복한 삶도 가진다는 것입니다. 이렇게 현자의 삶은 늘 행복하게 됩니다.

행복한 삶을 두고 펼쳐진 가장 용감한 주장이라 내가 생각하는 바를 당신은 들었으며, 또한 당신이 이보다 좋은 생각을 제시하지 않는다면, 이 생각은 지금 그대로 가장 참된 것입니다.

덕은 혼자서도 행복을 가져온다

XXIX 학생 저는 이보다 좋은 것을 제시할 수 없습니다. 하지만 번거롭지 않으시다면, 선생님께 저는 진정으로 청하고자 합니다. 선생님께서는 특정 학파에 매이지 않고 모든 학파로부터 가장 개연적이라 생각되는 것이라면 무엇이든 맛보셨으니, 더군다나 방금 전에 소요학파와 구(舊)아카데미아학파에게 권고하시길, 주저하지 말고 현자가 늘 더없이 행복하다고 과감히 주장하라고 하셨기에 더욱 저는 듣고 싶습니다. 이것을 주장하는 것이 어떻게 그들의 견해에 부합한다고 생각하시는지 말입니다. 이

들의 생각에 반하는 많은 것을 스토아학파의 방식으로 도출하여 선생님께서 제시하셨기 때문입니다.[392]

83 선생 그러므로 우리는 철학에서 우리에게만 허용된 자유를 사용하고자 합니다. 우리의 논의는 무엇도 단정하지 않고 모든 면에서 열려 있기에, 누구의 권위에도 매이지 않고 그 자체로 남들의 평가를 받을 수 있습니다. 내가 보기에 당신이 바라는 것은, 철학자들이 최고선을 놓고 의견을 달리하지만, 그래도 행복한 삶의 방벽으로 덕 하나면 충분하다 입니다. 이를 카르네아데스가 반박하곤 했다고 우리는 들었습니다. 카르네아데스는 늘 혼신을 다해 스토아학파를 반박하였고, 그들의 학설에 맞서 그의 재능을 불태웠습니다. 허나 우리는 조용히 논의하겠습니다. 스토아학파가 최고선을 바르게 정의했다면 그것으로 사태는 분명하기 때문입니다. 필연적으로 현자는 늘 행복합니다. **84** 하지만 가능하다면, 나머지 학파들의 각 의견을 살펴봅시다. 그래서 행복한 삶을 두고 행한 이 대단한 포고가 모든 철학자의 생각과 가르침과 합치함을 봅시다.

XXX 내 생각에 최고선의 견해 가운데 아직 주장되고 옹호되는 것은 이것들입니다. 먼저 단순한 네 가지 견해가 있는데, 스

---

392 소요학파와 구(舊)아카데미아학파는 현자가 행복할 수 있으나, 늘 가장 행복한 것은 아니라고 생각한다.

토아학파처럼 훌륭함 이외의 어떤 선도 없다, 에피쿠로스처럼 쾌락 이외의 어떤 선도 없다, 히에로뉘모스처럼[393] 고통의[394] 부재만이 선이다. 스토아학파에 반대하던 카르네아데스처럼 자연의 최초선[395] 전부나 혹은 그중 가장 큰 선을 누리는 것만이 선이다 등입니다. **85** 이것들이 단순한 것이라면, 다음은 섞인 것입니다. 선에 세 가지가 있으며, 제일 큰 것은 영혼의 선이며, 두 번째는 육체의 선이며, 마지막은 외적 선이라는 소요학파의 견해이고, 소요학파와 크게 다르지 않은 구(舊)아카데미아학파의 견해입니다. 디노마코스와 칼리폰[396]은 쾌락과 훌륭함을 연결하였고, 소요학파의 디오도로스는 고통의 부재를 훌륭함에 연결하였습니다.[397] 이들의 견해는 아직 건재합니다. 아리스톤과 퓌론과 에릴로스와[398] 여타 몇몇 철학자들의 견해는 사라졌습니다. 이들

---

393 로도스 출신의 히에로뉘모스는 기원전 3세기의 소요학파에 속하며, 아카데미아학파의 아르케실라오스와 적대적인 관계를 유지하였다. 『투스쿨룸 대화』 제2권 6, 15를 보라.

394 Pohlenz에 따라 〈doloris〉를 넣어 읽는다.

395 '자연의 최초선들'은 『최고선악론』 V, 7, 18 이하에 언급되는데, 부당한 것들로부터의 해방, 건강, 고통에서 벗어남, 아름다움, 건전한 이성 등 인간이 생존 본능에 따라 처음부터 추구하는 것을 가리킨다.

396 두 사람은 퀴레네학파에 속한다.

397 튀로스 출신의 디오도로스는 로마에 파견되었던 소요학파 크리톨라오스의 제자로서 기원전 118년에 크리톨라오스를 이어 소요학파를 이끌고 있었다.

398 에릴로스 혹은 헤릴로스는 기원전 3세기에 활약한 스토아 철학자로 제논의 제자다. 『유명한 철학자들의 생애와 사상 2』 7권 165 이하와 『최고선악

이 무엇을 고수할 수 있을지 살펴봅시다. 다만 스토아학파는 제외하는데, 이들의 견해는 이미 충분히 앞서 변호하였다고 나는 생각합니다.

사실 소요학파의 사안은 분명합니다. 테오프라스토스와 그를 추종하여 소심하게도 고통을 두려워하고 무서워하는 사람들은 제외하고, 나머지 소요학파는 대체로 그들이 행하는 것을 행할 수 있는바, 덕의 위엄과 위상을 드높입니다. 말 잘하는 자들이 유창하게 그러하듯 그들이 덕을 하늘까지 높일 때, 비교를 통해 덕 이외의 것들을 짓밟고 깔보는 것은 쉬운 일입니다. 고통을 겪더라도 칭송을 얻어야겠다고 말하는 사람은 칭송을 얻은 사람들을 행복하다고 말하지 않을 수 없습니다. 이들이 약간의 악들을 안고 있더라도, 이때 행복이라는 개념은 폭넓게 적용됩니다. **XXXI 86** 장사가 이문이 남고 농사가 수확이 있다고 말하는 것은 전혀 손실을 보지 않고 전혀 악천후의 피해를 입지 않았기 때문이 아니라, 손실을 보고 악천후의 피해를 입는 가운데 훨씬 많은 부분은 성공적이었기 때문인 것처럼, 인생이 전적으로 선이 가득할 때뿐만 아니라, 훨씬 크고 중요한 부분에 선이 우세할 때에도 삶이 행복하다고 말하는 것은 정당합니다. **87** 따라서 이들

론』V, 25, 73 이하에 따르면, 그는 최고선을 앎에 두었으며, 앎 이외에 어떤 것도 그 자체로 추구될 만한 것이 없다고 생각하였다.

의 설명에 따르면 행복한 삶은 심지어 형장에까지 덕을 따를 것이고, 아리스토텔레스와 크세노크라테스와 스페우시포스와 폴레몬이 주장하는 바[399] 덕과 함께 황소 안까지 들어갈 것이고, 위협이나 뇌물에 타락하여 덕을 버리지 않을 겁니다. 칼리폰과 디오도로스의 견해도 똑같을 것인데, 두 사람 모두는 훌륭함이 없는 모든 것은 멀찍이 뒤에 놓아야 한다고 생각할 정도로 훌륭함을 크게 평가합니다. 나머지들은, 그러니까 에피쿠로스와 히에로뉘모스, 그리고 카르네아데스처럼 버려진 최고선을[400] 변호하려 애쓰는 이들이 있다면 이들도 입장이 크게 협착한 걸로 보이지만, 그래도 무사히 빠져나옵니다. 이들 모두는 영혼을 선의 판관으로 생각하고, 영혼을 훈련시켜 선이나 악으로 보이는 것들을 가볍게 여길 수 있게 만들기 때문입니다. **88** 에피쿠로스에게 적용된다고 당신이 생각하는 사안은 히에로뉘모스와 카르네아데스, 맹세코 나머지 모든 철학자에게도 마찬가지로 적용될 겁니다. 도대체 이들 가운데 누가 죽음이나 고통에 소홀히 대비하고 있습니까?

만약 괜찮다면, 우리가 나약하다, 쾌락을 즐긴다 말하는 사람에서 시작해 봅시다. 어떻습니까? 에피쿠로스는 죽음의 날을 행

---

399 크세노크라테스, 스페우시포스, 폴레몬은 구(舊)아카데미아학파의 철학자들이다.

400 Pohlenz를 따라 〈finem〉을 넣어 읽는다.

복한 날이라고 부르며 커다란 고통을 겪으면서도 그가 찾아낸 것들을 기억하고 상기하며 이 고통을 진정시키는 사람인데, 당신이 보기에 이 사람은 죽음이나 고통을 두려워합니까? 더군다나 이렇게 한다, 즉흥적으로 떠드는 것으로 보이지 않으니 말입니다. 그는 죽음을 생명체가 해체되어 감각이 사라지는 것으로 생각하며, 감각 없음은 우리와 무관하다고 판단합니다. 마찬가지로 고통을 두고도 그가 따르는 주장은 명확합니다. 고통의 큼은 짧음에서, 오랜 지속은 고통의 약함에서 위로를 찾습니다. **89** 이 두 가지 가장 큰 고통에 맞서, 호언하는 저들 가운데 도대체 누가 에피쿠로스보다 훌륭합니까?

자족에 관하여

악이라 생각되는 나머지 것들에 에피쿠로스와 여타 철학자들은 충분히 준비한 것으로 보이지 않습니까? 누가 가난을 두려워하지 않습니까? 하지만 철학자들 가운데 누구도 두려워하지 않습니다. **XXXII** 에피쿠로스 본인은 얼마나 적은 것으로 만족합니까! 어느 누구보다 그는 가난한 살림을 많이 이야기했습니다. 사랑과 야심과 일상 사치를 충족시키기 위해서는 많은 것이 필요하고, 따라서 이것들은 돈 욕심을 불러오는 것들인데, 이 모두에서 멀리 떨어진 삶이 있다면 돈을 크게 욕심낼, 아니 도대체 걱정할 이유가 무엇입니까? **90** 스퀴티아의 아나카르시스는[401] 돈을 하찮게 여길 수 있었고, 우리의 철학자들은[402] 그럴 수 없겠습니까? 이 말을 담은 그의 편지가 전해집니다. "아나카르시스가 한노에게 인사를 전한다. 나의 옷은 스퀴티아의 갑옷이며, 나의 신발은 발바닥의 굳은살이며, 나의 침대는 흙바닥이며, 나의 반찬은 시장이다. 나는 우유와 건락(乾酪)과 살코기를 먹는다. 그러니 내게 올 때는 자족한 자를 찾아오듯이 하시오. 당신이 기뻐하는 선물일랑은 당신네 백성들이나 불멸의 신들께 선물하시오." 모든 학파의 거의 모든 철학자는, 본성이 잘못되어 올바른 이성을 빼앗은 경우라면 몰라도, 같은 마음일 수 있었습니다. **91** 소크라테스는 커다란 행렬에 금과 은 상당량이 실려 갈 때 "얼마나 많은 걸 나는 필요로 하지 않는가!"라고 말했습니다.[403] 크세노크라테스[404]는 사신들이 알렉산드로스 대왕에게 50탈란툼의 돈을

---

401 스퀴티아의 아나카르시스는 솔론의 시대에 살았던 스퀴티아 왕의 동생으로 희랍 문명을 동경하여 희랍땅을 찾아왔다고 전한다. 아나카르시스가 카르타고의 한노에게 보낸 것처럼 쓰인 이 편지는 위작이다.

402 문맥상 에피쿠로스학파를 가리키는데, 키케로가 앞서 보여준 기본 입장과 달리 여기서 그는 에피쿠로스에게 호의적이다.

403 『유명한 철학자들의 생애와 사상 1』 2권 25에 소크라테스는 시장에 진열된 상품을 보면서 "내게 필요 없는 것이 얼마나 많은가?"라고 말했다고 전한다.

404 칼케돈의 크세노크라테스는 플라톤의 제자이며, 기원전 339년부터 315년까지 아카데미아를 이끌었다.

받아 그에게 가져왔을 때, 당시의 기준으로 아테나이인들에게는 특히 엄청난 액수였는데,[405] 사신들을 아카데미아의 식사자리에 초대하였습니다. 그는 필요한 만큼의 음식만을 내왔으며 허식은 덧붙이지 않았습니다. 다음날 사신들이 누구에게 돈을 건네야 할지 그에게 물었습니다. "무엇인가? 당신들은 어제의 소박한 식사를 통해 내게 돈이 필요하지 않음을 알지 못했는가?" 그리고 사신들이 불쾌해 하는 것을 보았을 때, 대왕의 선물을 거절하는 것으로 비치지 않도록, 다만 그 가운데 30미나만을 받았습니다. **92** 또한, 심지어 디오게네스는 필요한 게 있으면 무엇이든 말해 보라는 알렉산드로스 대왕의 물음에, 견유학파답게 기탄없이 대답하여 "지금은 다만 해를 가리지 말고 조금 비켜주시오"라고 말했습니다.[406] 대왕은 일광욕을 즐기는 그를 방해하였나 봅니다. 그리고 더 나아가 디오게네스는 종종 그의 삶과 재산이 페르시아 왕[407]보다 얼마나 대단한지를 주장하면서, 자신에게 아무 부족함이 없지만, 왕에게는 아무 충족함이 없을 것이고, 전혀 만족하지 못하는 왕의 쾌락을 원치 않지만, 자신의 쾌락을 왕은 결코 얻지 못할 것이라고 했습니다.

---

405   아테나이는 당시 대희랍이나 아시아의 식민지들에 비해 가난한 도시였다.
406   『유명한 철학자들의 생애와 사상 1』 6권 38 이하에도 알렉산드로스 대왕의 일화가 전한다. 플루타르코스의 『알렉산드로스』 14를 보라.
407   희랍인들에게는 권력과 부를 상징하는 인물이다.

XXXIII 93 나는 믿거니와, 당신은 에피쿠로스가 어떻게 쾌락을 구분하였는지 압니다. 아마도 아주 엄밀한 것은 아니지만, 그래도 유용합니다. 쾌락은 자연적이면서 필연적인 것이 있고, 자연적이지만 필연적이지 않은 것이 있고, 둘 다가 아닌 것이 있습니다. 필연적 쾌락을 충족시키는 데는 거의 아무것도 필요하지 않습니다. 자연의 부는 쉽게 얻을 수 있기 때문입니다. 한편, 그는 두 번째 종류의 쾌락들이 충족시키기에도 어렵지 않으며 없이 지내기에도 어렵지 않은 것이라고 생각합니다. 세 번째 쾌락들은 분명 헛된 것들이며 어떤 필연성도 없고 자연과 전혀 무관하기 때문에 그는 철저히 내버려야 한다고 생각했습니다.[408]

94 이를 두고 에피쿠로스학파는 많은 토론을 벌이고, 이 종류의 쾌락을 무시하지 않지만 다만 과도함을 피하며, 이 종류의 쾌락들을 하나씩 점차 줄여갑니다. 에피쿠로스학파가 많이 이야기하는 것은 성적 쾌락인데, 이를 그들은 충족되기 쉽고 모두에게 공통되며 가까이 놓인 것이라고 말합니다. 자연이 이 쾌락을 요구할 때, 출신, 신분, 지위가 아니라 얼굴, 나이, 몸매를 보게 된

---

408   이상의 분류는 『유명한 철학자들의 생애와 사상 2』 10권 127 이하에도 보인다. 자연적인 욕망들이 있고, 자연적인 것은 다시 필수적인 것과 단순히 자연적인 것으로 나뉘며, 필수적인 것은 행복을 위해 필요한 것과 몸의 휴식을 위해 필요한 것과 삶 자체를 위해 필요한 것으로 나뉜다. *Gnomologium Vaticanum* 33에 따르면 배고픔, 목마름, 추위를 벗어나면서 얻는 쾌락이 자연적이면서 필연적인 쾌락에 속한다.

다고 그들은 생각합니다. 또 그들은 건강이나 의무나 명성 때문에 성적 쾌락을 자제하는 것은 전혀 어려운 일이 아니며, 이 종류의 쾌락은 문제만 없다면 전반적으로 추구될 수 있지만, 결코 이롭지는 않다고 생각합니다.

95 에피쿠로스가 쾌락을 두고 가르치는 전체는, 쾌락 자체는 바로 그것이 쾌락이기 때문에 늘 바라고 추구해야 하며, 똑같은 이유로 고통은 바로 그것이 고통이기 때문에 늘 피해야 한다는 생각이며, 그리하여 현자는 이를 이렇게 조정할 것인바, 어떤 쾌락이 결과적으로 더 큰 고통을 가져온다면 그 쾌락은 피하고, 결과적으로 더 큰 쾌락을 가져오는 고통은 견딘다는 생각이며, 이렇게 육체적 감각에 따라 판단하였을 때, 즐거운 것일지라도 그 모두를 영혼에 조회한다는 생각이며, **96** 그러므로 육체는 현재적 쾌락을 느끼는 동안 즐거우며, 영혼은 육체와 동시에 현재적 쾌락을 느끼며 장차 다가올 것을 예측하며, 지나간 쾌락이 지나가버리는 것을 놓아두지 않고, 영원한 연속적 쾌락이 현자에게 영원히 지속되는데, 현자는 자기가 바라는 쾌락에 대한 기대를, 이미 지각된 쾌락의 기억에 연결시키기 때문이라는 생각입니다.

XXXIV 97 이것들과 유사한 것이 음식에도 적용되어, 잔치의 호사와 낭비를 줄여갑니다. 자연은 간소한 준비로도 충족되기 때문입니다. 실로 이 모든 것이 욕구에 의해 양념되어 있음을 누가 모르겠습니까? 다리우스 왕[409]은 망명 중에 사체에 의해 오염된 탁한 물을 마셨지만 이보다 더 맛있는 물은 마셔본 적이 없다고 말했습니다. 분명 전에는 갈증에 시달리다 마신 적이 없었나 봅니다. 프톨레마이오스는[410] 배고픔에 시달리다 먹어본 적이 없었습니다. 그런데 수행원들을 대동하지 않고 이집트를 돌아다닐 때 어느 집에서 싸구려 빵 한 조각을 얻어먹었는데, 그의 생각에 그때까지 먹어본 빵 중에서 가장 달콤했습니다. 소크라테스는 저녁때까지 열심히 산책을 했다고 전합니다. 사람들이 그에게 묻되, 어찌하여 그렇게 걸어 다니느냐고 하자, 그는 저녁을 더 맛있게 먹고자 시장기를 돌게 하려는 거라고 답하였답니다. **98** 어떻습니까? 스파르타 사람들의 공동식사 음식을 알지 못합니까? 참주 디오뉘시오스는 한번 거기에 참가하여 식사의 주요리로 나온 검은 죽을 즐기지 못했다고 말했답니다. 이것을 요리한 사람이 그때 말하길 "당연한 일입니다. 양념이 아직 없었기 때문입니다." "그것이 무엇입니까?" "사냥의 수고, 땀 흘리기, 에우로타스 강에 달려갔다 오기, 시장과 갈증입니다. 이것들은 스파

---

409 아마도 다리우스 3세를 가리킨다. 다리우스 3세는 기원전 336년부터 기원전 330년까지 페르시아 제국을 통치하였으며, 알렉산드로스 대왕을 맞아 벌인 가우가멜라 전투에서 패하여 도주하였다가 측근에 의해 살해되었다.

410 이 책에서만 언급되는 이야기로 어떤 프톨레마이오스인지 확인되지 않는다. 아마도 프톨레마이오스 왕조의 두 번째 왕인 프톨레마이오스 필라델포스가 아닐까 싶다.

르타 사람들의 잔치 양념입니다." 이것들은 인간의 풍속뿐만 아니라 야수들에서도 확인할 수 있는데, 야수들은 무엇이 주어지든지 간에 그것이 그들 본성에 낯설지 않으면 그것으로 만족하고 더는 찾지 않습니다.

99 어떤 곳에서는 국가 전체가 관습에 의해 잘 교육되어 검소함에 즐거워합니다. 앞서 언급한 스파르타 사람들처럼 말입니다. 크세노폰은 페르시아 사람들의 음식을 설명하는데, 그들은 빵을 먹을 때 무순 이외에는 아무것도 곁들여 먹지 않는다고 합니다. 그들의 본성이 뭔가 더욱 달콤한 것을 요구한다면, 대지와 나무들은 얼마나 많은, 아주 달콤한 것을 쉽게 풍성히 주겠습니까? 늘씬함을 덧붙이시오! 이는 이런 절제된 식사에서 생겨납니다. 무결한 건강함을 덧붙이시오! **100** 살찐 황소처럼 땀을 흘리고 트림해대는, 음식으로 비둔한 사람들과 비교해보시오! 그러면 당신은 쾌락을 더없이 많이 뒤쫓는 사람들은 결국 쾌락을 더없이 적게 얻으며, 음식의 즐거움은 배부름이 아니라 배고픔에 있음을 알게 될 겁니다.

XXXV 티모테오스는 아테나이의 유명인사로 도시국가의 일인자였는데, 전하는바, 플라톤 집에서 저녁을 먹고 그날 식사에 대단히 흡족하였는데, 다음날 플라톤을 만났을 때 "당신 집의 저녁 식사는 당일뿐만 아니라 다음날에도 즐거움을 줍니다"라고 말했습니다. 너무 많이 먹고 마시면 정신을 올바르게 사용할 수 없기 때문이 아닙니까? 플라톤이 디온의 측근들에게 보냈던 유명한 편지가 있는데, 편지에 대강 이런 말이 적혀있습니다.[411] '내가 그 곳에 갔을 때 사람들이 말하는 행복한 삶이 이탈리아와 쉬라쿠사이의 요리들로 가득한 삶이 있었지만, 나는 전혀 기쁘지 않았다. 하루에 두 번 배부르게 먹는 것도, 홀로 밤을 보내지 않는 것도, 기타 이런 삶에 따르는 모든 것도 말일세. 이런 삶이라면 누구도 현자가 될 수 없을 것이며 절도 있게 되기에는 더더욱 힘들 것이네. 어떤 본성이 그만큼 놀랍도록 자제할 수 있는가?' **101** 그러므로 어떻게 삶이 현명함과 멀고, 절도와 멀리 있을 때 즐거울 수 있습니까? 여기서 쉬리아에서 가장 부유했던 사르다나팔로스 왕의 잘못을 알게 됩니다.[412] 그는 자신의 무덤에 이렇게 써 놓도록 명령했습니다.

나는 가지고 있다. 내가 먹은 것과 내 욕망이 채워지도록

마신 것들을. 나머지 저 많은 대단한 것들은 놓고 간다.

411 플라톤이 남겼다고 전해지는 제7서한이다. 플라톤이 디온의 측근들에게 편지를 보낸 시점은 디온이 살해된 직후인 기원전 353년으로 추정된다. 키케로는 『편지들』 326b 이하를 자유롭게 번역하였다.

412 사르다나팔로스는 크니도스의 크세이아에 따르면 아쉬리아의 마지막 왕이라고 하는데 신화적 인물로 보인다. 이 사람과 관련된 다른 비문이 전한다. "먹고 마시고 사랑하라! 인간에게 이것 말고 가치 있는 일은 없다." 참고로 희랍사람들은 아쉬리아인을 쉬리아인이라고 불렀다고 한다(『역사』 VII, 63).

아리스토텔레스는 말합니다. "왕의 무덤이 아니라 소의 무덤에 써놓을 법한 것이 아닌가? 살아서도 가졌다기보다 그저 즐겼을 뿐인 것을 죽어서 가지고 있다고 그는 말한다."[413] **102** 그러므로 왜 부를 바랍니까? 가난이 사람들이 행복하길 허락하지 않는 곳은 어디입니까? 내 믿거니와, 당신은 조각상과 그림을 좋아합니다. 이것들을 좋아하는 사람이라면, 넘치도록 가지고 있을 때보다 가난한 사람일 때 이것들을 더 잘 즐기지 않겠습니까? 이 모든 것은 우리나라의 공공장소에 어마어마하게 넘쳐납니다. 사적으로 이것들을 소유한 사람들은 그렇게 많이 가지지 못하였고, 시골별장에 내려갈 때나 드물게 봅니다. 하지만 이것들을 어디에서 구해왔는지 상기한다면 그들은 양심에 찔립니다.[414] 가난을 위해 변론하고자 한다면 하루로는 모자랄 겁니다. 사태는 아주 분명한데, 자연이 얼마나 작은 것을, 얼마나 적은 것을, 얼마나 싼 것을 원하는지를, 자연은 우리에게 매일 알려줍니다.

413 이 말을 현존하는 아리스토텔레스의 작품에서는 찾을 수 없다. 『최고선악론』II, 32, 106 이하에서도 아리스토텔레스의 말로 언급된다.
414 당시 대부분의 로마 귀족들은 희랍의 여러 도시들로부터 미술품들을 강탈해왔다고 한다. 키케로의 『베레스 탄핵연설』을 보면 이런 강탈행위가 매우 심하게 자행되었음을 알 수 있다.

무뢰배들을 경멸함

XXXVI 103 그러므로 무명(無名)이나 비천함이나 대중의 비난도 현자의 행복을 막지 않을 겁니다. 대중적 인기와 사람들이 구하는 명예가 쾌락보다 번민을 더 많이 가져오지 않도록 조심하시오! 우리의 데모스테네스는 참으로 경솔하다 싶게도 자신이, 희랍 풍습인바 물 길어오는 여인이 "저 사람이 바로 그 데모스테네스야"라고 다른 여인에게 속삭이는 걸 즐긴다고 말하곤 했습니다. 무엇이 이보다 가벼운 처신입니까? 하지만 얼마나 대단한 연설가입니까! 그는 분명 다른 사람들 앞에서 말하는 건 배웠지만, 자기 자신과 대화하는 것은 별로 배우지 못했나 봅니다.

104 대중적 명성은 그 자체로 구해야 할 바가 아니며 무명(無名)은 두려워해야 할 바가 아님을 알아야 합니다. 데모크리토스는 말했습니다. "나는 아테나이에 갔었는데, 거기서 누구도 나를 알지 못했다."[415] 자신의 명성 없음을 자랑스럽게 이야기하는 확고하고 대단한 사람을 보십시오. 피리 연주자와 칠현금 연주자는 대중의 판단이 아니라 자신의 판단에 따라 노래와 음악을 만드는데, 이보다 훨씬 더 큰 기술을 가진 현자도 참된 진리가 무엇인가가 아니라 대중이 무엇을 원하는지를 물어야 합니까? 하

---

415 『유명한 철학자들의 생애와 사상 2』 9권 36 이하에 언급된다.

나하나는 막일꾼이나 이방인을 대하듯 무시하면서 이들 전체는 중시하는 것보다 어리석은 게 있겠습니까? 현자는 우리의 야심과 천박함을 무시할 것이며, 저절로 대중적 명성이 주어질지라도 이를 거부할 겁니다. 하지만 우리는 이것들로 후회할 일이 생기고 나서야 비로소 이것들을 무시할 줄 알게 됩니다. **105** 자연철학자 헤라클레이토스는 에페소스의 정치지도자 헤르모도로스에 관해 기록을 남겼습니다.[416] 그는 말하길, 에페소스 사람들 모두가 죽음으로 죗값을 치러야 할 것이니, 헤르모도로스를 도시에서 추방하고는 이렇게 말했기 때문입니다. "우리 가운데 누구도 저 혼자 두드러지지 말라! 만약 그런 사람이 있다면 그는 다른 곳에서 다른 사람들과 함께 살라!" 이는 모든 대중에게 일어나는 일이 아닙니까? 그들은 모든 탁월한 덕을 증오하지 않습니까? 어떻습니까? 우리나라가 아니라 희랍 사람들의 예를 나는 선호하는데, 아리스티데스[417]는 정도 이상으로 정의롭다는 이유

---

416 DK22B121=122정암. 『유명한 철학자들의 생애와 사상 2』 9권 2 이하에 더 자세히 언급된다. 정암 262쪽 이하를 보라. 헤르모도로스는 희랍을 떠나 이탈리아에 왔으며, 로마인들에게 12표법의 발상을 전해주었다고 한다. 헤라클레이토스는 정치적으로는 귀족정을 지지한 것으로 보인다. 『유명한 철학자들의 생애와 사상 2』 9권 6 이하에서 헤라클레이토스는 대중이 쉽게 접근하지 못하도록 공들여 아주 어렵고 불분명하게 글을 썼다고 한다.

417 아리스티데스는 기원전 530년~468년에 활동한 아테나이의 정치가이며, '정의로운 사람'이라는 별칭으로 불렸다.

로 조국에서 추방당하지 않았습니까? 대중과 일절 관계하지 않는 인사들은 얼마나 덜 고통 받습니까? 책과 보내는 여가보다 즐거운 것은 무엇입니까? 여기서 책이란 우리가 사물과 자연의 무한함을, 이 세계에 속하는 하늘과 땅과 바다를 알게 되는 책을 말합니다.

현자는 추방당하더라도 흔들리지 않는다

XXXVII 106 관직을 무시하고 금전도 무시할 때 크게 두려워해야 할 것이 무엇이 남아 있습니까? 내 생각에 추방이 있는데, 사람들은 이것을 가장 큰 악에 포함시킵니다. 그런데 이것이 대중의 악의와 반감 때문에 닥친 악이라고 할 때, 이것이 얼마나 하찮게 여길 만한 것인지는 앞서 말했습니다.[418] 헌데 조국을 떠나 있음이 불행이라면, 속주는 불행한 사람들로 가득합니다. 그들 중 아주 소수만이 조국으로 돌아오니 말입니다. **107** '하지만 추방당한 자들은 재산을 박탈당하지 않습니까?' 그래서 어떻다는 겁니까? 가난을 견뎌내야 한다고 여태까지 말한 것으로 부족합니까? 불명예스러운 오명이 아니라 사태의 실질을 본다면, 추

---

418 Pohlenz를 따라 [*sicut a*]를 지운다.

방이 영원한 여행과 무엇이 다릅니까? 영원한 여행 속에서 더없이 유명한 철학자들이 인생을 보냈습니다. 크세노크라테스, 크란토르, 아르케실라오스, 라퀴데스, 아리스토텔레스, 테오프라스토스, 제논, 클레안테스, 크뤼십포스, 안티파트로스, 카르네아데스, 클레이토마코스, 필론, 안티오코스, 파나이티오스, 포세이도니오스 등 이루 헤아릴 수 없을 만큼 많은 사람이 고향을 떠나 다시는 고향에 돌아가지 않았습니다. '하지만 오명은 없지 않습니까?' 추방이 현자에게 오명을 안길 수 있습니까?[419] 현자를 두고 이 연설에서 내내 말한 것인데, 현자에게 그런 일은 정당한 경우라면 일어날 수 없기 때문입니다. 정당하게 추방된 것이라면, 위로는 가당치 않은 일입니다. **108** 끝으로, 인생에서 그들이 추구하는 것을 쾌락으로 환원하는 이들의 계산이 모든 역경을 대하는 가장 쉬운 생각인데, 쾌락이 주어진다면, 언제 어디서든 행복하게 살 수 있습니다. 따라서 모든 학파에 테우케르의 말이 적용될 수 있습니다.

잘 지낼 수 있는 곳이라면 그곳이 고향이로세[420]

---

419 Pohlenz를 따라 〈*an potest exilium ignominia*〉를 넣어 읽는다.
420 파쿠비우스의 비극 『테우케르』에서 인용한 것으로 테우케르는 트로이아를 건설한 영웅으로 알려져 있다.

소크라테스가 어느 나라의 시민이라고 말할 테냐는 질문을 받았을 때, 그는 '세계시민'이라고 말했습니다. 그는 자신이 세계 전체의 시민이자 주민이라고 생각하였습니다. 어떻습니까? 티투스 알부키우스는 추방 중에 아테나이에서 더없이 평온한 마음으로 철학을 공부하지 않았습니까?[421] 하기야 그가 정치에 참여하지 말라는 에피쿠로스의 법을 따랐다면, 그런 일도 일어나지 않았겠지만 말입니다. **109** 고향에서 산 에피쿠로스가 아테나이에 살던 메트로도로스보다 행복했습니까?[422] 혹은 플라톤이 크세노크라테스보다, 폴레몬이 아르케실라오스보다 행복하게 살았습니까? 훌륭한 현자들을 추방한 도시국가를 어떻게 평가해야 합니까? 우리나라 왕 타르퀴니우스의 아버지되는 다마라토스는[423] 참주 퀴셀로스를[424] 견디지 못하여 코린토스에서 타르퀴니이로 망명하였고, 그곳에서 재산을 마련하고 자식들을 낳았습니다. 그가 어리석어서 고향의 굴종보다 망명의 자유를 우선시했던 겁니까?

---

421 티투스 알부키우스는 기원전 104년 이전에 사르디니아의 총독을 지냈고, 기원전 103년 카이사르 스트라보에 의해 속주 착취의 죄목으로 고발당하였고, 유죄판결을 받아 망명자 신세가 되었다. 그는 에피쿠로스주의자로 유명하며, 망명 이후 줄곧 아테나이에 머물렀다고 한다.

422 메트로도로스는 람프사코스 출신이다.

423 리비우스 I 34에 따르면 로마의 다섯 번째 왕 타르퀴니우스의 아버지는 코린토스에서 이탈리아로 망명한 데마라토스인데, 다마라토스는 데마라토스의 도리아식 발음이다.

424 퀴셀로스는 기원전 7세기 코린토스의 참주였다.

눈멀고 귀먹어도 현자는 흔들리지 않는다

XXXVIII 110 그런데 영혼을 쾌락으로 돌리면 망각에 의해 영혼의 동요, 걱정과 상심은 가벼워집니다. 그러므로 근거 없이 에피쿠로스가 늘 현자는 쾌락 속에 있기 때문에 많은 선 가운데 있다고 감히 주장한 것은 아닙니다. 이로부터 그는, 우리가 묻고 있는 것인바, 현자는 늘 행복하다는 점이 도출된다고 생각합니다. **111** '심지어 시력을 잃어도, 청력을 잃어도 그러합니까?' 물론입니다. 현자는 그런 것들을 가볍게 여기기 때문입니다. 우선, 이 끔찍한 실명(失明)으로 인해 도대체 어떤 쾌락이 없어집니까? 심지어 여타의 쾌락은 해당 감각기관에 머물러 우리가 맛보고 냄새 맡고 만지고 들은 것은 우리가 감각하는 바로 그 부분에 머물지만, 시각으로 지각된 것은 눈 자체의 쾌락에 머물지 않는다고 어떤 사람들은 주장하기까지 하니 말입니다. 눈에서는 그런 일이 일어나지 않습니다. 우리가 보는 것은 영혼이 받아들인 겁니다. 그런데 영혼은 많은 다양한 방식으로 즐거움을 얻을 수 있으며, 시각이 작동하지 않을 때에도 그러합니다. 배우고 학식이 있는 사람을 두고 말하자면, 그에게 '산다'는 '사유한다'입니다. 그런데 현자의 사유는 대부분의 경우 눈을 탐구의 조력자로 기용하지 않습니다.

112 어둠이 행복한 삶을 빼앗지 않는데, 대낮이 한밤 같다 한

들 어찌 빼앗겠습니까? 퀴레네학파 안티파트로스의 말은 약간 음란하긴 하지만, 그렇다고 그 생각이 엉터리는 아닙니다. 그의 실명을 아낙네들이 한탄하자 그는 말했습니다. "어떤가? 자네들은 밤의 쾌락이 없다고 생각하시는가?" 오랜 세월 장님으로 살았던 옛 사람 아피우스를 그가 수행했던 관직들과 업적들로부터 판단하건대, 그는 그런 불행 속에서도 사적 의무와 공적 의무를 다했음을 우리는 알고 있습니다. 가이우스 드루수스의 집은 의뢰인들로 가득 차곤 했다고 우리는 들었습니다. 일을 당한 이들은 스스로 그들의 일을 볼 줄 몰라서 조언자로 장님 드루수스를 찾아왔습니다. 우리가 어렸을 적에, 법무관을 지낸[425] 그나이우스 아우피디우스는 원로원에 의견을 제안했을 뿐만 아니라 자문을 구하는 친구들을 도왔고 희랍어로 역사책을 썼는데, 문학을 보는 눈이 있었습니다.[426] **XXXIX 113** 스토아철학자 디오도토스는 장님으로 오랜 세월 우리 집에 살았습니다.[427] 믿기지 않는 일이지만, 그는 눈멀기 전보다 훨씬 더 열정적으로 철학에 몰

---

425 키케로는 기원전 106년에 태어났고, 아우피디우스는 기원전 108년에 법무관을 역임하였다.

426 『최고선악론』 V, 19, 54 이하를 보면 그나이우스 아우피디우스는 박식한 사람이었으며, 시력을 상실했다고 한다.

427 디오도토스는 키케로의 집에서 살다가 기원전 59년에 키케로의 집에서 사망하였다.

두하였고, 피타고라스학파의 본을 받아[428] 현악기를 이용하였으며, 밤낮없이 책을 자신에게 읽어 달라 하였는데 이런 공부에 눈은 필요하지 않았습니다. 또한 그는 눈이 없으면 거의 불가능할 것이라고 여겨지던 기하학 수업을 맡아, 어디로부터 어디에 어떻게 선을 그어야 하는지를 말로 지시하면서 학생들을 가르쳤습니다. 이름이 없지 않은 에레트리아의 철학자 아스클레피아데스는[429] 누군가 그에게 실명(失明) 때문에 어떤 일이 생겼느냐고 물었을 때 이렇게 대답하였다고 합니다. '그저 시종 하나가 생긴 것이죠.' 극심한 가난도 어떤 희랍인들이 매일 하는 것처럼 한다면 견딜 수 있는 것처럼, 실명도 건강이 받쳐주기만 한다면 아무런 문제 없이 견딜 수 있습니다.

114 데모크리토스는 시력을 거의 잃어 희고 검은 것조차 구별할 수 없지만, 선과 악, 공정과 불공정, 미와 추, 유익과 무익, 고상과 비루는 구별할 수 있었습니다. 색의 다양성 없이도 행복하게 살 수 있었지만, 사태의 정확한 파악 없이는 그럴 수 없었습니다. 더군다나 데모크리토스는 눈의 시각이 영혼의 눈을 방해한다고 생각했습니다. 사람들은 왕왕 발치에 놓인 것도 보지

---

428 『투스쿨룸 대화』 제4권 2, 3 이하에 피타고라스 학파는 "그들의 정신을 노래와 현악기로써 사유의 긴장에서 평정으로 이끌곤 하였다"고 전한다.

429 에우보이아의 에레트리아에서 가르친 메네데모스의 제자다.

못할 때, 그는 영혼으로[430] 무한을 여행하며, 가없는 우주 어디에서도 멈추지 않았습니다.[431] 호메로스도 장님이었다고 전합니다. 그런데 우리는 그의 그림을, 시가 아니라, 그림을 봅니다. 어떤 지방, 어떤 바닷가, 희랍의 어느 고장, 어떤 전투 장면이나 광경, 어떤 전열, 어떤 항해, 사람들의 어떤 움직임, 짐승들의 어떤 움직임이 그의 시에 그려지지 않은 것이 있습니까? 그 자신은 보지 못한 것을 우리가 볼 수 있게끔 해주었습니다. 따라서 어떻습니까? 호메로스나 어떤 배운 사람에게 영혼의 즐거움과 쾌락이 없었다고 생각합니까? **115** 만일 그렇지 않았다면, 과연 아낙사고라스 혹은 앞서 언급한 데모크리토스가 이런 배움과 탐구의 신적인 즐거움에 온 마음으로 헌신하여, 자신의 땅과 유산을 버렸겠습니까? 그리하여 시인들이 현자로 그린 예언자 테이레시아스가 그의 실명(失明)을 원망하였다고 전하는 사람은 한 명도 없습니다. 반면 호메로스는 그가 사나운 거인으로 그린 폴뤼페모스로 하여금 심지어 양에게도 말을 걸면서 양의 행복을 칭송하게 합니다. 양은 원하는 곳을 갈 수 있고, 원하는 것을 얻을 수 있으니 좋겠다는 겁니다. 이는 실로 옳은 소리입니다. 다른 게 아니

---

430 Olof Gigon을 따라 〈*animo*〉를 넣어 읽는다.
431 루크레티우스, I 74행 "그러고는 측정할 수 없는 우주를 이성과 의지로써 두루 편력하였다." 플라톤, 『테아이테토스』 174a 이하에 언급된 탈레스의 일화를 참조하라.

라 바로 그 퀴클롭스가 양보다 조금도 현명하지 못했던 겁니다.

XL 116 한편 귀먹음이 무슨 악입니까? 마르쿠스 크라수스는 잘 듣지 못했습니다. 그런데 그가 더 힘들어 했던 것은 다른 것인데, 내 생각에는 물론 부당하긴 하지만, 좋은 소리를 듣지 못했기 때문입니다.[432] 우리네 사람들은[433] 희랍어를 잘 모르고 희랍사람들은 라티움어를 잘 모릅니다. 따라서 우리는 그들의 말에, 그들은 우리의 말에 귀머거리이며, 마찬가지로 우리 모두는 우리가 알아듣지 못하는 수없이 많은 언어에 완전히 귀머거리입니다. '하지만 농인(聾人)은 현악기를 타며 노래하는 사람의 소리를 듣지 못합니다.' 날카로운 톱질 소리도, 멱을 따는 돼지 울음소리도, 휴식을 방해하는 바다의 파도소리도 그들은 듣지 못합니다. 행여 노래에 즐거워하는 사람들은 먼저 노래가 만들어지기 전에 많은 현자가 행복하게 살았음을 생각해야 하며, 다음으로 노래를 듣기보다 이를 읽는 데에서 훨씬 더 큰 쾌락을 얻을 수 있음을 생각해야 합니다. **117** 조금 전에 맹인들을 청각의 즐거움으로 이끌었던 것처럼, 이제 농인들을 시각의 즐거움으로 이끌어도 좋겠습니다. 혼자 자신과 이야기할 수 있다면 타인과의 대화는 구하지 않을 겁니다.

---

432 마르쿠스 리키니우스 크라수스는 삼두정치의 크라수스를 가리키는데, 그는 인색하다는 나쁜 평판을 들었다.

433 Pohlenz를 따라 [*Epicurei*]를 지운다.

극복 불가능한 고통이라도 현자는 극복한다

모든 것을 한 사람에게 모아봅시다. 귀와 눈을 잃었고 심지어 더없이 지독한 육체적 고통에 시달리는 사람이 있다고 해봅시다. 이것들은 먼저 그 자체로 대부분 사람을 죽입니다. 그런데도 만약 이것들이 오랫동안 이어지며 견뎌야 할 이유를 넘어서는 심각한 고통으로 우리를 고문한다면, 선의의 신들이여, 우리가 이것들로 고생해야 할 이유가 무엇입니까? 항구가 눈앞에 있고, 죽음이 있는 곳에[434] 아무것도 느끼지 못하는 영원한 안식처가 있습니다. 테오도로스는 죽이겠다고 위협하는 뤼시마코스에게 말했습니다. "자네가 가뢰의 능력을 얻었다니 참으로 대단한 성취일세 그려."[435] **118** 파울루스는 자신을 개선 행진에 끌고나가지 말라고 애원하는 페르세우스에게 대답했습니다.[436] "그것은 당신이 정할 일이다." 우리는 죽음을 탐구했던 첫날에 상당히, 고통을 다루었던 다음날에 적잖이 죽음을 이야기하였습니다. 그것을 기억하는 사람은, 죽음이 바랄 만하거나 혹은 결코 두려워

---

434 Olof Gigon을 따라 〈*ubi est*〉를 넣어 읽는다.
435 가뢰는 흔히 치명적인 독을 가진 작은 곤충이다. 뤼시마코스와 테오도로스의 일화는 『투스쿨룸 대화』 제1권 43, 102 이하에도 언급된다.
436 기원전 168년 아이밀리우스 파울루스는 마케도니아의 페르세우스와 퓌드나에서 싸워 그를 물리쳤다.

할 필요가 없는 것으로 분명 생각할 겁니다. **XLI** 나는 희랍사람들이 연회에서 제시하는 법을 삶에서 따라야 할 것으로 생각합니다. "마시거나 아니면 떠나라!" 참으로 옳은 말입니다. 다른 사람들과 함께 음주의 즐거움을 누리든지, 맨 정신으로 음주의 광기와 맞닥뜨리지 않으려면 미리 떠나야 합니다. 마찬가지로 운명의 불의를 견딜 수 없다면 도망침으로써 벗어나기를! 에피쿠로스가 했던 똑같은 말을 글자 하나 바꾸지 않고 히에로뉘모스가 말했습니다.[437]

현자는 늘 행복하다

119 덕은 그 자체로 아무 힘도 없다는 견해를 가진 철학자들에게, 우리가 훌륭한 것이며 칭송받을 만한 것이라고 말하는 모든 것이 헛된 소리며 공허한 장식일 뿐이라는 견해를 가진 철학자들에게, 그래도 이들이 만약 현자는 늘 행복하다고 생각한다면,[438] 이들에게 소크라테스와 플라톤으로부터 이어진 철학자들은 무얼 해야 한다고 생각합니까? 이들 철학자들 가운데 어떤 이

---

437 『투스쿨룸 대화』 제2권 6, 15 이하에서 키케로는 히에로뉘모스가 고통의 부재를 최고선으로 보았고, 고통을 악이라고 여겼다고 전한다.
438 Pohlenz를 따라 ⟨*si*⟩를 넣어 읽는다.

들은 영혼의 선에 높은 가치를 두어 그것이 육체적 선과 외적 선을 압도한다고 말합니다.[439] 반면 어떤 이들은 후자의 것들을 전적으로 무시하면서 영혼에 모든 가치를 둡니다.[440] **120** 마치 명예 심판인처럼 카르네아데스는 이들의 논쟁을 판결하곤 했습니다. 소요학파가 선이라고 생각한 모든 것을 스토아학파는 유익한 것으로 생각하였고,[441] 그렇다고 소요학파가 재산과 건강 등 이런 종류의 것들에 스토아학파보다 더 많은 가치를 둔 것은 아니며, 말이 아니라 실질을 본다면 이 둘 사이에는 어떤 불화의 근거도 없다고 카르네아데스는 말했습니다. 그러므로 여타의 철학 학파들은 이 쟁점을 어떻게 다룰지를 스스로 알아야 할 겁니다. 하지만 내가 환영하는 바는, 현자들의 변함없는 행복 가능성을 두고 그들이 철학자들의 목소리에 부합하는 무언가를 천명하는 것입니다.

대화의 정리

121 이제 내일 아침 일찍 떠나야 하기에 이 5일의 대화를 기억

---

439 소요학파와 아카데미아학파

440 스토아학파

441 앞의 16, 47 이하에서 '두드러진 것 *praecipuum*' 등의 논의를 보라.

에 담아둡시다. 나는 이것을 기록할 생각입니다. 어떤 종류의 여가든 이렇게 여가를 얻었으니 이보다 좋은 기회를 어디에서 얻겠습니까? 우리의 브루투스에게 다섯 권의 이 책을 또 보낼 겁니다.[442] 그는 우리를 철학 저술로 이끌었고 자극도 주었습니다. 이 책을 통해 얼마만큼 우리가 남들에게 유익을 줄지 나로서는 말하기 쉽지 않습니다. 다만 우리에게 더없이 지독한 고통과 온갖 시련이 사방에서 닥쳐오는 때에, 이것 말고 다른 위안은 찾을 수 없었습니다. 〈끝〉

---

442 키케로는 브루투스에게 앞서 『최고선악론』을 보냈다.

작품 안내

1. 『투스쿨룸 대화』 판본

1469년 울리히 한(Ulrich Han)이 로마에서 인쇄한 『투스쿨룸 대화』가 최초의 인쇄본으로 알려져 있다. 이어 1472년에는 베네치아와 파리에서도 출판되었다. 르네상스를 대표하는 에라스무스도 1525년에 요한 프로벤의 출판사를 통해 『투스쿨룸 대화』를 출판했다. 전승사본을 충분히 검토한 비평판으로 높이 평가받는 것은 라파엘 퀴너(R. Kühner)의 판본인데, 이 책은 1874년에 제5판에 이르렀다. 20세기에 들어 두건(Dougan, 1905)과 폴렌츠(Pohlenz, 1918)가 새로운 비평판을 출판했다. 앞서의 비평판이 기원후 10세에 만들어진 G 사본(Gudianus 294; 아우구스투스 공작 도서관)을 중심으로 하였다면, 20세기의 비평판들은 기원후 6세기나 7세기까지 거슬러 올라가는 30여 개의 필사본들을 대조하여 만들어졌다.

2. 키케로의 생애

마르쿠스 툴리우스 키케로(Marcus Tullius Cicero)는 기원전 106년 1월 3일 아르피눔에서 부유한 기사계급의 집안에서 두 형제 가운데 맏형으로 태어났다. 그의 아버지는 두 형제를 일찍이 로마로 유학 보내 철학과 수사학을 공부하게 했다. 당대의 유명한 법률 자문가였던 퀸투스 무키우스 조점관 스카이볼라와, 또 같은 이름의 아들 대제관 스카이볼라 밑에서 배웠다. 기원전 81년 처음으로 변호사 활동을 시작했으며, 기원전 80년 부친살해 혐의로 고발당한 로스키우스를 성공적으로 변호함으로써 명성을 얻었다. 로스키우스 사건은 독재자 술라의 측근이 관련된 사건으로 술라의 측근이 저지른 전횡에 맞섰다. 이후 기원전 79~77년까지 아테나이와 로도스에서 수사학과 철학을 공부했으며 이때 포세이도니우스에게서도 배웠다.

기원전 75년 재무관을 시작으로 공직에 진출했으며, 기원전 70년 베레스 사건을 맡았다. 시킬리아 총독을 역임한 베레스를 재임 중 학정 혐의로 고발하여 유죄를 이끌어냈으며, 베레스를 변호한 사람은 퀸투스 호르텐시우스 호르탈루스였는데, 당시 로마에서 제일 뛰어난 변호사라는 칭송을 받던 사람을 상대로 승리함으로써 키케로는 로마 최고의 변호사 자리를 차지하게 된다. 63년에 키케로는 집정관으로 선출되었다. 원로원 의원을 배출한 적이 없는 집안에서 평지돌출(homo novus)로 로마 최고 관직인 집정관에 올랐다. 그의 집정관 역임 시, 63년 집정관직을 놓고 경쟁했던 혈통귀족 카틸리나의 국가반역 사건을 적발했다. 63년에 행해진 카틸리나 탄핵을 통해 원로원은 원로원 최후권고를 통과시켜 카틸리나를 국가의 적으로 규정했으며, 이에 카틸리나는 친구들을 데리고 에트루리아에 도망쳤다. 반역사건에 연류된 인물들이 체포되어 63년 12월 5일에 재판 없이 처형되었다. 이런 식의 처형은 위법이라는 문제제기에도 불구하고 집행은 강행되었으며, 나중에 키케로는 개인적으로 이런 위법 행위에 대한 책임을 지고 로마에서 추방당했다. 물론 키케로는 말년까지 카틸리나 국가반역 사건에 맞선 일은 국가를 구한 훌륭한 업적이었다는 신념을 버리지 않았다.

기원전 60년 카이사르와 폼페이우스와 크라수스의 삼두정치가 시작되었다. 정치적 입지를 위협받던 키케로는 마침내 기원전 58년, 클로디우스 풀케르가 호민관 자격으로 로마 시민을 재판 없이 처형한 자는 추방되어야 한다는 법률을 통과시켰을 때,

추방에 앞서 자진해서 로마를 떠나 마케도니아로 도망쳤다. 이후 팔라티움 언덕에 위치한 키케로의 저택은 클로디우스가 이끄는 무리들에 의해 불태워졌고, 투스쿨룸의 별장도 큰 피해를 입었다. 이듬해 8월 4일 지지자들의 도움으로 키케로의 귀환에 관한 법률이 통과되었고, 9월 4일 키케로는 로마로 돌아올 수 있었다. 그가 입은 재산적 피해는 공적 자금으로 곧 회복되었다. 하지만 정치적 영향력은 과거와 달랐다. 공적인 활동을 접고 저술활동에 전념한 키케로는 『연설가론 de oratore』을 기원전 55년에, 『연설문의 구성 partitiones oratoriae』을 54년에, 『법률론 de legibus』을 기원전 52년에, 『국가론 de re publica』을 기원전 51년에 출판했다. 53년에는 조점관으로 선출되었다.

　기원전 49년 카이사르와 폼페이우스 사이의 갈등으로 내전이 발발했을 때, 키케로는 앞서 기원전 51년 여름에서 기원전 50년 여름까지 킬리키아 총독으로, 49년에는 카푸아 총독으로 파견되어 로마를 떠나 있었다. 49년 3월 카이사르는 키케로를 만나 합류할 것을 권고했으나, 키케로는 이를 거절하고 희랍에 머물고 있던 폼페이우스 편에 가담했다. 48년 8월 9일 카이사르가 폼페이우스를 테살리아의 파르살루스에서 싸워 이겼을 때, 키케로는 카이사르의 허락을 얻어 이탈리아로 돌아올 수 있었고, 이후 온전히 저술활동에 매진했다. 이때 출간된 책들은 다음과 같다. 기원전 46년에 『스토아학파의 역설 paradoxa stoicorum』, 『브루투스 *Brutus*』, 『연설가 *orator*』 등이 출판되었으며, 기원전 45년에는 『위로 *consolatio*』, 『호르텐시우스 *Hortensius*』, 『카툴루스 *Catullus*』, 『아카데미아 학파 *academica*』, 『최고선악론 *de finibus bonorum et malorum*』, 『투스쿨룸 대화 *Tusculanae disputationes*』, 『신들의 본성에 관하여 *de natura deorum*』 등이 출판되었다. 기원전 44년에는 『점술에 관하여 *de divinatione*』, 『노년론 *de senectute*』, 『운명론 *de fato*』, 『우정론 *de amicitia*』, 『덕에 관하여 *de virtute*』(단편), 『영광에 관하여 *de gloria*』(유실), 『의무론 *de officiis*』과 『토피카 *topica*』 등을 저술했다.

기원전 44년 3월 15일 카이사르가 암살되었다. 카이사르의 암살자들은 로마를 떠났으며 키케로는 정치무대로 복귀했다. 이때 그는 카이사르의 양자 옥타비아누스를 두둔하고, 안토니우스와 대립했다. 44월 9월 2일 카이사르의 뒤를 이은 안토니우스를 비판하는 일련의 연설을 시작했고, 43년 4월 21일까지 이어진 연설들을 우리는 『필립포스 연설 *orationes Philippicae*』이라고 부른다. 희랍의 유명한 연설가 데모스테네스가 마케도니아의 필립포스를 비판했던 것에서 그 명칭이 유래되었다. 이 연설을 통해 키케로는 안토니우스를 국가의 적으로 규정하고 이를 원로원이 의결할 것과, 즉시 군대를 파견하여 안토니우스를 공격할 것을 호소했다. 그러나 기원전 43년 11월 26일 안토니우스와 레피두스와 옥타비아누스가 합의한 삼두정치를 통해 키케로는 옥타비아누스에게 배신당했다. 안토니우스 일파는 살생부를 작성하여 반대파를 숙청했으며, 이를 피해 달아나던 키케로는 그를 쫓아온 군인들에게 잡혀 죽임을 당했다. 그때가 기원전 43년 12월 7일 이었다.

키케로의 개인사를 보면, 키케로는 테렌티아와 결혼하여 기원전 79년 딸 툴리아와 아들 마르쿠스 툴리우스 키케로를 낳았다. 딸 툴리아가 기원전 45년 사망한 일은 키케로에게 가장 큰 고통을 안겨준 사건이었다. 기원전 47/46 겨울 테렌티아와의 결혼생활을 청산했으며, 이후 푸브릴리아와 재혼했으나 곧 다시 이혼했다. 희랍에서 공부하고 있던 아들 마르쿠스 키케로에게 보낸 글이 책으로 출간되었는데 그것이 바로 『의무론』이다.

3. 『투스쿨룸 대화』의 배경

앞서도 언급했지만, 키케로가 『투스쿨룸 대화』를 출판한 시점은 기원전 45년 6~8월이다. 이보다 앞서 같은 해에 『최고선악론』(45년 5~7월)이 집필되었으며, 『투스쿨룸 대화』 뒤에 『신들의 본성에 관하여』(45년 6~8월)가 집필되었다. 오늘날까지 전해지는 이 세 권 이외에도 그는 같은 해에 여러 편의 철학책을 썼다. 순서대로 보자면 『위로』, 『호르텐시우스』, 『아카데미아 학파』 등이 『최고선악론』 이전에 쓰인 것으로, 앞의 두 편은 단편으로 전해지며 마지막 한 편은 불완전한 형태로 전해진다.

이렇게 볼 때 기원전 45년과 이듬해는 키케로가 철학에 몰두한 해였다. 키케로의 말에 따르면 철학은 그에게 정신적 고통을 치유하는 방편이었다. 가정적 불화와 우환이 정신적 고통의 원인이었다. 키케로는 부인과 이혼했으며 기원전 45년 2월에는 딸 툴리아가 사망했다. 나아가 공적인 영역에서 정치적 지위가 위축된 것으로 인해 그는 이런 가정적 고통을 더욱 크게 받아들일 수밖에 없었을 것이다. 카이사르는 키케로를 자신의 편으로 끌어들이려고 노력했던 반면, 키케로는 공화정을 유지해야 한다는 정치적 입장을 지키기 위해 카이사르에 가담할 수 없었다. 카이사르와 폼페이우스의 갈등이 내전으로 번졌을 때, 그는 폼페이우스의 편에 섰다. 카이사르가 점차 독재자의 모습을 보여주고 있었던 것이다.

다른 한편, 이런 외적인 창작 배경들 이외에도 철학 자체에 대한 그의 열정을 확인할 수 있다. 키케로는 『투스쿨룸 대화』의 본문에서도 밝히고 있지만, 로마민족이 희랍민족에 비해 철학에 뒤떨어진 민족이 아님을 보여주려고 했으며, 라티움어가 희랍어에 견주어 철학에 부족함이 없는 언어임을 로마인들에게 확인시켜 주려고 했다. 로마인들이 철학이라는 학문을 처음 대한 것은 희랍의 철학자들을 통해서였고, 그 첫 번째 반응은 거부감이었다. 카토가 기원전 155년 로마를 찾아온 희랍사절들의 연설을 듣고 이런 우스운 수작이 로마의 기강을 망쳐놓지 않을까 우려했다는 것에서 이를 확인할 수 있다. 하지만 점차 희랍의 철학자들은 로마를 찾아 이탈리아 청년들에게 '인문정신'에 기초한 자유인의 학문을 가르쳤고, 이런 영향으로 이미 키케로 시대에는 철학 등 희랍학문을 익히는 것이 청소년 교육의 당연한 과정으로 널리 인정받았다. 키케로 본인도 청년기의 교육에서 에피쿠로스학파와 스토아학파, 그리고 아카데미아학파 등의 여러 강의를 열심히 들었다고 밝히고 있다.

그런데 철학적 토론은 법률가와 정치가를 인생의 목표로 삼은 청년들이 배우는 연설 내지 수사학의 한 과정이었으며, 로마인들의 생각이 철학에 대하여 호의적으로 바뀌었다지만 이는 다만 그것이 다른 공적인 경력을 방해하지 않는 한에서였다. 그렇지만 철학이 유익한 것은 이런 실질적인 유용성 때문만은 아니라는 것이 키케로의 생각이었다. 어린 시절 처음 철학을 접한 이래 그는 관직에 나아가 정치적 경력을 쌓는 동안에도 기회가 있을 때마다 철학을 공부했고, 정치적 이유로 로마를 떠날 수밖에 없을 때에도 희랍을 유람하며 당대의 훌륭한 철학자들과 토론하고 교류했던 것이다. 이런 평생의 경험과 열정을 토대로 키케로는 로마인들이 익혔으면 하는 로마 철학을 만들어내고자 했다.

4. 『투스쿨룸 대화』의 구성

『투스쿨룸 대화』는 전체 5권으로 구성된 철학적 대화편으로 플라톤의 대화편처럼 극적 장치를 갖추고 있다. 제1권 초입에서 키케로가 언급하는 것에 따르면, 브루투스는 키케로가 머물고 있던 투스쿨룸 별장으로 키케로를 찾아왔다가 떠났으며, 키케로는 브루투스가 떠난 이후 여러 친구들과 어울려 어린 시절 연설 연습의 일환으로 즐기던 철학적 토론을 닷새 동안 즐기게 되었다고 한다. 또 제5권의 말미에 키케로는 닷새째 대화를 마친 다음날 아침 일찍 어딘가로 여행을 떠날 계획이었고 따라서 대화는 거기서 끝나게 되었으며, 일단은 닷새의 대화를 기억에 담아두었다가 나중에 다섯 권의 책으로 만들어 브루투스에게 선사할 예정이라고 적고 있다. 그런데 친구 아티쿠스에게 보낸 편지에 따르면 브루투스는 기원전 45년 6월 10일 키케로의 투스쿨룸 별장을 방문했다. 또 키케로는 45년 6월 21일에 아르피눔으로 여행을 떠날 계획을 갖고 있었다. 따라서 『투스쿨룸 대화』의 시작과 끝에 키케로가 언급한 것들을 종합해보면 투스쿨룸 대화는 기원전 45년 6월 16과 20일 사이의 닷새 동안 있었던 일처럼 보인다. 제2권의 초입에 오전에 수사학에 관해서, 오후에는 철학에 관해서 토론을 벌였다고 언급한 것이나, 제3권의 초입에 토론 참여자들에게 토론 주제를 추천해보라고 하여 이에 따라 토론했다는 것도 대화의 극적 상황을 좀 더 구체적으로 보강한 것이라고 볼 수 있다.

닷새 동안의 대화를 각 하루 단위로 기록한 『투스쿨룸 대화』는 각 권마다 두 명의 대화자들이 등장한다. 그런데 대화자들이 누구인지는 구체적으로 알 수 없다. 다만 본문에 'M'과 'A'라고 표시되어 있다. 'M'은 선생을 뜻하는 '*magister*'의 약자로 보이며 'A'는 학생을 뜻하는 '*auditor*'의 약자로 보인다. 'A'의 경우 제2권에서 '젊은이 *adulescens*'라고 불리기도 한다. 하지만 대화의 극적 장치를 살리기 위해서인지 간혹 '학생'에 대한 몇 가지 정보가 언급된다. 우선 '학생'은 아테나이를 방문하여 철학자들의 강의를 들었으며, 특히 스토아학파의 디오뉘시오스를 찾아가 배웠다고 하며(제2권 26 이하), 또 비교(秘敎)에 입문했다고도 한다(제1권 29 이하).

키케로의 말에 따르면 『투스쿨룸 대화』는 플라톤의 대화편과 같은 철학적 대화편이다. 제3권 도입에서 키케로는 대화를 '우리의 아카데미아'로 내려갔다고 말하고 있다. 하지만 토론에 참여하고 있는 두 사람이 토론에 참여하는 정도를 놓고 보면 플라톤의 대화편과는 큰 차이를 보인다. 사실상 한 명이 토론을 주도하고 있으며, 다른 한 명은 상대방에게 토론 진행상의 필요에 따라 최초의 질문을 던지는 역할만을 수행하는 등 역할이 매우 작다. 본론에 앞서 예비적 대화가 시작되고 이어 토론 주도자의 긴 강연이 이어지면서 각 권의 주요 부분을 구성하게 된다.

기원전 45년에 완성된 키케로의『투스쿨룸 대화』는 같은 해에 보다 일찍 저술된『최고선악론』과 함께 행복을 주제로 하는 책이다.『최고선악론』이 '덕을 가진 사람은 행복하다'라는 명제를 다루고 있으며,『투스쿨룸 대화』는 '고통은 덕을 가진 사람에게서 행복을 앗아갈 수 없다'라는 명제를 논의하고 있다.『투스쿨룸 대화』는 행복을 방해하는 고통들을 하나씩 들어 그것이 행복을 방해할 수 없음을 밝히고 있다. 제1권은 죽음의 두려움을, 제2권은 육체적 고통에 대한 두려움을, 제3권과 제4권은 격정을, 제 5권은 외적인 악에 대해 다루고 있다.

『투스쿨룸 대화』의 각 권은 매번 대화를 기록하기에 앞서 일종의 서문이 붙어 있다. 제1권의 서문에서 키케로는 말한다. 로마인들은 많은 점에서 희랍인들을 능가한다. 하지만 문학과 교육은 희랍인들이 좀 더 탁월하다. 시와 조형예술과 음악에 있어 로마인들은 관심을 기울여 연구한 경험이 없으며, 겨우 수사학에서는 희랍인들과 겨루어 볼 만하다. 철학에는 이제 관심을 기울여 다루어 보아야 한다. 제2권의 서문에서 키케로는 제1권의 내용을 요약하는 것은 물론, 희랍 문학과 철학을 적극적으로 로마에 수용하여 라티움어로 철학적 저술을 만들어내야 한다고 강변한다. 제3권의 서문은 철학의 중요성을 주장한다. 육체의 질병을 치료하는 의학이 있다면, 영혼의 질병을 치료하는 것은 철학이며, 육체의 질병만큼 위중한 것이 영혼의 질병이므로 철학에 힘을 기울여야 한다고 주장한다. 제4권의 서문에서 키케로는 피타고라스 등 이탈리아에 철학자들이 있었으나 로마인들은 크게 이에 관심을 두지 않았다가 나중에야 비로소 희랍으로부터 철학을 배워 본격적으로 철학을 연구하게 되었다고 설명한다. 제5권의 서문에서 키케로는 철학사를 언급한다. 소크라테스 이전으로 거슬러 올라가 천문학과 자연학에 이르는 철학과 소크라테스 이후로 인간과 국가에 대해서 보다 많은 관심을 기울이는 철학의 역사를 종합하고 있다.

참고문헌

1. 키케로 작품

R. Kühner, *M. Tulli Ciceronis Tusculanarum Disputationum libri quinque*, 5. Auflage, Jena, 1874.

G. Tischer, *M. Tulli Ciceronis Tusculanarum Disputationum ad M. Brutum libri quinque*, 7. Auflage, Berlin, 1878.

T. W. Dougan, *M. Tulli Ciceronis Tusculanarum Disputationum libri quinque, Vol. 1, Books I and II*, Cambridge Univ. Press, 1905.

Max Pohlenz, *Tusculanae Disputationes*, Berlin, 1918.

J. E. King, *Tusculan Disputations*, Harvard University Press, 1927, 1945.

G. Fohlen, J. Humbert, *Tusculanes III-V*, Paris, 1968.

G. Fohlen, J. Humbert, *Tusculanes I-II*, Paris, 1970.

M. Giusta, *M. Tulli Ciceronis Tusculanae Disputationes*, Turin, 1984

A. E. Douglas, *Tusculan Disputations II & V*, Warminster, 1990.

A. E. Douglas, *Tusculan Disputations I*, Warminster, 1994.

Olof Gigon, *Gespräche in Tusculum*, 7. Auflage, Düsseldorf/Zürich, 1998.

M. Graver, *Cicero on the Emotions: Tusculan Disputations 3 and 4*, Chicago University Press, 2002.

C. D. Yonge, *Tusculan Disputations*, New York, 2005.

Ernst A. Kirfel, *Cicero: Tusculanae disputationes*, 2008, Reclam : Stuttgart, 2008

John Davie, *Cicero, On Life and Death*, Oxford University Press, 2017.

강대진(번역), 『신들의 본성에 관하여』, 그린비, 2019.

강대진(번역), 『예언에 관하여』, 그린비, 2021.

양호영(번역), 『아카데미아 학파』, 아카넷, 2021.

2. 관련저작

오유석(번역), 『쾌락』, 문학과지성사, 1998.

김인곤 외(번역), 『소크라테스 이전 철학자들의 단편 선집』, 아카넷, 2005.

김재홍 외(번역), 『니코마코스 윤리학』, 길, 2011.

강대진(번역), 『사물의 본성에 관하여』, 아카넷, 2012.

정준영(번역), 『테아이테토스』, 이제이북스, 2013.

조대호(번역), 『파이드로스』, 문예출판사, 2016.

김인곤(번역), 『고르기아스』, 아카넷, 2021.

이정호 외(번역), 『유명한 철학자들의 생애와 사상 1, 2』, 나남, 2021.

이정호 외(번역), 『편지들』, 아카넷, 2021.

이정호(번역), 『메넥세노스』, 아카넷, 2021.

찾아보기

색인에 표시된 숫자는 권수와 본문 번호다. 예를 들어 V, 51은 제5권 51번 문단을 가리킨다. 본문에는 로마자로 표시된 또 다른 본문 번호가 달려 있지만 색인에서는 생략했다.

『프릭소스』 III 67

단편 III 29=III 58, I 65

Europa 에우로파 I 45, I 95

Eurotas 에우로타스 강 II 36, V 98

Eurypylus 에우뤼퓔로스 II 38, II 39

Eurystheus 에우뤼스테우스 II 20

Euthynous 에우튀누스 I 115

Fabius 파비우스

Quintus Fabius Maximus Verrucosus Cunctator 막시무스(기원전 233년 첫 집정관직) I 110, III 70

Quintus Fabius Maximus Allobrogici filius 아프리카누스의 형의 손자 I 81

Gaius Fabius Pictor 파비우스(기원전 304년 신전벽화를 그림) I 4

Gaius Fabricius Luscinus 가이우스 파브리키우스(기원전 282년과 278년 집정관) I 110, III 56

Gaius Fannius 판니우스(역사가) IV 40

Fortuna 운명의 여신 V 27, V 72

Marcus Fulvius Nobilior 마르쿠스 노빌리오르(기원전 189년 집정관) I 3

Furiae 복수의 여신들 II 23, III 25

Marcus Furius Camillus 마르쿠스 카밀루스(기원전 396년 독재관) I 90

Galba → Sulpicius를 보라.

Ganymedes 가뉘메데스 I 65, IV 71

Geminus → Servilius를 보라.

Gigantes 거인족 II 20

Gracchi 그락쿠스 형제 I 5 → Sempronius를 보라.

Graecia Magna 대희랍 I 38

Halicarnasus 할리카르나소스 III 75

Hanno 한노 V 90

Harmodius 하르모디오스(아테나이 참주의 암살자) I 116

Hector 헥토르 I 105, II 39, III 44, IV 17, IV 49, IV 67

Hecuba 헤쿠바 III 63

Hegesias 헤게시아스 I 83, I 85 (『음식을 끊은 자』)

Heracleotes Dionysius → Dionysius를 보라.

Heraclides 헤라클레이데스(폰토스 사람) V 8

Heraclitus 헤라클레이토스 V 105

Hercules 헤라클레스 I 28, I 32, II

개념

111~115

cautio, cavere(εὐλάβεια) 신중 IV
13, IV 66

cerebrum 뇌수 I 19, I 24, I 41, I 60

χαρά → ἡδονή를 보라.

χρήσιμος 유용한 사람 III 16

commentatio (μελέτη) 준비 I 74, II
42, III 34(III 29과 비교하라)

conatus (ἐπιβολή) 기투 IV 72

conscientia 양심 II 64, IV 45

consentaneus, consequens, conveniens
부합함, 일관성 = constantia
doctrinae II 45, V 21, V
24~26, V 31, V 32~34, V
75, V 82

consolatio 위안 I 111, III 34, III
54, III 55~III 60, III 73, III
75~III 79

constantia 항심 = sanitas animi III 9,
III 11, III 17, IV 10, IV 11,
IV 14, IV 38, IV 48, IV 57,
IV 60, IV 80, V 13; 한결같
음 IV 12~13, IV 31, IV 37,
IV 47; 굳건함 I 2; 일관성 V
31~32

　　→ cautio를 보라. (metus의 반
대)

　　→ voluntas를 보라. (libido의

반대)

　　→ gaudium을 보라. (laetitia의
반대)

consuetudo 단련(ἐθισμός) II 35, II
38, II 40, II 42, II 49, V 74;
관습(συνήθεια) I 38, I 109,
III 7, III 11, III 14, III 20

contentio(τόνος) 긴장 II 31, II 51,
II 58, II 65

continens 자제력 있는 IV 36

contractio, contractiuncula 위축 I
90, III 83, IV 14, IV 66~67

conturbatio → metus를 보라.

cupiditas 욕망 → ἐπιθυμία를 보라.

cupiditas gloriae(φιλοδοξία) 명예욕
II 65, IV 25, IV 79

culpa 잘못 III 34, III 52, III 73, IV
81

declinatio(ἔκκλισις) 회피 IV 13

decorum 바름 II 30 → honestum을
보라.

decus 품위 II 31, II 46

dedecus 망신 II 14, II 16, II 28, II
47

delectatio(κήλησις) → laetitia를 보
라.

dementia 정신 나감 III 10, IV 52

physicus 자연 철학자 I 46, V 105

physica 자연학 I 29, I 48, I 71, V 68~V 70

pigritia → metus를 보시오

πιθανόν(probabile, veri simile, veritatis species) 개연성 I 8, I 17, I 23, II 5, II 9, IV 7, IV 47, V 11, V 33, V 82

praecipuum 두드러진 것 V 47 → productum, sumenda

praemeditatio → meditatio를 보라.

pravitas(διαστροφή) 왜곡 III 2~3

principium → στοιχεῖον

probabile → πιθανόν을 보라.

probitas 정직 I 2

proclivitas(εὐεμπτωσία, proclivis 경향, 성벽(性癖) IV 27~28, IV 81

productum 앞서가는 것 V 47 → praecipuum, sumenda

pronuntiatum 명제 → ἀξίωμα를 보라.

prudentia(φρόνησις) 현명함 II 31, III 37, V 14, V 72, V 101

psychomantium 영혼 신탁소 I 115

pudor 치욕 → metus를 보시오

pulchrum → honestum을 보라.

quinta natura → natura를 보라.

ratio 이성 I 20, I 80, II 34, II 40, II 47, III 54, IV 11, IV 34, IV 61, V 39, V 70; 이론 II 42; 논리 III 22; 근거 V 95; 원리 III 83

recordatio(ἀνάμνησις) 상기 I 57~58(플라톤)

rectum 옳음 → καθῆκον을 보라.

reiciendum 없애야 할 것 II 29

remedia morborum animi 영혼의 질병에 대한 치료 IV 58

revocatio ad voluptates 쾌락으로 소환 III 33, III 35, III 46(에피쿠로스)

sanitas animi 영혼의 건강 III 9, III 11, III 22, IV 23, IV 30, IV 38, IV 52

sapiens 현자 II 17, III 14~21, III 49, III 51, IV 36~38, IV 72, V 7, V 28, V 31, V 34, V 42~43, V 73~75, V 81~83, V 95, V 111, V 119

sapientia → philosophia를 보라.

securitas 평온 V 42(상심의 부재)

sensus(αἴσθεσις) 감각 I 24, I 38,

옮긴이의 말

정암학당 키케로 전집의 하나로 세상에 내놓는 키케로의『투스쿨룸 대화』는 앞서 한국연구재단이 지원한 명저번역 과제의 하나로서, 2014년 10월에 라티움어−한글 대역본으로 출판하였던 것이다. 국내 초역이었던 2014년 판본을 낱낱이 다시 읽고 꼼꼼히 살피고 다듬었다. 전면 개정판이라고 해도 과언이 아닐 만큼 새로 다듬은 모습이 역자에게도 새롭다.

『투스쿨룸 대화』개정 작업에는 정암학당 연구팀이 지난 20여년 꾸준히 쌓아온 연구 성과가 큰 도움이 되었다. 플라톤 전집을 비롯해『투스쿨룸 대화』개정의 막바지에 출간된『유명한 철학자들의 생애와 사상』은 철학사적 정보를 각주에 보충하는 데 유용하게 쓰였다. 또한, 키케로 전집의 하나로 출간된『아카데미아

학파』 덕분에, 기원전 1세기 무렵에 활동한 여러 철학 학파들의 논의와 더불어 키케로의 철학적 입장을 일목요연하게 파악할 수 있었다.

정암학당 키케로 연구팀, 김기영 선생님을 비롯하여 성중모, 양호영, 이선주, 임성진, 오수환, 이호섭 등은 윤독이라는 지루한 작업을 끈기 있게 감당해주었고, 특히 김선희 선생님은 길고 힘겨운 작업의 버팀목이 되어주셨다. 번역 작업은, 원문을 정확하게 이해하는 일과 우리말로 적확하게 표현하는 일이 팽팽히 맞서는 위험한 곡예와 같다. 원문을 섬기고 이에 휘말리기 시작하면, 모래알을 씹는 듯한 우리말을 읽어야 하고, 자연스럽게 읽히는 우리말을 좇으면, 원문의 뜻이 자칫 훼손되지 않을까 걱정해야 한다. 이럴 때, 연구 동료들은 균형을 잃지 않고 나아갈 수 있는 조력자가, 걱정과 불안을 덜어주는 지지자가 되어주었다.

정암학당 이사장 이정호 선생님을 비롯하여 이 책이 개정되어 나오기까지 도와주고 응원해준 많은 분에게 감사드린다. 큰 은혜를 입었으나 갚을 길이 막막하니, 그저 『투스쿨룸 대화』가 다음 연구자에게 작으나마 도움이 되기 바랄 따름이다.

2021년 11월 16일
김남우

사단법인 정암학당을 후원해 주시는 분들

정암학당의 연구와 역주서 발간 사업은 연구자들의 노력과 시민들의 귀한 뜻이 모여 이루어집니다. 학당의 모든 연구는 시민들의 자발적인 후원을 바탕으로 하기 때문입니다. 그 결실을 담은 '정암고전총서'는 연구자와 시민의 연대가 만들어 내는 고전 번역 운동의 산물이라고 할 수 있습니다. 이 같은 학술 운동의 역사적 의미를 기리고자 이 사업에 참여한 후원회원 한 분 한 분의 정성을 이 책에 기록합니다.

평생후원회원

Alexandros Kwanghae Park	강대진	강상진	강선자	강성훈	강순전	강창보
강철웅	고재희	권세혁	권연경	기종석	길명근	김경랑	김경현	김기영
김남두	김대오	김미성	김미옥	김상기	김상수	김상욱	김상현	김석언
김석준	김선희(58)	김성환	김숙자	김영균	김영순	김영일	김영찬	김운찬
김유순	김 율	김은자	김인곤	김재홍	김정락	김정란	김정례	김정명
김정신	김주일	김진성	김진식	김출곤	김 헌	김현래	김현주	김혜경
김혜자	김효미	류한형	문성민	문수영	문종철	박계형	박금순	박금옥
박명준	박병복	박복득	박상태	박선미	박세호	박승찬	박윤재	박정수
박정하	박종민	박종철	박진우	박창국	박태일	박현우	반채환	배인숙
백도형	백영경	변우희	서광복	서 명	설현석	성중모	손성석	손윤락
손효주	송경순	송대현	송성근	송순아	송유레	송정화	신성우	심재경
안성희	안 욱	안재원	안정옥	양문흠	양호영	엄윤경	여재훈	염수균
오서영	오지은	오흥식	유익재	유재민	유태권	유 혁	윤나다	윤신중
윤정혜	윤지숙	은규호	이기백	이기석	이기연	이기용	이두희	이명호
이미란	이민숙	이민정	이상구	이상원	이상익	이상인	이상희(69)	이상희(82)
이석호	이순이	이순정	이승재	이시연	이광영	이영원	이영호(48)	이영환
이옥심	이용술	이용재	이용철	이원제	이원혁	이유인	이은미	이임순
이재경	이정선(71)	이정선(75)	이정숙	이정식	이정호	이종환(71)	이종환(75)	이주형
이지수	이 진	이창우	이창연	이창원	이충원	이춘매	이태수	이태호
이필렬	이향섭	이향자	이황희	이현숙	이현임	임대윤	임보경	임성진
임연정	임환균	장경란	장동익	장미성	장영식	전국경	전병환	전헌상
전호근	정선빈	정세환	정순희	정연교	정 일	정정진	정제문	정준영(63)
정준영(64)	정태흡	정해남	정흥교	정희경	조광제	조대호	조병훈	조익순
지도영	차경숙	차기태	차미영	최 미	최세용	최수영	최병철	최영임
최영환	최운규	최원배	최윤정(77)	최은영	최인규	최지호	최 화	표경태
풍광섭	하선규	하성권	한경자	한명희	허남진	허선순	허성도	허영현
허용우	허정환	허지현	홍섬의	홍순정	홍 훈	황규빈	황유리	황희철
나와우리〈책방이음〉		도미니코 수도회		도바세	방송대문교소담터스터디	
방송대영문과07 학번미아팀		법률사무소 큰숲		부북스출판사(신현부)		
생각과느낌 정신건강의학과		이제이북스		카페 벨라온		

개인 241, 단체 10, 총 251

후원위원

강성식	강승민	강용란	강진숙	강태형	고명선	곽삼근	곽성순	구미희
길양란	김경원	김나윤	김대권	김명희	김미란	김미선	김미향	김백현
김병연	김복희	김상봉	김성민	김성윤	김순희(1)	김승우	김양희(1)	김양희(2)
김애란	김영란	김용배	김윤선	김정현	김지수(62)	김진숙(72)	김현제	김형준
김형희	김희대	맹국재	문영희	박미라	박수영	박우진	백선옥	사공엽
서도식	성민주	손창인	손혜민	송민호	송봉근	송상호	송연화	송찬섭
신미경	신성은	신영옥	신재순	심명은	오현주	오현주(62)	우현정	원해자
유미소	유형수	유효경	이경진	이명옥	이봉규	이봉철	이선순	이선희
이수민	이수은	이승목	이승준	이신자	이은수	이재환	이정민	이주완
이지희	이진희	이평순	이한주	임경미	임우식	장세백	전일순	정삼아
정현석	조동제	조문숙	조민아	조백현	조범규	조성덕	조정희	조준호
조진희	조태현	주은영	천병희	최광호	최세실리아		최승렬	최승아
최이담	최정옥	최효임	한대규	허 민	홍순혁	홍은규	홍정수	황정숙
황훈성	정암학당1년후원							

문교경기〈처음처럼〉	문교수원3학년학생회	문교안양학생회
문교경기8대학생회	문교경기총동문회	문교대전충남학생회
문교베스트스터디	문교부산지역7기동문회	문교부산지역학우일동(2018)
문교안양학습관	문교인천동문회	문교인천지역학생회
방송대동아리〈아노도스〉	방송대동아리〈예사모〉	방송대동아리〈프로네시스〉
사가독서회		

개인 118, 단체 16, 총 134

후원회원

강경훈	강경희	강규태	강보슬	강상훈	강선옥	강성만	강성심	강신은
강유선	강은미	강은정	강임향	강주완	강창조	강 항	강희석	고경효
고복미	고숙자	고승재	고창수	고효순	곽범환	곽수미	구본호	구익희
권 강	권동명	권미영	권성철	권순복	권순자	권오성	권오영	권용석
권원만	권장용	권정화	권해명	김경미	김경원	김경화	김광석	김광성
김광택	김광호	김귀녀	김귀종	김길화	김나영(69)	김나경(71)	김남구	김대겸
김대훈	김동근	김동찬	김두훈	김 들	김래영	김명주(1)	김명주(2)	김명하
김명화	김명희(63)	김문성	김미경(61)	김미경(63)	김미숙	김미정	김미형	김민경
김민웅	김민주	김범석	김병수	김병옥	김보라미	김봉습	김비단결	김선규
김선민	김선희(66)	김성곤	김성기	김성은(1)	김성은(2)	김세은	김세원	김세진
김수진	김수환	김순금	김순옥	김순호	김순희(2)	김시형	김신태	김신판
김승원	김아영	김양식	김영선	김영숙(1)	김영숙(2)	김영애	김영준	김옥경
김옥주	김용술	김용한	김용희	김유석	김은미	김은심	김은정	김은주
김은파	김인식	김인애	김인옥	김인자	김일학	김정식	김정현	김정현(96)
김정화	김정훈	김정희	김종태	김종호	김종희	김주미	김중우	김지수(2)

김지애	김지열	김지유	김지은	김진숙(71)	김진태	김철한	김태식	김태욱
김태헌	김태희	김평화	김하윤	김한기	김현규	김현숙(61)	김현숙(72)	김현우
김현정	김현정(2)	김현철	김형규	김형전	김혜숙(53)	김혜숙(60)	김혜원	김혜정
김흥명	김흥일	김희경	김희성	김희준	나의열	나춘화	남수빈	남영우
남원일	남지연	남진애	노마리아	노미경	노선이	노성숙	노채은	노혜경
도종관	도진경	도진해	류다현	류동춘	류미희	류시운	류연옥	류점용
류종덕	류진선	모영진	문경남	문상흠	문순혁	문영식	문정숙	문종선
문준혁	문찬혁	문행자	민 영	민용기	민중근	민해정	박경남	박경수
박경숙	박경애	박귀자	박규철	박다연	박대길	박동심	박명화	박문영
박문형	박미경	박미숙(67)	박미숙(71)	박미자	박미정	박배민	박보경	박상선
박상준	박선대	박선희	박성기	박소운	박순주	박순희	박승억	박연숙
박영찬	박영호	박옥선	박원대	박원자	박윤하	박재준	박정서	박정오
박정주	박정은	박정희	박종례	박주현	박준용	박지영(58)	박지영(73)	박지희
박진만	박진현	박진희	박찬수	박찬은	박춘례	박한종	박해윤	박헌민
박현숙	박현자	박현정	박현철	박형전	박혜숙	박홍기	박희열	반덕진
박기완	배수영	배영지	배제성	배효선	백기자	백선영	백수영	백승찬
백애숙	백현우	변은섭	봉성용	서강민	서경식	서동주	서두원	서민정
서범준	서승일	서영식	서옥희	서용심	서월순	서정원	서지희	서창립
서회자	서희승	석현주	설진철	성 염	성윤수	성지영	소도영	소병문
손선자	손금성	손금화	손동철	손민석	손상현	손정수	손지아	손태현
손혜정	송금숙	송기섭	송명화	송미희	송복순	송석현	송염만	송요중
송원욱	송원희	송유철	송인애	송태욱	송효정	신경원	신기동	신명우
신민주	신성호	신영미	신용균	신정애	신지영	신혜경	심경옥	심복섭
심은미	심은애	심정숙	심준보	심희정	안건형	안경화	안미희	안숙현
안영숙	안정숙	안정순	안진구	안진숙	안화숙	안혜정	안희경	안희돈
안경엽	양미선	양병만	양선경	양세규	양예진	양지연	엄순영	오명순
오승연	오신명	오영수	오영순	오유석	오은영	오진세	오창진	오혁진
온명희	온정민	왕현주	우남권	우 람	우병권	우은주	우지호	원만희
우두신	유미애	유성경	유정원	유 철	유향숙	유희선	윤경숙	윤경자
윤선애	윤수홍	윤여훈	윤영미	윤영선	윤영이	윤 옥	윤은경	윤재은
윤정만	윤혜영	윤혜진	이건호	이경남(1)	이경남(72)	이경미	이경선	이경아
경옥	이경원	이경자	이경희	이관호	이광로	이광석	이군무	이궁훈
권주	이나영	이다영	이덕제	이동래	이동조	이동춘	이명란	이명순
미옥	이병태	이복희	이상규	이상래	이상봉	이상선	이상훈	이선민
선이	이성은	이성준	이성호	이성훈	이성희	이세준	이소영	이소정
수경	이수련	이숙희	이순옥	이승훈	이시현	이아람	이양미	이연희
영숙	이영신	이영실	이영애	이영애(2)	이영철	이영호(43)	이옥경	이용숙
용용	이용찬	이용태	이원용	이윤주	이윤철	이은규	이은심	이은정
은주	이이숙	이인순	이재현	이정빈	이정석	이정선(68)	이정애	이정임

이종남	이종민	이종복	이중근	이지석	이지현	이진아	이진우	이창용
이철주	이춘성	이태곤	이평식	이표순	이한솔	이현주(1)	이현주(2)	이현호
이혜영	이혜원	이호석	이호섭	이화선	이희숙	이희정	임석희	임솔내
임정환	임창근	임현찬	장모범	장시은	장영애	장영재	장오현	장지나
장지원(65)	장지원(78)	장지은	장철형	장태순	장홍순	전경민	전다록	전미래
전병덕	전석빈	전영석	전우성	전우진	전종호	전진호	정가영	정경희
정계란	정금숙	정금연	정금이	정금자	정난진	정미경	정미숙	정미자
정상묵	정상준	정선빈	정세영	정아연	정양민	정양욱	정 연	정연화
정영목	정옥진	정용백	정우정	정유미	정은정	정일순	정재웅	정정녀
정지숙	정진화	정창화	정하갑	정은교	정해경	정현주	정현진	정호영
정환수	조권수	조길자	조덕근	조미선	조미숙	조병진	조성일	조성혁
조수연	조영래	조영수	조영신	조영연	조영호	조예빈	조용수	조용준
조윤정	조은진	조정란	조정미	조정옥	조증윤	조창호	조현희	조황호
주봉희	주연옥	주은빈	지정훈	진동성	차문송	차상민	차혜진	채수환
채장열	천동환	천명옥	최경식	최명자	최미경	최보근	최석묵	최선회
최성준	최수현	최숙현	최영란	최영순	최영식	최영아	최원옥	최유숙
최유진	최윤정(66)	최은경	최일우	최자련	최재식	최재원	최재혁	최정욱
최정호	최종희	최준원	최지연	최혁규	최현숙	최혜정	하승연	하혜용
한미영	한생곤	한선미	한연숙	한옥희	한윤주	한호경	함귀선	허미정
허성준	허 양	허 웅	허인자	허정우	홍경란	홍기표	홍병식	홍성경
홍성규	홍성은	홍영환	홍은영	홍의중	홍지흔	황경민	황광현	황미영
황미옥	황선영	황신해	황예림	황은주	황재규	황정희	황주영	황현숙
황혜성	황희수	kai1100	익명					

리테라 주식회사 · 문교강원동문회 · 문교강원학생회
문교경기〈문사모〉 · 문교경기동문〈문사모〉 · 문교서울총동문회
문교원주학생회 · 문교잠실송파스터디 · 문교인천졸업생
문교전국총동문회 · 문교졸업생 · 문교8대전국총학생회
문교11대서울학생회 · 문교K2스터디 · 서울대학교 철학과 학생회
(주)아트앤스터디 · 영일통운(주) · 장승포중앙서점(김강후)
책바람

개인 688, 단체 19, 총 707

2021년 11월 30일 현재, 1,047분과 45개의 단체(총 1,092)가 정암학당을 후원해 주고 계십니다.

▌옮긴이

김남우

로마 문학 박사. 연세대학교 철학과를 졸업했다. 서울대학교 서양고전학 협동과정에서 희랍 서정시를 공부하였고, 독일 마인츠에서 로마 서정시를 공부하였다. 정암학당 연구원이다. 연세대학교와 KAIST에서 가르친다. 마틴 호제의 『희랍문학사』, 오비디우스의 『변신 이야기』, 에라스무스의 『격언집』, 『우신예찬』, 토머스 모어의 『유토피아』, 몸젠의 『로마사』, 호라티우스의 『카르페디엠』, 『시학』, 베르길리우스의 『아이네이스』를 번역하였으며, 『Fabvla Docet 파불라 도케트─ 희랍 로마 신화로 배우는 고전 라티움어』를 저술했다.

정암고전총서는 정암학당과 아카넷이 공동으로 펼치는 고전 번역 사업입니다.
고전의 지혜를 공유하여 현재를 비판하고 미래를 내다보는 안목을 키우는
문화적 기반을 마련하고자 합니다.

정암고전총서 키케로 전집

투스쿨룸 대화

1판 1쇄 찍음 2021년 12월 20일
1판 1쇄 펴냄 2022년 1월 3일

지은이 키케로
옮긴이 김남우
펴낸이 김정호

책임편집 김일수
디자인 이대응

펴낸곳 아카넷
출판등록 2000년 1월 24일(제406−2000−000012호)
주소 10881 경기도 파주시 회동길 445−3 2층
전화 031−955−9510(편집) · 031−955−9514(주문)
팩시밀리 031−955−9519
www.acanet.co.kr

© 김남우, 2022

Printed in Paju, Korea.

ISBN 978−89−5733−767−7 94160
ISBN 978−89−5733−746−2 (세트)

이 저서는 2019년 대한민국 교육부와 한국연구재단의 지원을 받아 수행된 연구임
(NRF−2019S1A5C2A02082718)